Jürgen Warfsmann
Das Capital Asset Pricing Model in Deutschland

Jürgen Warfsmann

Das Capital Asset Pricing Model in Deutschland

Univariate und multivariate Tests für den Kapitalmarkt

DUV Springer Fachmedien Wiesbaden GmbH

Die Deutsche Bibliothek — CIP-Einheitsaufnahme

Warfsmann, Jürgen:
Das Capital Asset Pricing Model in Deutschland : univariate und multivariate Tests für den Kapitalmarkt / Jürgen Warfsmann. — Wiesbaden : Dt. Univ.-Verl., 1993
(DUV : Wirtschaftswissenschaft)
Zugl.: Augsburg, Univ., Diss., 1993
ISBN 978-3-8244-0195-6

Der Deutsche Universitäts-Verlag ist ein Unternehmen der Verlagsgruppe Bertelsmann International.

© Springer Fachmedien Wiesbaden 1993
Ursprünglich erschienen bei Deutscher Universitäts-Verlag GmbH, Wiesbaden 1993

Das Werk einschließlich aller seiner Teile ist urheberrechtlich geschützt. Jede Verwertung außerhalb der engen Grenzen des Urheberrechtsgesetzes ist ohne Zustimmung des Verlags unzulässig und strafbar. Das gilt insbesondere für Vervielfältigungen, Übersetzungen, Mikroverfilmungen und die Einspeicherung und Verarbeitung in elektronischen Systemen.

Gedruckt auf chlorarm gebleichtem und säurefreiem Papier

ISBN 978-3-8244-0195-6   ISBN 978-3-663-12006-3 (eBook)
DOI 10.1007/978-3-663-12006-3

Geleitwort

Die in den sechziger Jahren von Sharpe, Lintner und Mossin bzw. Black und Lintner entwickelten Kapitalmarktgleichgewichtsmodelle zur Erklärung des Renditeverhaltens von Kapitalanlagen zählen zu den zentralen Bausteinen der modernen Investitions- und Finanzierungstheorie. Ihre empirische Gültigkeit wird in den USA seit Anfang der siebziger Jahre intensiv diskutiert. Dabei fanden zunächst univariate Methoden, ab Anfang der achtziger Jahre auch multivariate Verfahren ihre Verwendung. Neben der simultanen Auswertung der geschätzten Parameter bieten die multivariaten Verfahren zusätzlich die Vorzüge, daß sie sich für nichtlineare Hypothesen eignen und ohne spezifizierte Alternativhypothese auskommen.

Die Lücke zwischen der deutschen und der US-amerikanischen Literatur in der Anwendung multivariater Verfahren im Rahmen der Kapitalmarktforschung soll mit der vorliegenden Arbeit gefüllt werden. Ihr Hauptziel ist es, die in der US-amerikanischen Literatur vorgeschlagenen Testverfahren kritisch zu diskutieren und die Gültigkeit des Sharpe-Lintner-CAPM und des Black-CAPM für den deutschen Kapitalmarkt mit einem sehr umfangreichen und einheitlichen Datensatz zu überprüfen. Darüber hinaus wird mit dieser Arbeit ein Beitrag zur internationalen wissenschaftlichen Diskussion geleistet, da das CAPM und die verschiedenen Testverfahren mit einem bisher nicht verwendeten und von amerikanischen Untersuchungen unabhängigen Dataset analysiert werden.

In empirischen Untersuchungen des Sharpe-Lintner-CAPM steht neben den abnormalen Renditen von Aktien oder Portefeuilles die Frage nach der Effizienz des verwendeten Marktportefeuilles im Vordergrund. Tests des Black- oder Zero-Beta-CAPM beziehen sich auf die Linearität des Zusammenhangs zwischen der Rendite und dem Risiko oder auch auf die Effizienz des Marktportefeuilles. Unabhängig vom Modell und der gewählten zu testenden Implikation müssen eine Reihe zusätzlicher Probleme durch die Wahl geeigneter Annahmen und die Wahl der Vorgehensweise gelöst werden. Diese Arbeit enthält eine ausführlich Diskussion der auftretenden statistischen Probleme. Hierzu zählen insbesondere die Probleme der Nichtbeobachtbarkeit von Erwartungswerten, die Stabilität der Risikoeigenschaften von Wertpapieren, das Fehler in den Variablen Problem, die Heteroskedastizität der Residuen und die Bildung von Portefeuilles. Die Entscheidungen bezüglich der verwendeten Schätzmethoden (OLS, WLS, GLS oder Maximum Likelihood), der zur Auswertung einzusetzenden Testverfahren (univariater t-Test oder asymptotisch äquivalente multivariate Tests) und der Wahl der Datenaggregation werden darüber hinaus nicht nur theoretisch sondern auch anhand der empirischen Ergebnisse analysiert.

Das auch aus internationaler Sicht sehr interessante Hauptergebnis der Arbeit ist, daß die durchgeführten Tests vordergründig zwar die Gültigkeit der beiden Modelle bekräftigen, daß diese Tests und damit die mit ihnen verbundenen Ergebnisse aber aus ökonomischer Sicht sehr fragwürdig sind. Hauptgrund hierfür ist die Schwäche der Tests, Modellabweichungen zu identifizieren. Dies wird insbesondere durch graphische Analysen anschaulich verdeutlicht. Zusätzlich erbringt die Arbeit in allen Kapiteln wichtige Bereicherungen der in Deutschland geführten wissenschaftlichen Diskussion.

Ich wünsche dieser Arbeit eine große Zahl aufmerksamer Leser!

Richard Stehle

Vorwort

Die vorliegende Arbeit ist im Juli 1993 von der Wirtschafts- und Sozialwissenschaftlichen Fakultät der Universität Augsburg als Dissertation angenommen worden. Sie entstand während meiner Tätigkeit als wissenschaftlicher Mitarbeiter am Lehrstuhl für Betriebswirtschaftslehre, insbesondere Finanz- und Bankwirtschaft.

Mein besonderer Dank gilt meinem akademischen Lehrer und Doktorvater, Herrn Prof. Richard Stehle, Ph.D. Er motivierte mich zum wissenschaftlichen Arbeiten und hat die Arbeit während der gesamten Zeit mit großem Interesse gefördert. Weiterhin danke ich meinem Zweitgutachter Herrn Prof. Dr. Günter Bamberg für seine Unterstützung und seine hilfreichen kritischen Anmerkungen.

Mein Dank gilt auch meinen Lehrstuhlskollegen und Freunden, Dr. Leonhard Grünwald, Dr. Anette Hartmond, Dipl. oec. Norman Gehrke, Dipl. oec. Rainer Huber, Dipl. oec. Ralf Sattler und Dipl.-Kff. Heike Stanko, für die oft langen Diskussionen und die Entlastungen während der Schlußphase der Arbeitserstellung.

Ich widme dieses Buch meinen Eltern, deren Unterstützung wesentlich für den Erfolg dieser Arbeit war.

Jürgen Warfsmann

Inhaltsverzeichnis

1 **Zielsetzung und Aufbau** 1

2 **Alternative Versionen des CAPM und ihre testbaren Implikationen** 7
  2.1 Ableitung alternativer Kapitalmarktgleichgewichtsmodelle 7
    2.1.1 Portefeuilleentscheidungen im μ-σ-Rahmen 7
    2.1.2 Das Sharpe-Lintner-CAPM 13
    2.1.3 Das Zero-Beta-CAPM 15
    2.1.4 Das Bedingte-CAPM 18
  2.2 Implikationen und Untersuchungsgegenstände der verschiedenen Modellvarianten 20
    2.2.1 Allgemeine Vorbemerkungen zu den testbaren Implikationen 20
    2.2.2 Das Sharpe-Lintner-CAPM 22
        2.2.2.1 Die Linearitätshypothese und alternative Testansätze 22
        2.2.2.2 Die Hypothese der Effizienz des Marktportefeuilles 26
    2.2.3 Das Black-CAPM 27
        2.2.3.1 Die Linearitätshypothese und alternative Testansätze 27
        2.2.3.2 Die Hypothese der Effizienz des Marktportefeuilles 29
    2.2.4 Das Bedingte-CAPM 30
        2.2.4.1 Die Linearitätshypothese im Bedingten-CAPM ... 30
    2.2.5 Weitere Implikationen und Testgegenstände 32

3 **Testmethoden, Testprobleme und bisherige empirische Ergebnisse** 34
  3.1 Auswahl der zu testenden Modellspezifikationen 34
  3.2 Schätzung der Modellparameter und univariate Auswertungen 37
    3.2.1 Erforderliche Grundbegriffe zur Beurteilung und Auswahl von Tests 37
    3.2.2 Die klassische Regressionsanalyse mit Hilfe der Kleinste Quadrate Methode (OLS) 38
    3.2.3 Die Verallgemeinerte Kleinste Quadrate Methode (GLS) und das Fehler in den Variablen Problem 44

       3.2.4 Bedingte und Maximum Likelihood Schätzungen 48
- 3.3 Multivariate Testverfahren 52
  - 3.3.1 Asymptotische Verfahren mit Normalverteilungsannahme .. 53
    - 3.3.1.1 Der Likelihood Ratio Test 53
    - 3.3.1.2 Der Lagrange Multiplier Test (Score Test) und der Wald Test 56
    - 3.3.1.3 Der Cross Sectional Regression T^2-Test (F-Test) .. 57
    - 3.3.1.4 Problembereiche und Simulationsergebnisse asymptotischer Tests 59
  - 3.3.2 Der exakte Cross Sectional Regression Test im Sharpe-Lintner-Fall 60
  - 3.3.3 Die Gütediskussion am Beispiel des exakten Cross Sectional Regression Tests 62
  - 3.3.4 Die Verallgemeinerte Momente Methode (GMM) 64
- 3.4 Darstellung und Kritik empirischer Untersuchungen unter alternativen Annahmen 68
  - 3.4.1 Tests zum Sharpe-Lintner- und zum Black-CAPM 69
    - 3.4.1.1 Univariate Testverfahren 69
    - 3.4.1.2 Multivariate Testverfahren 73
  - 3.4.2 Tests des Bedingten-CAPM 78

4 Datenbasis, Gestaltung und Ergebnisse der empirischen Untersuchung 82
- 4.1 Darstellung, Begründung der Auswahl und Aufbereitung der zugrundeliegenden Datenbasis 82
  - 4.1.1 Verwendete Daten, Auswahlprobleme und Wahlmöglichkeiten 82
  - 4.1.2 Einzelrenditen und Marktwerte deutscher Aktien 85
    - 4.1.2.1 Präzisierung des Renditebegriffs 85
    - 4.1.2.2 Deskriptive Analyse der Einzelrenditen 88
    - 4.1.2.3 Marktwerte börsennotierter deutscher Aktiengesellschaften 92
  - 4.1.3 Portefeuillebildung und alternative Ansätze zur Generierung von Stellvertretern für das Marktportefeuille 95
    - 4.1.3.1 Möglichkeiten und Ziele der Portefeuillebildung .. 95
    - 4.1.3.2 Deskriptive Analyse der verwendeten alternativen Portefeuillerenditen 104

4.2	Ergebnisse der univariaten und multivariaten Analysen		109
	4.2.1 Univariate Analyseverfahren		109
		4.2.1.1 Tests des Sharpe-Lintner-CAPM	110
		4.2.1.2 Tests der Linearitätsbeziehung im Black-CAPM	116
		4.2.1.3 Univariate Schätzungen der Effizienzrestriktion im Black-CAPM	120
	4.2.2 Alternative multivariate Analyseverfahren		125
		4.2.2.1 Multivariate Tests der Fama/MacBeth-Spezifikation	126
		4.2.2.2 Multivariate Tests der Black-Spezifikation	129
		4.2.2.3 Tests des Sharpe-Lintner-CAPM	131

5 Problembereiche und Perspektiven der durchgeführten Tests ... 134

5.1 Der Aussagegehalt der univariaten und multivariaten Linearitätstests ... 135
5.2 Fehlschlüsse bei Performancetests ... 137
5.3 Die Problematik von Leerverkaufsbeschränkungen ... 144
5.4 Aggregierte Auswertung der Periodenergebnisse ... 147
5.5 Generierung eines Gesamturteils ... 149

6 Zusammenfassung ... 155

Anhang ... 159

Literaturverzeichnis ... 177

Abbildungsverzeichnis

Abbildung 1: Rendite-Risiko-Kombinationen im Zwei-Wertpapier-Fall 10
Abbildung 2: Der Efficient Set mit und ohne risikolose Anlagealternative ... 13
Abbildung 3: Tests der Effizienz des Marktportefeuilles im Sharpe-Lintner-CAPM 27
Abbildung 4: Alternative Schätzer der Zero-Beta-Rendite 51
Abbildung 5: Geometrische Interpretation des LRT 56
Abbildung 6: Anzahl der notierten Gesellschaften je Monat 89
Abbildung 7: Verteilung der monatlichen Einzelrenditen im Vergleich zur Normalverteilung (1954-1991) 90
Abbildung 8: Lorenzkurve der Marktwerte (Februar 1954 und Dezember 1991) 93
Abbildung 9: Nominale Entwicklung der Marktkapitalisierung 94
Abbildung 10: Performancetests des Sharpe-Lintner-CAPM 138
Abbildung 11: Performancetests des Black-CAPM 141
Abbildung 12: Efficient Set mit und ohne Leerverkäufe 146

Tabellenverzeichnis

Tabelle 1: Null- und Alternativhypothesen bei univariaten Tests 29
Tabelle 2: Übersicht der in der Literatur verwendeten Portefeuillekriterien .. 97
Tabelle 3: Stabilität der β-Werte im Zeitablauf 99
Tabelle 4: Deskriptive Analyse des marktwertgewichteten Marktindex 105
Tabelle 5: Deskriptive Analyse des gleichgewichteten Marktindex 105
Tabelle 6: Durchschnittliche Standardabweichungen der Portefeuillerenditen 107
Tabelle 7: P-Werte des Tests auf Gleichheit aller Portefeuillerenditen mit der Marktrendite 108
Tabelle 8: Sharpe-Lintner-Test mit Einzelaktien und gleichgewichtetem Index 110
Tabelle 9: Tests des Sharpe-Lintner-Modells mit gleichgewichteten Betaportefeuilles 111
Tabelle 10: Anzahl der Ablehnungen des Sharpe-Lintner-CAPM 115
Tabelle 11: Univariate Linearitätstest für Einzelaktien (gleichgewichteter Index) 117
Tabelle 12: Univariate Linearitätstest für Betaportefeuilles (gleichgewichtet) 117
Tabelle 13: Anzahlen signifikant von Null verschiedener Risikoprämien .. 119
Tabelle 14: Schätzer und Tests für die Zero-Beta-Rendite: Einzelaktien (gleichgewichtet) 121
Tabelle 15: Schätzer und Tests für die Zero-Beta-Rendite: Betaportefeuilles (gleichgewichtet) 122
Tabelle 16: Auswertung alternativ geschätzter Risikoprämien 123
Tabelle 17: Anzahl der Ablehnungen der Fama/MacBeth-Spezifikation ... 127
Tabelle 18: Anzahl der Ablehnungen der Black-Spezifikation 130
Tabelle 19: Tests des Sharpe-Lintner-Modells mit dem multivariaten CSRT 132
Tabelle 20: Alternative Sharpe-Maße im Sharpe-Lintner-Fall 147
Tabelle 21: Aggregierte und durchschnittliche P-Werte des CSRT beim Sharpe-Lintner-Modell 149
Tabelle 22: Renditen des marktwertgewichteten Marktindex 159
Tabelle 23: Renditen des gleichgewichteten Marktindex 160
Tabelle 24: Stabilität der β-Werte im Zeitablauf (Fortsetzung) 161
Tabelle 25: Mittelwerte der Renditen der Beta- und Sizeportefeuilles 162
Tabelle 26: Mittelwerte der Renditen der Sharpe- und Renditeportefeuilles . 163
Tabelle 27: Univariate Tests des Sharpe-Lintner-CAPM (gleichgewichtet) . 164

Tabelle 28:	Univariate Tests des Sharpe-Lintner-CAPM (marktwertgewichtet)	165
Tabelle 29:	Univariate Tests der Fama/MacBeth-Spezifikation (gleichgewichtet)	166
Tabelle 30:	Univariate Tests der Fama/MacBeth-Spezifikation (marktwertgewichtet)	167
Tabelle 31:	Univariate Tests der Black-Spezifikation (gleichgewichtet)	168
Tabelle 32:	Univariate Tests der Black-Spezifikation (marktwertgewichtet)	169
Tabelle 33:	Univariate Auswertungen mit Einzelaktien und gleichgewichtetem Index	170
Tabelle 34:	Univariate Auswertungen mit Einzelaktien und marktwertgewichtetem Index	171
Tabelle 35:	Multivariate Tests der Fama/MacBeth-Spezifikation (gleichgewichtet)	172
Tabelle 36:	Multivariate Tests der Fama/MacBeth-Spezifikation (marktwertgewichtet)	173
Tabelle 37:	Multivariate Tests der Black-Spezifikation (gleichgewichtet)	174
Tabelle 38:	Multivariate Tests der Black-Spezifikation (marktwertgewichtet)	175
Tabelle 39:	Univariate Tests für die Gesamtperiode (1954-1991)	176
Tabelle 40:	Multivariate Tests für die Gesamtperiode (1954-1991)	176

Symbolverzeichnis

a	= Efficient Set Konstante
A	= Matrix im Rahmen der GMM-Methode
A'	= Transponierte Matrix von A
b	= Efficient Set Konstante
B	= Index bei Analysen der Black-Spezifikation im Black-CAPM oder Matrix der Bedingungen bzgl. der zu schätzenden Parameter
c	= Efficient Set Konstante
C	= Matrix im Rahmen der GMM-Methode
d	= Efficient Set Konstante
$D(...)$	= Distanzfunktion
det| |	= Determinante einer Matrix
D_i	= Dividende der i-ten Aktie
$E(R)$	= Vektor der erwarteten Renditen aller Wertpapiere
$E(R_i)$	= erwartete Rendite eines Wertpapiers oder Portefeuilles i
$E(R_z)$	= erwartete Rendite eines Zero-Beta-Portefeuilles
f	= Index bei Verwendung eines risikolosen Wertpapiers
$F_{(K,L)}$	= Verteilungsfunktion der F-Verteilung mit K und L Freiheitgraden
FM	= Index bei Analysen der Fama/MacBeth-Spezifikation im Black-CAPM
G	= Testgröße der Verallgemeinerte Momente Methode
H_0	= Nullhypothese
H_1	= Alternativhypothese
i	= Index für die Aktie i
I	= Vektor aus Einsen
INFL	= Inflationsrate
j	= Index für einen Schätzer
k	= Index für eine Aktie bzw. einen Schätzer
K_i	= Kurs der i-ten Aktie
$L(...)$	= Likelihoodfunktion
m	= Index für das Marktportefeuille
$M_{i,t}$	= Marktwert einer Aktiengattung i zum Zeitpunkt t
N	= Anzahl der Portefeuilles bzw. der Wertpapiere
$N(\mu,\sigma)$	= Verteilungsfunktion der Normalverteilung
p	= Index für das Portefeuille p
P	= Wahrscheinlichkeitswert
pot	= Index des Portefeuilles mit dem höchsten Sharpe-Maß
R_f	= risikoloser Zinssatz
R_i	= tatsächliche Rendite der i-ten Aktie
R_{Im}	= Matrix aus I und der Rendite des Marktportefeuilles = (I, R_m)

R_m	=	Vektor der Zeitreihe der Rendite des Marktportefeuilles
R_{mt}	=	Rendite des Marktportefeuilles in der t-ten Periode
R^N	=	nominale Rendite
R^R	=	reale Rendite
R^S	=	Rendite nach Steuern
R^2	=	Bestimmtheitsmaß
R_Z	=	Rendite des Zero-Beta-Portefeuilles
$\bar{R}$	=	Mittelwert der Zufallsvariablen R
S	=	Sharpe Maß eines Portefeuilles oder einer Aktie
SL	=	Index bei Analysen des Sharpe-Lintner-CAPM
S_{pot}	=	potentielles Sharpe Maß aller betrachteten Aktien oder Portefeuilles
t	=	Zeitindex für die t-te Periode
tat	=	Index für den tatsächlichen Parameter
T	=	Anzahl der Beobachtungszeitpunkte
U	=	Matrix im Rahmen der GMM-Methode
v	=	Meßfehler
V	=	Varianz-Kovarianz-Matrix der Residuen
$\hat{V}_0$	=	geschätzte Varianz-Kovarianz-Matrix der Residuen bei Division der Summen durch T (vgl. S. 53)
V_R	=	Varianz-Kovarianz-Matrix der Renditen aller Wertpapiere
W	=	Matrix im Rahmen der GMM-Methode
W_i	=	Wert der sonstigen vermögenswerten Rechte der Aktie i
x	=	Vektor der Anteile aller Aktien in einem Portefeuille
x_i	=	Anteil der i-ten Aktie in einem Portefeuille
$Z_{i,t}$	=	Anzahl der ausstehenden Aktien der Aktiengattung i zum Zeitpunkt t
$\hat{\alpha}$	=	Schätzer für den Parameter α
α	=	Regressionskoeffizient
β	=	Parameter für das nicht diversifizierbare Risiko
γ	=	Regressionskoeffizient oder Vektor von Regressionskoeffizienten
δ	=	Regressionskoeffizienten im Rahmen der GMM-Methode
ϵ	=	Störvariable
$\hat{\epsilon}$	=	Residuum
ϵ_t	=	$(\epsilon_{1t}, \ldots, \epsilon_{Nt})'$
ζ	=	Lagrangemultiplikator
κ	=	Lagrangemultiplikator
λ	=	Nichtzentralitätsparameter der F-Verteilung
Λ	=	Parameter für die Lage und Form der Portfolio Frontier
μ_i	=	erwartete Rendite eines Wertpapiers oder Portefeuilles i
ϱ	=	Korrelationskoeffizient
π	=	Transzendente Kreiszahl (3,14159...)

σ_i^2	= $\text{var}(R_i)$ =	Varianz der Rendite der Aktie i
σ_i	=	Standardabweichung der Rendite der Aktie i
$\sigma_{i,j}$	= $\text{cov}(R_i, R_j)$ =	Kovarianz der Renditen der Aktien i und j
Σ	=	Summe
ϕ	=	Im Erwartungsprozeß verwendeter Teilinformationsset
Φ	=	Gesamter relevanter Informationsset einer Volkswirtschaft
χ_N^2	=	Verteilungsfunktion der χ^2-Verteilung mit N Freiheitsgraden
Ω	=	symmetrische quadratische Matrix
Ω_I	=	Einheitsmatrix
$\otimes$	=	Kronecker-Produkt
∞	=	Unendlich

Abkürzungsverzeichnis

ARCH	Autoregressive Conditional Heteroskedasticity
AR1	Autoregressiver Prozeß 1. Ordnung
AR3	Autoregressiver Prozeß 3. Ordnung
B	Black
BLUE	Best Linear Unbiased Estimator
CAPM	Capital Asset Pricing Modell
CRSP	Center for Research in Security Prices (University of Chicago)
CSRT	Cross Sectional Regression Test
cov	Kovarianz
DAFOX	Deutscher Aktienindex für Forschungszwecke
DAX	Deutscher Aktienindex
EStG	Einkommensteuergesetz
FM	Fama/MacBeth
FWB	Frankfurter Wertpapierbörse
GARCH	Generalized Autoregressive Conditional Heteroskedasticity
gg	gleichgewichtet
GLS	Generalized Least Squares (Verallgemeinerte Kleinste Quadrate Methode)
GMM	Generalized Method of Moments (Verallgemeinerte Momente Methode)
LMT	Lagrange Multiplier Test
LRT	Likelihood Ratio Test
mg	marktwertgewichtet
ML	Maximum Likelihood
MVP	Minimum-Varianz-Portefeuille
NV	Normalverteilung
NYSE	New York Stock Exchange
OLS	Ordinary Least Squares (Kleinste Quadrate Methode)
SL	Sharpe Lintner
T-Bill	Treasury Bill
var	Varianz
WLS	Weighted Least Squares (Gewichtete Kleinste Quadrate Methode)

1 Zielsetzung und Aufbau

Das Capital Asset Pricing Model (CAPM) bildet in seinen verschiedenen Varianten einen Grundpfeiler der modernen Finanzierungstheorie. Es entstand aus der Zielsetzung, die Preisbildung und somit die Renditen alternativer Kapitalanlagen zu erklären. Den Grundstein für die Herleitung des CAPM legte Markowitz (1952 und 1959) mit der Analyse des Anlageverhaltens eines rational handelnden, risikoaversen Investors, der sich für ein Portefeuille allein aufgrund der mit ihm verbundenen erwarteten Rendite und Varianz entscheidet. Bei einem gegebenen Risiko halten Anleger nur das Portefeuille mit der höchsten erwarteten Rendite. Da sich für jedes Risiko ein anderes effizientes Portefeuille ergibt, existieren unendlich viele effiziente Portefeuilles. Tobin (1958) zeigt für den Fall, daß ein risikoloses Wertpapier existiert, daß jedes effiziente Portefeuille nur eine Kombination zweier effizienter Portefeuilles darstellt. Darauf aufbauend entwickelten Sharpe (1964), Lintner (1965) und Mossin (1966) nahezu zeitgleich das Sharpe-Lintner-CAPM. Es wurde in der Folgezeit vielfach erweitert und an spezielle Situationen angepaßt.[1]

Obwohl das CAPM in seiner ersten Version vor nahezu 30 Jahren entwickelt wurde, läßt sich seine Bedeutung und das Interesse an ihm auch in der heutigen Zeit erklären.[2] Durch seine relativ einfache Struktur und die ersten empirischen Resultate, die das Modell im wesentlichen bestätigten, öffnete sich eine Vielzahl von Anwendungsmöglichkeiten des CAPM in Theorie und Praxis.[3] Denn als Gleichgewichtsmodell erstreckt es sich in seinen Aussagen auf alle Anlagemöglichkeiten, wie beispielsweise Aktien, Anleihen, Immobilien und Gold. Eine Rechtfertigung für den praktischen Einsatz erhält es erst durch seine empirische Überprüfung. Zum einen kann das CAPM dabei selbst im Mittelpunkt der Untersuchung stehen und geprüft werden, ob es das Renditeverhalten vollständig erklärt. Zum anderen besteht die Möglichkeit zur weiteren Modellentwicklung systematische Abweichungen vom CAPM, sogenannte Anomalien, zu identifizieren. Die bekanntesten dieser Anomalien sind der Price/Earning-Effekt (Basu (1977)), der Wochenend-Effekt (French (1980)), der Size-Effekt (Banz (1981)) und der Januar-Effekt (Keim (1983)). Eine Untersuchung dieser Anomalien macht nur dann Sinn, wenn das Basismodell, in diesem Fall das CAPM, in seiner Standardform einen gewissen Erklärungsgehalt

---

[1] Vgl. zu alternativen Versionen Sharpe (1991) S. 490.
[2] Dies drückt sich auch in der Verleihung des Nobelpreis für Ökonomie im Jahr 1990 durch die Nobel Stiftung aus. Diesen Preis erhielten für ihren Beitrag bei der Entwicklung der modernen Portefeuilletheorie und des CAPM unter anderem Markowitz und Sharpe.
[3] Dies hat dazu geführt, daß das CAPM nicht nur im englischsprachigen Raum, sondern wie in vielen anderen Ländern auch in Deutschland Eingang in die Lehre an den Universitäten gefunden hat.

aufweist. Ist dies nicht der Fall, so würde man einen ungeeigneten Maßstab verwenden und stände vor dem Problem, auftretende Modellabweichungen sinnvoll zu interpretieren.[4]

Motiviert durch diese Sachverhalte besteht das Anliegen dieser Arbeit darin, die Implikationen des CAPM in seinen Grundformen zu analysieren und seine Gültigkeit für den deutschen Kapitalmarkt zu untersuchen.[5] Auf die möglichen CAPM-Anomalien wird nur am Rande eingegangen.[6] Zu den dabei zu prüfenden Schlüsselimplikationen gehören die Effizienz des Marktportefeuilles, die Linearität zwischen dem Risiko der Aktie (gemessen anhand ihres β) und ihrer erwarteten Rendite sowie die Two-Fund-Separation.[7]

Mit einer Vielzahl zum Teil sehr aufwendiger Testverfahren wurde das CAPM in den USA und anderen Ländern bisher untersucht. Dabei zeigte sich, daß die Wahl der Untersuchungsmethode einen wesentlichen Einfluß auf die erzielten Ergebnisse ausübt.[8] Die meisten der bisherigen Untersuchungen in Deutschland ignorieren dieses Problem, indem sie nur auf eine der vielen alternativen Untersuchungsmethoden zurückgreifen. Auch sind die deutschen Untersuchungen untereinander schlecht vergleichbar, da sie auf sehr unterschiedlichen Datensätzen beruhen.[9] Eine weitere Lücke in der deutschen Kapitalmarktforschung besteht in der nahezu ausschließlichen Anwendung univariater Analyseverfahren. Für die deutschen Daten wurden die multivariaten Verfahren, die ohne näher spezifizierte Alternativhypothese auskommen und seit Beginn der 80er Jahre einen großen Stellenwert in der amerikanischen Literatur gefunden haben, nie umfassend eingesetzt.[10] Mit einer Anwendung der Tests auf eine breite deutsche Datenbasis verfügt man im Vergleich zu den USA-Daten über einen relativ unabhängigen Datenset. Die Ergebnisse liefern deshalb

---

[4] Mit den neueren Kapitalmarktgleichgewichtsmodellen, wie der Arbitrage Pricing Theory (APT) von Ross (1976), stehen Alternativen zum CAPM zur Verfügung, die dieses theoretisch wie empirisch bisher nicht verdrängen konnten. Vgl. hierzu auch Frantzmann (1989) S. 197-203 und Winkelmann (1984) S. 227.

[5] Einen umfassenden Überblick über den Stand der Kapitalmarktforschung, der weit über das hier betrachtete Basismodell hinausgeht, vermittelt Fama (1991).

[6] Die empirischen Ergebnisse des Grundmodells wecken große Zweifel an der Fähigkeit der verwendeten statistischen Verfahren Modellabweichungen zu identifizieren. Da diese Tendenz auch bei Tests von Anomalien auftreten müßte, sind mit den multivariaten Verfahren Anomalien kaum abzulehnen. Deshalb wird auf ihre Tests hier verzichtet.

[7] Vgl. Sharpe (1991) S. 499.

[8] Vgl. Stambaugh (1982) und Amsler/Schmidt (1985).

[9] Ein weiteres Problem bei vielen Studien ist die relativ kleine Datenbasis. Vgl. hierzu und zu einem Überblick über die ersten empirischen Arbeiten Möller (1988) S. 783.

[10] Eine Ausnahme ist die Arbeit von Göppl/Schütz (1992) S. 29 ff. in der die Auswahl eines Aktienindex für Forschungszwecke und weniger ein Test des CAPM im Mittelpunkt steht. Dies erklärt auch die fehlende kritische Hinterfragung des verwendeten multivariaten Verfahrens.

nicht nur Informationen über den deutschen Kapitalmarkt, sondern haben auch eine Bedeutung für die internationale CAPM-Forschung.

Im Gegensatz zur einfachen theoretischen Struktur des Modells treten bei seiner empirischen Überprüfung eine Vielzahl statistischer Probleme auf. Deren Ursache liegt zum einen im statischen Charakter des CAPM, da es sich, wie seine Herleitung zeigt, um ein Einperiodenmodell handelt. Zum anderen bezieht sich das CAPM nicht auf die in der Realität beobachtbaren tatsächlichen Renditen, sondern auf die erwarteten Renditen im Entscheidungszeitpunkt. Da außerdem für die Schätzung des Risikomaßes Beta Zeitreihendaten benötigt werden, sind zusätzlich zu den für die Modellherleitung erforderlichen Annahmen weitere Annahmen, zumeist über die zeitliche Stabilität der zugrundeliegenden Prozesse, zu treffen. Neben den dabei auftretenden ökonometrischen Standardproblemen spielen auch das Fehler in den Variablen Problem und das Vorliegen von nichtlinearen Hypothesen eine wichtige Rolle. Aufgrund der Bedeutung der Untersuchungsmethoden für die erzielten Resultate besteht der Schwerpunkt dieser Arbeit in der Darstellung, Anwendung und Kritik alternativer ökonometrischer Methoden zum Test des CAPM. Alternative Verfahren bieten bei einer identischen Datenbasis die Möglichkeit, im Gegensatz zu einem zufällig gewählten einzelnen Test, ein relativ exaktes Bild von der Gültigkeit des CAPM für den deutschen Kapitalmarkt zu entwickeln. Darüber hinaus bildet die Darstellung der Wirkungsweise der Verfahren die Grundlage zur kritischen Hinterfragung der erzielten Testergebnisse. Wie die empirischen Untersuchungen belegen, sind die mit den univariaten oder multivariaten Tests verbundenen Schlußfolgerungen, die die Gültigkeit des CAPM im wesentlichen bekräftigen, aus ökonomischer Sicht sehr fraglich. Ein Grund für dieses Ergebnis scheint in der Schwäche der Tests zu liegen, Modellabweichungen zu identifizieren. Die Interpretation eines Tests hat deshalb immer mit Vorsicht und unter Ausnutzung aller verfügbaren Zusatzinformationen zu erfolgen. Diese Vorgehensweise führt zu großen Zweifeln an der Gültigkeit des CAPM in Deutschland.

Das Ziel dieser Arbeit besteht somit in der Diskussion, Anwendung und kritischen Analyse der Auswirkungen alternativer univariater und multivariater Testverfahren auf die empirische Überprüfung des CAPM sowie in der Entwicklung eines klaren Bildes zum Aussagegehalt dieses Modells für den deutschen Kapitalmarkt. Im Hinblick auf diese Ziele, besteht die Arbeit aus einem theoretischen und einem empirischen Teil. Die dabei teilweise gewählte formale Vorgehensweise dient der Klarheit der Ausführungen. Es erfolgt aber eine Beschränkung auf die wesentlichsten Zusammenhänge; auf entsprechende Herleitungen und Beweise wird weitmöglichst verwiesen.

Im Anschluß an die Einführung und Abgrenzung der Fragestellung dieser Arbeit erfolgt im zweiten Kapitel zunächst eine Betrachtung der Portefeuilleentscheidungen rationaler Anleger im μ-σ-Raum. Die dabei abgeleitete Kurve der effizienten Portefeuilles, der Efficient Set, dient zum einen zur Verdeutlichung der Entscheidungssituation eines Anlegers, zum anderen ist sie für das Verständnis der betrachteten multivariaten Tests und ihrer Interpretation relevant. Auf der dargestellten Portefeuilletheorie basieren die drei anschließend abgeleiteten CAPM-Versionen. Als Ergebnis ergibt sich jeweils die bekannte lineare Bepreisungsrelation. Existiert ein risikoloses Wertpapier, so entspricht die erwartete Rendite einer Aktie dem risikolosen Zins plus der erwarteten Risikoprämie multipliziert mit dem individuellen Aktienrisiko. Das Black-CAPM stellt für den Fall, daß kein risikoloses Wertpapier existiert, eine Art Verallgemeinerung des Sharpe-Lintner-CAPM dar.[11] Seine zusätzliche Verwendung läßt sich durch empirische Ergebnisse für den US-amerikanischen Aktienmarkt begründen. Schon in den ersten Studien von Black/Jensen/Scholes (1972) und Fama/MacBeth (1973) schien das Black-CAPM die Realität besser zu beschreiben als das Sharpe-Lintner-CAPM. Das Bedingte- oder auch Conditional-CAPM schließt die Gruppe der alternativen Modelle ab. Dieses Modell zeichnet sich durch zu modellierende Erwartungs- und Informationsprozesse aus, welche die Stabilitätsannahmen ersetzen, die die anderen Modelle zum Test benötigen. Es ermöglicht somit eine gewissen Dynamisierung des statischen Modells.

Außer den linearen Bepreisungsrelationen existieren weitere testbare und wichtige Implikationen des CAPM. Deren Erläuterung und die damit verbundenen analysierbaren Hypothesen vervollständigen das zweite Kapitel. Neben der Betrachtung der positiven Rendite-Risiko-Relation liegt der Schwerpunkt auf der Hypothese der Effizienz des Marktportefeuilles. Da die Effizienzhypothese die Linearitätshypothese impliziert, kann sie auch als eigentliche Grundaussage des CAPM verstanden werden. Ohne an dieser Stelle auf alternative mathematische Methoden einzugehen, erfolgt zur Analyse der Linearität eine Unterscheidung verschiedener Testansätze, die sich aus der Übertragung des statischen Modells auf Zeitreihendaten ergibt. Aus diesen werden ebenso wie für die Effizienzhypothese für die diversen CAPM Versionen genau spezifizierte Hypothesen für Regressions- und Performancetests abgeleitet. Die anderen Implikationen des statischen CAPM wie beispielsweise die Two-Fund-Separation und die Stabilität des Marktportefeuilles in seiner Zusammensetzung werden ebenfalls kurz diskutiert.

Die Darstellung und Diskussion alternativer univariater und multivariater ökonometrischer Testverfahren und der mit ihnen erzielten empirischen Ergebnisse steht im Mittelpunkt des dritten Kapitels. Zur Analyse der ökonometrischen Probleme erfolgt eine Differenzierung nach drei Testspezifikationen. Es läßt sich zeigen, daß die auf der Fama/MacBeth-, Black- oder Sharpe-Lintner-Spezifikation aufbauenden

---

[11] Da die Herleitung des Black-CAPM die Annahme unbegrenzter Leerverkäufe erfordert, ist das Sharpe-Lintner-CAPM kein Spezialfall des Black-CAPM.

Querschnittsanalysen in einem engen Zusammenhang zu Performancetests stehen. Dieser Sachverhalt liefert nicht nur beim Vergleich univariate versus multivariate Verfahren wichtige Einsichten. Die zur Schätzung der Modellparameter durchgeführte Verfahrensdarstellung berücksichtigt schwerpunktmäßig die Kleinste Quadrate Methode (OLS), die Gewichtete Kleinste Quadrate Methode (WLS), die Verallgemeinerte Kleinste Quadrate Methode (GLS) und die Maximum Likelihood Methode (ML). Für die Auswertung der geschätzten Parameter werden neben dem univariaten t-Test auch mehrere zum Teil asymptotisch äquivalente multivariate Tests wie der Likelihood Ratio Test, der Lagrange Multiplier Test und ein modifizierter T^2-Hotelling Test erörtert. Neben der Behandlung der Anwendungsvoraussetzungen, die einige der Vor- und Nachteile der Methoden offenlegen, werden die bei den geplanten Untersuchungen auftretenden speziellen Probleme, das Fehler in den Variablen Problem, das Verhältnis Anzahl der Aktien zur Anzahl der Beobachtungszeitpunkte und das Testen nichtlinearer Hypothesen diskutiert. Da aus theoretischer Sicht kein dominierendes Vorgehen existiert, ergänzen Simulationsergebnisse die theoretischen Ausführungen. Dies resultiert im empirischen Teil in der Anwendung und dem Vergleich unterschiedlichster Tests. Mit der von Hansen (1982) entwickelten Verallgemeinerte Momente Methode (GMM) wird im theoretischen Teil auf ein weiteres multivariates Verfahren ohne Normalverteilungsannahme eingegangen. Dieses bietet sich speziell für Tests des Bedingten-CAPM an. Da bei den erzielten Ergebnissen die Anwendung dieses Tests für den untersuchten Sachverhalt keine zusätzlichen Erkenntnisse erwarten läßt, wird im empirischen Teil auf seine Anwendung verzichtet. Seine Bedeutung für weitere CAPM-Tests verdeutlicht aber der Überblick über bisherige Untersuchungen.

Dieser anschließende Literaturüberblick enthält Ergebnisse bisheriger, mit alternativen Methoden durchgeführter empirischer Studien. Dabei steht nicht nur die Darstellung der zeitlichen Entwicklung der CAPM-Tests im Vordergrund. Das Hauptaugenmerk gilt vielmehr der Analyse der Auswirkungen der gewählten Testverfahren. Zu diesem Vergleich der Ergebnisse werden hauptsächlich US-amerikanische Studien herangezogen, da sie das breiteste Spektrum an Verfahren bei häufig nahezu identischen Datenbasen bieten. Ergebnisse von Studien für den deutschen Kapitalmarkt ergänzen - soweit vorhanden - diese Ausführungen.

Mit der Beschreibung der Datenbasis und der Datenaufbereitung beginnt in Kapitel 4 der empirische Teil. Die Datenbasis besteht aus allen im amtlichen Handel in Frankfurt zwischen 1954 und 1991 notierten Gesellschaften. Nach der einführenden Vorstellung und Auswahl konkurrierender Renditebegriffe folgt die Erörterung der Aggregation von Einzelrenditen zu Portefeuilles. Diese ist zur Ermittlung einer Marktrendite und für einige ökonometrische Verfahren unumgänglich und reduziert auch das Fehler in den Variablen Problem. Bei gleichgewichteten und marktwertgewichteten Betrachtungen werden alternativ die vier Portefeuillebildungskriterien Beta und Sharpe-Maß der Vorperiode, Unternehmensgröße zum Periodenbeginn und Durchschnittsrendite der laufenden Periode gewählt. Die Bildung von Untersuchungsperioden und die deskriptive Auswertung der Daten schließen die Beschreibung des Untersuchungsaufbaus ab.

Es folgt die Darstellung der Testergebnisse der isolierten univariaten und multivariaten Auswertungen. Der Verfahrensvergleich führt zu dem Schluß, daß bei der Schätzung der Parameter wegen der Bedeutung der Varianzen und Kovarianzen die Verallgemeinerte Kleinste Quadrate Methode eingesetzt werden sollte. Einen weiteren Aspekt stellt die Abschätzung des Fehler in den Variablen Problems auf die Ergebnisse bei den betrachteten realen Datensituationen dar. Die Ergebnisse scheinen das CAPM unabhängig von der zu testenden Modellvariante zu bestätigen, da signifikante Modellverletzungen in der Regel nur selten identifiziert werden können. Nur bei den aus theoretischer Sicht kritischen Renditeportefeuilles treten wie erwartet häufiger Ablehnungen der Nullhypothesen auf. Mit dem CAPM scheint somit ein Modell zu existieren, daß zumindest zum Teil Gültigkeit für den deutschen Aktienmarkt aufweist.

Daß dieser Schein trügen kann und selbst der Aussagegehalt der angewendeten Tests, die unter den gegebenen Annahmen als "beste Tests" einzustufen sind, unter Umständen sehr gering ist, verdeutlicht die kritische Analyse und Hinterfragung der Ergebnisse in Kapitel 5. Eine gemeinsame Auswertung der univariaten und multivariaten Verfahren, unterstützt durch graphische Analysen, illustriert die ökonomischen Widersprüche und Problembereiche der verfügbaren Testverfahren. Mögliche Fehlschlüsse wie die Nichtverwerfung der Effizienz eindeutig ineffizienter Portefeuilles, die Problematik von Leerverkäufen und die Aggregation von Periodenergebnissen werden diskutiert und resultieren in einem negativen Gesamturteil. Nur mit größter Vorsicht lassen sich Interpretationen der erzielten Testergebnisse durchführen. Von einer standardmäßigen Anwendung der univariaten und multivariaten Tests ist abzuraten. Eine Interpretation von Testergebnissen sollte deshalb mit großer Sorgfalt unter Verwendung aller Informationen erfolgen.

Die Zusammenfassung in Kapitel 6 gibt nochmals die wesentlichen Ergebnisse dieser Arbeit wieder.

2 Alternative Versionen des CAPM und ihre testbaren Implikationen

2.1 Ableitung alternativer Kapitalmarktgleichgewichtsmodelle

2.1.1 Portefeuilleentscheidungen im μ-σ-Rahmen

Zur Beschreibung und Überprüfung der auf Kapitalmärkten ablaufenden Preisbildungsprozesse bedarf es eines Modells, welches auf der Basis von mehr oder weniger realistischen Annahmen[12] abgeleitet wird. Dabei ist nicht von primärem Interesse, daß die Modellannahmen den Gegebenheiten in der Realität voll entsprechen. Wichtiger ist, daß sich die Aussagen des Modells annähernd mit der Realität decken. Dies ist im Rahmen von empirischen Untersuchungen zu überprüfen.

Um Aussagen über die optimale Portefeuillegestaltung abzuleiten, sind Annahmen über die Märkte, auf denen die Anleger agieren, und Annahmen über das Anlegerverhalten zu treffen. Die auf den optimalen Portefeuillezusammensetzungen für rational handelnde Anleger aufbauenden Bepreisungsmodelle und damit die Entwicklung der unterschiedlichen Varianten des Capital Asset Pricing Model (CAPM) folgen dabei direkt aus den gewählten Annahmen.

Annahmen zum Investorenverhalten:

A1: Die Entscheidungsträger verhalten sich so, als ob sie den erwarteten Nutzen ihres Endvermögens maximieren. Sie orientieren sich dabei nur an der erwarteten Rendite und der Standardabweichung der Rendite ihres Portefeuilles bezüglich eines festen einperiodigen Planungshorizonts.

A2: Die Präferenzen der risikoaversen Investoren bezüglich der beiden Elemente ihrer Nutzenfunktion sehen wie folgt aus:

Von zwei Portefeuilles, die ein identisches Risiko gemessen an der Standardabweichung ihrer Renditen haben, wird dasjenige gewählt, welches mit einer höheren erwarteten Rendite verbunden ist.

---

[12] Vgl. zu den Annahmen nicht nur die Orginalaufsätze von Sharpe (1964) S. 427 ff. und Lintner (1965) S. 15 ff., sondern auch Sharpe/Alexander (1990), S. 195 f., Alexander/Francis (1986) S. 106 f. und Haugen (1986) S. 156 ff.

Stimmen andererseits die erwarteten Renditen zweier Wertpapiere überein, so wird jenes mit der geringeren Standardabweichung präferiert.[13]

Annahmen zu den Kapitalmärkten:

A3: Alle Wertpapiere sind in unendlich kleiner Stückelung handelbar. Die Transaktionskosten sind irrelevant und es existieren keinerlei diskriminierende Steuern.

Dies hat in Untersuchungen für Aktien zur Folge, daß Kapitalgewinne und Dividenden gleich behandelt werden können.

A4: Es existiert ein risikoloser Zinssatz, zu dem jeder Investor beliebig anlegen beziehungsweise leihen kann.

Diese Annahme wird zwar zur Herleitung des Sharpe-Lintner-CAPM benötigt, im Rahmen des Black-CAPM und einer Reihe von Tests aber wieder aufgehoben.

Aus den bisherigen Annahmen kann abgeleitet werden, welche Portefeuilles in welchen Zusammensetzungen einzelne Anleger sinnvollerweise halten sollten. Um auf Basis der optimalen Portefeuilles ein Bepreisungsmodell zu entwickeln, sind weitere Annahmen zu treffen.

Annahmen, die zur Herleitung des Sharpe-Lintner-CAPM zusätzlich benötigt werden:

A5: Alle Anleger haben denselben einperiodigen Planungshorizont.

A6: Der risikolose Zinssatz R_f, zu dem Anleger beliebig hohe Kredite aufnehmen und Anlagen tätigen können, ist für alle Anleger identisch. Sie sind Preisnehmer und somit Mengenanpasser.

A7: Alle für den Preisbildungsprozeß relevanten Informationen sind für jeden Anleger gleich und kostenlos verfügbar.

A8: Alle Investoren haben homogene Erwartungen. Die Erwartungen über die Renditen, deren Standardabweichungen und Korrelationskoeffizienten sind somit für jede individuelle Aktie bei allen Investoren identisch.

Die Annahmen A1 und A2 beschreiben das Investorenverhalten. Dieses wird geprägt durch die Erwartungen bezüglich der Portefeuillerenditen, welche auf den Erwartungen über die einzelnen Aktien beruhen.

Die erwartete Rendite eines Portefeuilles ergibt sich als ein mit seinen wertmäßigen Anteilen x_i gewichteter Mittelwert der N in ihm enthaltenen Einzelrenditen. Zwi-

---

[13] Das beschriebene Verhalten ist konsistent mit der Unterstellung einer quadratischen Nutzenfunktion oder einer Normalverteilung der Renditen der zugrundeliegenden Anlageformen. Die Nutzenfunktionen der unterschiedlichen Anleger müssen dabei nicht identisch sein. Vgl. Tobin (1958) S. 74-77 sowie Huang/Litzenberger (1988) S. 61 f.

schen den Einzelrenditen R_i und der Portefeuillerendite R_p besteht somit ein linearer Zusammenhang.

$$E(R_p) = \sum_{i=1}^{N} x_i \, E(R_i) = \mu_p \qquad (1)$$

Die Standardabweichung eines Portefeuilles σ_p beziehungsweise seine Varianz σ_p^2, die als Maß für sein Risiko angesehen wird und die zweite Entscheidungsgröße darstellt, ergibt sich als ein gewichteter Durchschnitt der Varianzen σ_i^2 und Kovarianzen $\sigma_{i,k}$ der Renditen der in ihm enthaltenen Wertpapiere.

$$\sigma_p^2 = \sum_{i=1}^{N}\sum_{k=1}^{N} x_i x_k \sigma_{i,k} = \sum_{i=1}^{N} x_i^2 \sigma_i^2 + \sum_{i=1}^{N}\sum_{\substack{k=1 \\ k \neq i}}^{N} x_i x_k \sigma_{i,k} \qquad (2)$$

Im Gegensatz zu den erwarteten Portefeuillerenditen ist die Beziehung zwischen den Standardabweichungen der individuellen Wertpapiere und der Portefeuillestandardabweichung im Regelfall, d.h. falls die Renditen aller Wertpapiere nicht 100 % positiv korreliert sind, nichtlinear. Das Risiko ist somit geringer als die mit ihren Anteilen linear gewichteten einzelnen Varianzen der Wertpapiere des Portefeuilles.

Markowitz hat gezeigt, daß dieser als Diversifikation bezeichnete Effekt schon bei einer einfachen Streuung des Vermögens auf mehrere Investitionsalternativen entsteht.[14] Dieser Aspekt hat wichtige Implikationen für die optimale Portefeuillegestaltung.

Abbildung 1 veranschaulicht den Zusammenhang für den Zwei-Wertpapier-Fall. Bei vollkommen positiver Korrelation liegen alle möglichen Rendite-Risiko-Kombinationen auf der Verbindungsgeraden von A und B. In allen anderen Fällen gilt für eine Mischung beider Aktien, daß das Risiko geringer ist als die entsprechende Linearkombination. Im Fall zweier vollkommen negativ korrelierter Wertpapiere, existiert eine Kombination beider risikobehafteten Wertpapiere, die risikolos ist.

Für den allgemeinen Fall einer Kombination von N Wertpapieren lassen sich alle Rendite-Risiko-Kombinationen in Form einer Begrenzungskurve auch graphisch im μ-σ-Raum darstellen. Läßt man unbegrenzt Leerverkäufe[15] zu, so liegen alle Rendi-

---

[14] Vgl. hierzu Markowitz (1952) S. 89 ff. Einen Eindruck von der Entwicklung der Standardabweichung in Abhängigkeit von der Anzahl der berücksichtigten Wertpapiere vermitteln die Ergebnisse einer empirischen Studie von Fama (1976) S. 252 ff.

[15] Ein Leerverkauf ist die Umkehrung eines Kaufs, bei dem ein Anleger ein Wertpapier verkauft, welches er nicht besitzt. Dies erfordert den Rückkauf in der Zukunft und führt, bis auf die Änderung der Vorzeichen, zum selben Zahlungsstrom wie eine normale Aktienanlage. Vgl. Sharpe/Alexander (1990) S. 25-30.

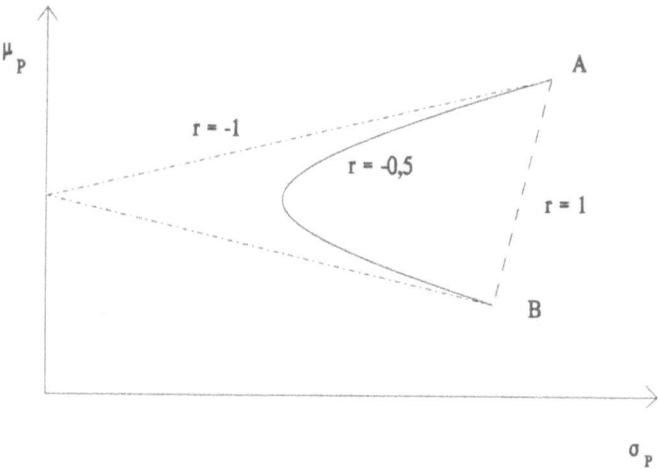

Abbildung 1: Rendite-Risiko-Kombinationen im Zwei-Wertpapier-Fall

te-Risiko-Kombinationen von Portefeuilles, die am Kapitalmarkt gehandelt werden, auf oder innerhalb einer Hyperbel. Bei einer entsprechenden Darstellung im μ-σ^2-Raum handelt es sich um eine Parabel.[16]

Aufbauend auf dem Tatbestand, daß eine Streuung des Portefeuillevermögens auf unterschiedliche Vermögenswerte zu einer überproportionalen Reduktion des Portefeuillerisikos führen kann, ist ein Portefeuille für einen Entscheidungsträger nur dann optimal, wenn dieses bezüglich eines fest vorgegebenen Risikos die höchste erwartete Rendite verspricht. Diese Bedingung wird von allen Portefeuilles erfüllt, die auf dem oberen (rechts gekrümmten) Teil der Begrenzungskurve liegen. Dieser geometrische Ort aller nicht dominierten Portefeuilles bildet den Efficient Set. Die gesamte Umhüllungskurve wird in der Literatur auch als Portfolio Frontier, Minimum Variance Opportunity Set oder, wie in der Herleitung von Sharpe (1964), als Investment Opportunity Curve bezeichnet.

Zur Ermittlung der Portfolio Frontier inclusive des Efficient Set und damit zur Bestimmung der Zusammensetzung aller potentiell optimalen Portefeuilles ist folgendes Minimierungsproblem zu lösen:[17] für jeden realisierbaren Erwartungswert

---

[16] Vgl. hierzu Abbildung 2 sowie Haugen (1986) S. 98 f.

[17] Der Efficient Set ist eine rein mathematische Ableitung und keine ökonomische Folgerung. Zu seiner Herleitung genügen die Annahmen, daß die Varianz-Kovarianz-Matrix der Renditen nicht singulär ist und daß mindestens zwei Aktien eine unterschiedliche Rendite aufweisen. Vgl. Roll (1977) S. 133.

E(R_p) wird derjenige Gewichtungsvektor x gesucht, der mit der geringsten Varianz und somit mit dem niedrigsten Risiko verbunden ist. Dabei gilt für die Summe der Gewichte, daß sie sich auf Eins aufsummieren.

Unterstellt man die Möglichkeit von Leerverkäufen, so ist ein quadratisches Programmierungsproblem zu lösen.[18,19] In diesem steht die Matrix V_R für die Varianz-Kovarianz-Matrix der Renditen, E(R) für den Vektor der erwarteten Renditen der einzelnen Anlagemöglichkeiten und I für einen Einservektor derselben Dimension wie x.

Zielfunktion:
$$\sigma_P^2 = \frac{1}{2} x' V_R x \to \min!$$

Nebenbedingungen:
$$x' E(R) = E(R_p)$$
$$x' I = 1$$
(3)

Über die Differentiation und Auflösung[20] des Lagrangeansatzes

$$L = \frac{1}{2} x' V x + \zeta [E(R_p) - x' E(R)] + \kappa (1 - x' I) \to \min!$$
(4)

erhält man die Gleichung für die Portfolio Frontier[21]:

$$\sigma_p^2 = \frac{a - 2b E(R_p) + c E(R_p)^2}{ac - b^2}$$
(5)

Dabei sind a, b, c und der später noch benötigte Parameter d die Efficient Set Konstanten, die in vielen neueren Tests zur Vereinfachung der Ausdrucksweise und in Verbindung mit der graphischen Darstellung der Testverfahren eine wichtige Rolle spielen.

---

[18] Da die meisten Tests die Möglichkeit von Leerverkäufen unterstellen, wird auch hier mit dieser Annahme gearbeitet. Falls eine CAPM-Version bei den Tests verworfen wird, wäre zu prüfen, ob es überhaupt ein Portefeuille ohne Leerverkäufe gibt, das mit keiner Ablehnung verbunden ist. Vgl. hierzu auch Abschnitt 5.3.

[19] Zur Vereinfachung der Schreibweise und für die Berechnungen erfolgt an dieser Stelle der Übergang auf die Matrixschreibweise.

[20] Vgl. hierzu Jobson/Korkie (1980) S. 544 ff. und Huang/Litzenberger (1988) S. 63 ff.

[21] Vgl. Jobson/Korkie (1989) S. 187 f. Schätzt man die Portfolio Frontier auf Basis einer Stichprobe, so ergibt sich mit der angegebenen Formel ein verzerrter Schätzer (Vgl. hierzu Abschnitt 3.2.1). Jobson (1991) entwickelt analytisch einen unverzerrten Schätzer, konstruiert daraus Konfidenzintervalle für die Portfolio Frontier und setzt diese zu herkömmlichen Tests in Beziehung.

$$a = E(R)' V_R^{-1} E(R)$$

$$b = 1' V_R^{-1} E(R) = E(R)' V_R^{-1} 1 \qquad (6)$$

$$c = 1' V_R^{-1} 1$$

$$d = ac - b^2$$

Führt man zusätzlich die Möglichkeit einer risikolosen Anlagealternative in die Betrachtung ein, so verändert sich der Efficient Set. Da das risikolose Wertpapier mit jedem risikobehafteten Wertpapier vollständig unkorreliert ist und eine Varianz von Null aufweist, ergibt sich das Risiko einer Mischung eines risikolosen und eines risikobehaften Wertpapiers allein aus dem Produkt von Standardabweichung und Portefeuilleanteil des riskanten Wertpapiers. Graphisch bedeutet dies, daß alle Rendite-Risiko-Kombinationen im μ-σ-Raum auf der direkten Verbindungsgeraden und ihrer Verlängerung bei Leerverkaufsmöglichkeiten liegen. Der Efficient Set bei Existenz eines risikolosen Wertpapiers ergibt sich als Gerade, die durch den Punkt $(0, R_f)$ geht und die Portfolio Frontier von oben tangiert, da dies die Kombination mit dem höchsten erwarteten Renditeanstieg bei einer vorgegebenen Risikoerhöhung bedeutet. Für diese auch als Kapitalmarktlinie (Capital Market Line) bezeichnete Gerade gilt die in Gleichung (7) ausgedrückte Beziehung.

$$E(R_i) = R_f + \frac{E(R_m) - E(R_f)}{\sigma_m} \sigma_i \qquad (7)$$

Für den Fall ohne risikoloses Wertpapier wird der Efficient Set durch den oberen Ast einer Hyperbel, für den Fall mit risikolosem Wertpapier durch eine Gerade beschrieben (siehe Abbildung 2).

Alle Investoren halten zur Maximierung ihres Nutzens ein effizientes Portefeuille. Die Preisbildungsprozesse, die sich aus diesem Tatbestand ableiten lassen, stehen im Mittelpunkt aller Kapitalmarktgleichgewichtsmodelle. Das Sharpe-Lintner-CAPM wurde für den Fall abgeleitet, daß ein risikoloses Wertpapier existiert. Das Black-CAPM befaßt sich mit der Situation, in der kein risikoloses Wertpapier existiert, während das Bedingte-CAPM eine spezielle Verallgemeinerung beider Modelle darstellt, die die Form der Erwartungsbildung im Hinblick auf die Testbarkeit näher spezifiziert.

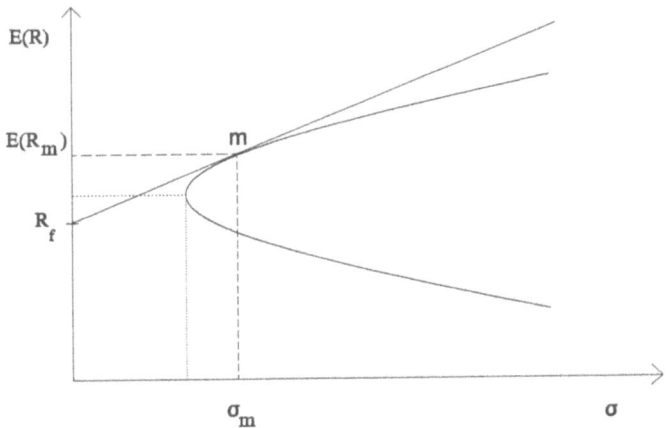

Abbildung 2: Der Efficient Set mit und ohne risikolose Anlagealternative

2.1.2 Das Sharpe-Lintner-CAPM

Das Sharpe-Lintner-CAPM geht zurück auf die sechziger Jahre und wurde dort nahezu parallel von Sharpe (1964), Lintner (1965) und Mossin (1966) entwickelt. Gegenstand dieses Bewertungsmodells war die Frage, wie sich die Preise für Wertpapiere und andere Anlagegegenstände am Kapitalmarkt bilden, wenn sich alle Investoren entsprechend der Portefeuilletheorie von Markowitz bei ihren Anlageentscheidungen verhalten.

Bei allen Investoren besteht das Portefeuille aus zwei Positionen: dem Tangentialportefeuille m der risikobehafteten Wertpapiere und der risikolosen Anlageform. Dies wird auch als Two-Fund-Separation[22] bezeichnet. Für den Fall homogener Erwartungen gilt, daß alle Marktteilnehmer bezüglich des risikobehafteten Teils ihres Portefeuilles ein in seinen Anteilen genau identisches Portefeuille halten.

Darüber hinaus variiert die gesamte Portefeuillestruktur nur dadurch, daß dieses riskante Portefeuille je nach individueller Nutzenfunktion mit einer festverzinslichen Geldanlage oder mit der Aufnahme eines Kredits, jeweils zum risikolosen Zinssatz R_f, verbunden wird.

---

[22] Vgl. Tobin (1958) S. 82-85 und Roll (1977) S. 164 f.

Da alle Individuen im Gleichgewicht das identische Portefeuille an riskanten Wertpapieren halten, müßte dieses Portefeuille dem am Markt beobachteten, mit Marktwerten gewichteten Marktportefeuille entsprechen.[23]

Für die Bewertung eines einzelnen Wertpapiers muß gelten, daß es in Abhängigkeit von der Höhe seines Beitrags zum Risiko des Gleichgewichtsportefeuilles bepreist wird. Je nach Korrelation zwischen Wertpapier- und Marktportefeuillerenditen kann auch ein Wertpapier mit einer hohen Standardabweichung einen sehr geringen Anteil zum Gesamtrisiko beitragen.

Die im folgenden dargestellte Herleitung des CAPM[24] basiert auf der Tatsache, daß im Marktgleichgewicht die Steigung der Kapitalmarktlinie und die Steigung der Portfolio Frontier im Tangentialpunkt übereinstimmen. Zur Ermittlung der Bepreisungsrelation[25] betrachtet man die Entscheidungsparameter bei einem Portefeuille, bestehend aus dem Marktportefeuille und einem weiteren riskanten Wertpapier i. Die erwartete Rendite und die Standardabweichung ergeben sich in Abhängigkeit vom Anteil x_i des Wertpapiers i wie folgt.

$$E(R_p) = x_i E(R_i) + (1-x_i)E(R_m) \qquad (8)$$

$$\sigma_p = \sqrt{x_i^2 \sigma_i^2 + (1-x_i)^2 \sigma_m^2 + 2x_i(1-x_i)\sigma_{i,m}} \qquad (9)$$

Die Ableitung beider Zielgrößen nach x_i, und die Ausnutzung des Tatbestands, daß im Gleichgewicht der zusätzliche Portefeuilleanteil des Wertpapiers i Null ist, führt zur Steigung der Begrenzungskurve im Tangentialpunkt.

---

[23] Für die theoretischen wie empirischen Betrachtungen werden marktwertgewichtete und gleichgewichtete Portefeuilles unterschieden. Die Rendite eines gleichgewichteten Portefeuilles ergibt sich als arithmetisches Mittel der Renditen aller in ihm enthaltenen Wertpapiere. Dies entspricht der Rendite eines Anlegers, der in jede Aktie zum Periodenbeginn einen identischen Betrag investiert. Bei marktwertgewichteten Portefeuilles werden die einzelnen Aktienrenditen entsprechend der relativen Bedeutung der Aktie, gemessen an ihrem relativen Marktwert zum Gesamtmarktwert aller im Portefeuille enthaltenen Werte, gewichtet. Der Kauf eines solchen Portefeuilles führt zu der durchschnittlichen Rendite aller in diese Werte investierenden Anleger und ist im Zeitablauf mit den geringsten Umschichtungskosten verbunden.

[24] Alternative Darstellungen von CAPM-Herleitungen:
1. Analytisch über Kombination von m mit einem Wertpapier, dessen zusätzlicher Anteil im Gleichgewicht Null ist (Sharpe (1964) S. 438).
2. APT-Herleitung (Ross/Westerfield/Jaffe (1990) Kapitel 10).

[25] Vgl. zur folgenden Herleitung Sharpe (1964) S. 438 sowie Copeland/Weston (1988) S. 195 ff.

$$\frac{\frac{\delta E(R_p)}{\delta x_i}}{\frac{\delta \sigma_p}{\delta x_i}} = \frac{E(R_i) - E(R_m)}{\frac{\sigma_{i,m} - \sigma_m^2}{\sigma_m}} \qquad (10)$$

Wird diese Steigung mit der Steigung der Kapitalmarktlinie

$$\frac{E(R_m) - R_f}{\sigma_m} \qquad (11)$$

gleichgesetzt und nach der erwarteten Rendite aufgelöst, ergibt sich die Wertpapierlinie, die das gesuchte Bepreisungsmodell darstellt:

$$\begin{aligned} E(R_i) &= R_f + [E(R_m) - R_f]\frac{\sigma_{i,m}}{\sigma_m^2} \\ &= R_f + \beta_i [E(R_m) - R_f] \end{aligned} \qquad (12)$$

Im Falle eines Gleichgewichts am Kapitalmarkt, bilden sich die Preise am Kapitalmarkt,[26] indem sich die erwartete Rendite eines Wertpapiers aus dem risikolosen Zinssatz und einer Risikoprämie multipliziert mit dem Risikomaß ergibt. Das Risikomaß β_i einer Aktie i wird im folgenden auch als ihr Beta, ihr systematisches Risiko[27] oder ihr nicht diversifizierbares Risiko bezeichnet.

2.1.3 Das Zero-Beta-CAPM

Motiviert durch die ersten empirischen Ergebnisse[28] von Blume/Friend (1973) und Black/Jensen/Scholes (1972) entwickelten Black (1972) und Lintner (1969) die Zero-Beta-Version des CAPM. Denn diese Studien kamen zu dem Ergebnis, daß Unternehmen mit einem kleinen Risiko höhere Renditen, Unternehmen mit einem höheren β geringere als die vom Sharpe-Lintner-CAPM prognostizierten Renditen aufweisen. Das Zero-Beta- oder auch Black-CAPM versucht die Diskrepanz zwischen Theorie

---

[26] Hier wird deutlich, daß das CAPM ein Einperiodenmodell ist.
[27] Vgl. Sharpe (1964) S. 439.
[28] Vgl. zu einer Beschreibung bisheriger empirischer Ergebnisse Kapitel 3.4.

und Empirie zu beseitigen, indem es die Annahme aufhebt,[29] daß zu einem risikolosen Zinssatz R_f beliebig viel geliehen und angelegt werden kann.

Aufbauend auf dem Minimierungsproblem (Gleichung (3)) zur Bestimmung der Portfolio Frontier, die die Möglichkeit von Leerverkäufen beinhaltet, erhält man über die Ableitung der Lagrangefunktion (Gleichung (4)) alle möglichen effizienten Portefeuillezusammensetzungen.[30]

$$x = \zeta(V^{-1}E(R)) + \kappa(V^{-1}I) \qquad (13)$$

$$\zeta = \frac{c\,E(R_p) - b}{d} \qquad (14)$$

$$\kappa = \frac{a - b\,E(R_p)}{d} \qquad (15)$$

Alle Investoren halten effiziente Portefeuilles mit unterschiedlichen erwarteten Renditen. Die Zusammensetzung x ihrer Portefeuilles unterscheidet sich deshalb nur durch die individuellen Lagrangemultiplikatoren ζ und κ. Die Höhe der angestrebten erwarteten Rendite determiniert das individuelle Portefeuille.

Da die erwartete Rendite jedes effizienten Portefeuilles eine lineare Funktion der erwarteten Renditen ist, gilt auch für jede Kombination effizienter Portefeuilles, daß sie wiederum ein effizientes Portefeuille darstellt.

Jedes effiziente Portefeuille läßt sich darüber hinaus auch als Linearkombination zweier beliebiger unterschiedlicher effizienter Portefeuilles, sogenannter Basisportefeuilles, darstellen bzw. als Linearkombination zweier Portefeuilles ermitteln, die auf der Portfolio Frontier liegen.

Die Grundaussage des CAPM besteht nun darin, daß sich alle Anleger nutzenmaximierend verhalten. Ein Investor wird deshalb auch bei Nichtexistenz eines risikolosen Wertpapiers ein im Rahmen der μ-σ-Theorie effizientes Portefeuille halten. Da das Marktportefeuille eine Linearkombination aller individuellen Portefeuilles darstellt, muß dieses auch effizient sein.

Zu jedem effizienten Portefeuille p existieren eine Vielzahl von Portefeuilles, die

---

[29] Vgl. Annahme A4 S. 8.
[30] Vgl. Black (1972) S. 447 f. sowie Huang/Litzenberger (1988) S. 64.

mit diesem nicht korreliert sind.[31] Diese werden als Zero-Beta-Portefeuilles bezeichnet. Für die erwartete Rendite dieser Portefeuilles gilt:[32]

$$E(R_{z(p)}) = \frac{b}{c} - \frac{d/c^2}{E(R_p) - b/c} \tag{16}$$

Unter diesen Portefeuilles liegt dasjenige mit der minimalen Standardabweichung, das Minimum Varianz Zero Beta Portefeuille, auf der Portfolio Frontier.

Wählt man das Marktportefeuille, welches ein β von Eins aufweist, und sein Minimum Varianz Zero Beta Portefeuille als Basisportefeuilles, so läßt sich jedes effiziente Portefeuille p als eine Linearkombination dieser Basisportefeuilles darstellen. Für die erwartete Rendite eines effizienten Portefeuilles p gilt entsprechend der Kapitalmarktlinie im Sharpe-Lintner-CAPM:[33]

$$\begin{aligned} E(R_p) &= E(R_z) + \left[\frac{E(R_M) - E(R_z)}{\sigma_m}\right] \sigma_p \\ &= E(R_z) + \beta_p [E(R_m) - E(R_z)] \end{aligned} \tag{17}$$

Ebenso wie beim Sharpe-Lintner-CAPM läßt sich für jede einzelne nicht effiziente Aktie ein Bewertungsmodell entwickeln. Im Gleichgewicht müssen auch hier die Steigung der Portfolio Frontier (Gleichung (10) in analoger Form) und die Steigung der Geraden durch die Punkte $(0, E(R_z))$ und $(\sigma_m, E(R_m))$ übereinstimmen.

Aufgelöst nach $E(R_i)$ ergibt sich das Zero-Beta-CAPM.

$$E(R_i) = E(R_z) + \beta_i [E(R_m) - E(R_z)] \tag{18}$$

Die Bewertungsgleichung entspricht der des Sharpe-Lintner-CAPM und unterscheidet sich nur dadurch, daß an die Stelle des risikolosen Zinssatzes R_f die Rendite des Zero-Beta-Portefeuilles tritt.

Für den Fall, daß zu einem risikolosen Zinssatz R_f beliebig viel angelegt, nicht aber

---

[31] Da alle Aktien im Regelfall positiv mit dem Markt korreliert sind, ist die Annahme von Leerverkäufen für die Existenz unkorrelierter Portefeuilles essentiell. Vgl. Copeland/Weston (1988) S. 208.

[32] Vgl. Huang/Litzenberger (1988) S. 70.

[33] Vgl. hierzu Black (1972) S. 450 sowie Copeland/Weston (1988) S. 206 f.

geliehen werden kann, hat Black (1972) außerdem gezeigt, daß die erwartete Rendite des Zero-Beta-Portefeuilles folgende Beziehung erfüllen muß:[34]

$$R_f < E(R_z) < E(R_m) \quad (19)$$

Diese Beziehung ist für spätere Ergebnisinterpretationen von Bedeutung, da, wie die empirischen Ergebnisse zeigen, die Schätzungen der Zero-Beta-Rendite außerhalb dieses Bereichs liegen können.

2.1.4 Das Bedingte-CAPM

Wie beim Sharpe-Lintner-CAPM handelt es sich auch beim Black-CAPM um ein Einperiodenmodell. Investoren orientieren sich nur an ihren Erwartungen über die Renditeverteilungen für die nächste Entscheidungsperiode. Dabei macht keines der beiden Modelle Aussagen darüber, für welchen Zeithorizont die hergeleiteten Zusammenhänge gelten.

Da die erwarteten Renditeverteilungen und somit die erwarteten Renditen und Standardabweichungen nicht beobachtet werden können, müssen für eine empirische Überprüfung dieser Modelle weitere Annahmen getroffen werden. Um die realisierten tatsächlichen Renditen im Rahmen von Tests verwenden zu können, wird zumeist von der sehr restriktiven Annahme ausgegangen, daß die Charakteristika von Wertpapieren im Zeitablauf konstant sind, d.h. es werden eine stabile Renditeverteilung der Aktien und konstante β-Werte im Zeitablauf unterstellt. Dies impliziert ein im Zeitablauf unverändertes Risiko jeder Firma in Bezug auf das Marktrisiko, wie auch eine Stabilität der Risikoprämien.

Ein Modell, welches diese Problematik abschwächt, ist das Bedingte-CAPM oder auch Conditional-CAPM.[35] Es ist dadurch gekennzeichnet, daß - aufbauend auf den Standardversionen - Informationsbildungsprozesse bzw. Erwartungsbildungsprozesse in das Modell eingearbeitet werden, die diesem zu einer flexibleren Struktur verhelfen. Im Gegensatz zur Stabilitätsannahme ermöglicht dieses Modell eine vierfache Variation: es können Variationen in der Varianz des Marktes, den Kovarianzen (beides zusammen entspricht einer Variation des Betarisikos) der Marktrendite und

---

[34] Vgl. Black (1972) S. 452-454 und Haugen (1986) S. 178-180 für den Fall, daß kein Kredit zum risikolosen Zinssatz aufgenommen werden kann sowie Van Horne (1992) S. 76-78 für den Fall unterschiedlicher Soll- und Habenzinssätze.

[35] Dieses Modell ist in den letzten Jahren durch die Entwicklung der Verallgemeinerte Momente Methode (GMM) und der darauf aufbauenden Tests stärker in den Mittelpunkt des wissenschaftlichen Interesses gerückt.

den einzelnen Aktienrenditen im Zeitablauf zugelassen werden.[36] Für jede Variation ist ein spezieller Informationsprozeß zu unterstellen. An dieser Stelle erfolgt nur eine kurze Darstellung des Grundmodells des Bedingten-CAPM. Individuelle Spezifikationen und Testmöglichkeiten werden in den entsprechenden späteren Teilen dargestellt.

Sowohl für das Sharpe-Lintner-CAPM als auch das Black-CAPM lassen sich bedingte CAPM-Versionen darstellen. Beide Modelle sind Spezialfälle des Bedingten-CAPM. Eine Verletzung des unbedingten CAPM ist jedoch nicht zwingend mit einer Ablehnung der bedingten Version verbunden.[37] Die im weiteren Verlauf dargestellte Zero-Beta-Version des Bedingten-CAPM unterscheidet sich von der Sharpe-Lintner-Version nur dadurch, daß statt R_f die Rendite des Minimum Varianz Zero Beta Portefeuilles R_z verwendet wird.

Marktteilnehmer bilden ihre (subjektiven) Erwartungen über die für sie relevanten Größen der zukünftigen Teilperiode t in der Art und Weise, daß sie alle aus ihrer Sicht im Entscheidungszeitpunkt t-1 relevanten und verfügbaren Informationen Φ_{t-1} berücksichtigen. Für jede Teilperiode muß entsprechend der Herleitung der Standardversionen des CAPM gelten, daß sich die erwartete Rendite einer jeden Aktie i, auf Basis aller vorhandenen Informationen, als eine lineare Funktion der erwarteten bedingten Zero-Beta-Rendite, der erwarteten bedingten Risikoprämie des Marktes und dem erwarteten bedingten Risiko einer Aktie ergibt.

$$E(R_{it}|\Phi_{t-1}) = E(R_z|\Phi_{t-1}) + \beta_{i|\Phi_{t-1}}[E(R_m|\Phi_{t-1}) - E(R_z|\Phi_{t-1})] \quad (20)$$

mit

$$\beta_{i|\Phi_{t-1}} = \frac{cov(R_{it}, R_{mt}|\Phi_{t-1})}{var(R_{mt}|\Phi_{t-1})} \quad (21)$$

Zur Durchführung empirischer Untersuchungen sind die Prozesse der bedingten Erwartungsbildung näher zu spezifizieren. Die erwartete Marktrendite kann beispielsweise durch die beobachtbaren kurzfristigen und langfristigen Zinssätze, die Inflationsrate, Dividendenrenditen, Fristigkeitsstruktur der Zinssätze, weitere Einflußgrößen und spezielle Lagstrukturen modelliert werden.[38] Durch die Beschränkung der Einflußgrößen der Erwartungen auf zum Zeitpunkt t-1 beobachtbare Größen können Prognosemodelle entwickelt werden. Problematisch bleibt, daß die

---

[36] Vgl. Harvey (1989) S. 294.
[37] Vgl. Bodurtha/Nelson (1991) S. 1486 und S. 1488.
[38] Dies führt dazu, daß das Bedingte-CAPM trotz einer anderen theoretischen Fundierung näher an die APT-Ansätze heranrückt.

Theorie zur optimalen Portefeuillegestaltung keinerlei Aussagen darüber macht, wie diese Erwartungsprozesse aussehen könnten bzw. wie sie zu modellieren sind. Auch existieren keinerlei Anhaltspunkte, welche Informationen überhaupt die Entscheidungsprozesse beeinflussen.

Da nicht alle Informationen innerhalb einer Volkswirtschaft berücksichtigt werden können, ist für jeden Test eine Beschränkung auf einen Teilinformationsset ϕ erforderlich. Diese Tests haben insoweit einen Aussagegehalt, da die Annahme eines Bedingten-CAPM auf Basis des Teilinformationssets ϕ zwangsläufig zu einer Annahme dieses Modells bei Verwendung aller Informationen Φ führen würde.[39] Bei Ablehnung des Modells ist kein derartiger Schluß möglich. Die vielen Freiheitsgrade bei der Gestaltung eines speziellen zu testenden Modells werden auch in Zukunft zu einer Vielzahl an CAPM-Untersuchungen führen.

2.2 Implikationen und Untersuchungsgegenstände der verschiedenen Modellvarianten

2.2.1 Allgemeine Vorbemerkungen zu den testbaren Implikationen

Bei allen bisher dargestellten Kapitalmarktgleichgewichtsmodellen reichen die jeweils genannten Annahmen für ihre Herleitung, nicht aber für ihre empirische Überprüfung aus. Zum einen sind die dargestellten Aussagen zu unpräzise, zum anderen sind die für derartige Tests benötigten Daten nicht direkt zu beobachten. Zur Durchführung von Untersuchungen sind weitere für die jeweilige Testsituation speziell zu wählende Annahmen erforderlich.

Ein erstes Problem besteht darin, daß sich alle abgeleiteten Sachverhalte auf erwartete Renditen und Risiken beziehen. Diese sind aber in der Realität nicht verfügbar, und es ist auch zu bezweifeln, ob solche Erwartungen mit Hilfe von Befragungen und anderen Feldversuchen erhoben werden können. Deshalb werden zur Erwartungsermittlung für Tests die tatsächlich realisierten Renditen herangezogen, indem man diese entweder mit Zusatzannahmen direkt verwendet oder in Form von Erwartungsprozessen modelliert.

Durch die Einperiodigkeit des Modells stellt sich die Frage, an welchen Zeitperioden und an welchen Renditen sich die Anleger orientieren. Die Theorie gibt keine

---

[39] Vgl. Hansen/Richard (1987) S. 595 ff. und Bodurtha/Nelson (1991) S. 1487.

Hilfestellung, ob es sich um tägliche, wöchentliche, monatliche, jährliche oder noch längere Perioden handelt. Auch ist nicht explizit geklärt, an welcher Art von Renditen die Investoren ihr Verhalten ausrichten. Folgt man der Argumentation von Fisher (1930), so sind es aus theoretischer Sicht die realen Renditen, die das Anlageverhalten bestimmen.[40] Aber auch nominale Renditen kommen in Betracht. Weiter kann dahingehend differenziert werden, ob mit den Modellen in ihrer normalen Form mit den absoluten Renditen oder in der Überrenditeform, bei der sich die Frage nach dem adäquaten risikolosen Zinssatz stellt, gearbeitet wird.[41] Auch Annahmen über die Verteilung der Renditen sind bei der Auswahl der einzusetzenden ökonometrischen Verfahren erforderlich.

Bei der Ermittlung der erwarteten Marktrendite treten durch die Portefeuillebildung zu den Problemen bei der Ermittlung einzelner Aktienrenditen weitere Schwierigkeiten hinzu. Da sich alle Investoren an ihrem Gesamtportefeuille orientieren sollten, das nicht nur aus Aktien, sondern auch aus Anleihen, Immobilien, Gold, Investitionen in ihr Humankapital und weiteren Anlagealternativen besteht, müßten alle Anlagegüter einer Volkswirtschaft im abzubildenden Marktportefeuille berücksichtigt werden. Es ist aber unmöglich, eine solche Marktrendite zu ermitteln, geschweige denn daraus eine erwartete Marktrendite abzuleiten. Daher wird auf Stellvertreter für das Marktportefeuilles zurückgegriffen, indem man einzelne Partialmärkte, wie beispielsweise den Aktienmarkt, zur Marktrenditeermittlung heranzieht.[42] Die damit verbundenen konzeptionellen Schwierigkeiten führen dazu, daß das CAPM nur mit weiteren einschränkenden Annahmen getestet werden kann.

---

[40] Vgl. hierzu auch Grauer/Litzenberger/Stehle (1976) S. 240 ff.

[41] Die Differenz zwischen den absoluten Renditen und dem Maß für die Rendite einer risikolosen Anlageform werden im Rahmen dieser Arbeit als Überrenditen bezeichnet.

[42] Vgl. zu relativ breiten Indizes mit Aktien, festverzinslichen Wertpapieren, Häusern und Automobilen Stambaugh (1983).

2.2.2 Das Sharpe-Lintner-CAPM

2.2.2.1 Die Linearitätshypothese und alternative Testansätze

Das Sharpe-Lintner-CAPM ermöglicht eine Reihe von Aussagen,[43] die im Rahmen von Tests analysiert werden können. Diese Implikationen lassen sich nach ihrer ökonomischen Bedeutung in wichtigere und weniger wichtige unterteilen. Zumeist stehen die bedeutenderen unter ihnen, wie die Linearitätshypothese und die Effizienzhypothese, im Mittelpunkt des wissenschaftlichen Interesses. Die weniger bedeutenden, zu denen die Annahme über den risikolosen Zins und die Two Fund Separation sowie die damit verbundene individuelle Portefeuillegestaltung gehören, sind zumeist schon rein intuitiv zu widerlegen. Die Aussagen kann man darüber hinaus noch danach differenzieren, ob ihre Erfüllung notwendig oder gar hinreichend für die Gültigkeit der anderen Aussagen des Sharpe-Lintner-CAPM ist.

Die in den 70er Jahren am intensivsten "ex post" getestete "ex ante" Beziehung, die Linearität zwischen der erwarteten Rendite einer Aktie R_i und ihrem Risikomaß β_i relativ zur Rendite des Marktportefeuilles (Gleichung (12)), ist nicht gleichbedeutend mit der Gültigkeit des Sharpe-Lintner-CAPM. Die Linearität stellt nur eine notwendige Relation dar, wenn das Sharpe-Lintner-CAPM gilt.[44] Obwohl die Linearität nicht hinreichend für die Gültigkeit des Sharpe-Lintner-CAPM ist, spielt sie eine trotz allem überragende Rolle, da sie einen konkreten Bewertungsmaßstab für risikobehaftete Wertpapiere darstellt. Mit ihrer Bestätigung wäre der Rendite- bzw. Preisbildungsprozeß von Aktien in Form eines Einfaktorenmodells erklärt. Darüber hinaus bedeutet dies aber nicht, daß sich alle Anleger in Sinne der μ-σ-Theorie rational verhalten. Eine Untersuchung dieser Beziehung kann somit nie zu einer endgültigen Bestätigung des CAPM führen. Auf der anderen Seite ist auch eine Ablehnung des Sharpe-Lintner-CAPM auf Basis der Linearitätsbeziehung nicht unproblematisch, da diese bei Gültigkeit des Modells durch die Wahl eines ungeeigneten Stellvertreters für das Marktportefeuille hervorgerufen werden könnte. Dies wäre immer dann der Fall, wenn der verwendete Stellvertreter in Bezug auf die in ihm enthaltenen Wertpapiere nicht effizient ist.[45]

---

[43] Roll (1977) S. 133 ff. und Huang/Litzenberger (1988) S. 301 ff. enthalten eine ausführliche Diskussion der Implikationen.

[44] Anders sieht es bei exakter Linearität aus. Vgl. hierzu Roll (1977) S. 136. Bei exakter Linearität ist diese hinreichend für die Gültigkeit des CAPM.

[45] Ist ein Stellvertreter bezüglich eines Teilsets von Aktien ineffizient, so ist er auch in Bezug auf den übergeordneten Gesamtset ineffizient. Vgl. Kandel/Stambaugh (1987) S. 73.

Mit Hilfe von Regressionsverfahren kann die Linearitätsbeziehung wie auch die Effizienz des Marktportefeuilles analysiert werden. Je nach Untersuchungsansatz liegen unterschiedliche Nullhypothesen H_0 zugrunde.

Um mit den realisierten Zeitreihendaten arbeiten zu können, werden im Rahmen des Sharpe-Lintner-CAPM folgende Stabilitätsannahmen getroffen:

(SL1) Die Verteilung der Renditen jeder einzelnen Aktie und die Verteilung der Marktrenditen sind im Zeitablauf konstant.

Dadurch ist es möglich, die Renditeverteilung einer Aktie mit den realisierten Zeitreihendaten zu schätzen. Geht man außerdem davon aus, daß sich die Investoren rational verhalten, so entsprechen die ermittelten Verteilungen auch deren Erwartungen.

(SL2) Das Maß für das nicht diversifizierbare Risiko β_i jeder Aktie ändert sich ebenfalls nicht im Zeitablauf.

Eine solche Annahme unterstellt, daß die Risikostruktur jeder Aktie in Bezug auf den Kapitalmarkt im Zeitablauf nicht variiert.

Da die Stabilitätsannahmen in der Realität normalerweise nicht erfüllt sind, werden bei vielen Untersuchungen einzelne Aktien zu Portefeuilles zusammengefaßt. Dies bietet nicht nur den Vorteil, daß die Stabilität eher gegeben ist. Auch unterliegt die Verteilung der Portefeuillerenditen bzw. die Logarithmen von $(1+R_P)$ eher einer Normalverteilung. Außerdem werden in solchen Untersuchungen geeignete Teilzeiträume betrachtet, für die eine Stabilität leichter zu vertreten ist.

Auf der Grundlage der Stabilitätsannahmen impliziert das Sharpe-Lintner-CAPM verschiedene Testansätze. Basierend auf der Stabilitätsannahme der Rendite und des Risikos lassen sich mit Hilfe der Zeitreihendaten für jedes Wertpapier erwartete Renditen und Maße für das nicht diversifizierbare Risiko β schätzen. Für jedes Wertpapier ergibt sich ein Wertepaar bestehend aus der Durchschnittsrendite und seinem Risiko.[46] Unter allen Wertepaaren besteht eine lineare Beziehung, die hier in Form einer Querschnittsregression (Gleichung (22)) dargestellt ist.[47] Entsprechend der Gleichung muß gelten, daß der Regressionsparameter γ_0 dem durchschnittlichen risikolosen Zinssatz entspricht und γ_1 der Risikoprämie des Marktes. Führt man die Untersuchung statt mit Renditen mit Überrenditen ($R_i - R_f$) durch, würde sich für γ_0 ein hypothetischer Wert von Null ergeben.

---

[46] Verwendet man für die Ermittlung der β-Werte und der Durchschnittsrenditen dieselbe Teilperiode, so liegt bei Verwendung eines effizienten Portefeuilles nach Roll eine Tautologie vor. Auch bei einer Trennung der Zeiträume ist der Ansatz nicht unproblematisch. Vgl. hierzu Roll (1977) S. 136 f. und Haugen (1986) S. 192-205.

[47] Vgl. zu den folgenden drei Modellen Huang/Litzenberger (1988) S. 310 f.

Querschnittsregression mit Durchschnittswerten:

$$\overline{R}_i = \gamma_0 + \gamma_1 \hat{\beta}_i + \epsilon_i \qquad i = 1,...,N$$

mit (22)

$$H_0: \gamma_0 = E(R_f) \quad \text{und} \quad \gamma_1 = E(R_m) - E(R_f)$$

Alternativ kann man für jede Teilperiode eine Querschnittsregression (Gleichung (23)) durchführen und dann die einzelnen Regressionen und ihre Zeitreihe betrachten.[48] Bei dieser Vorgehensweise werden die beobachteten Renditen jeder Aktie für jede Zeitperiode direkt verwendet. Die β-Werte können aber nicht auf der Basis einer einzigen Periodenrendite oder Durchschnittsrendite geschätzt werden. Sie sind deshalb unter der Annahme ihrer zeitlichen Stabilität durch vergangene Daten zu schätzen. Mit welchen Problemen diese Schätzungen verbunden sind, wird im ökonometrischen Teil dieser Arbeit ausführlich behandelt. Für die Parameter γ_0 und γ_1 ergeben sich für jede Teilperiode Nullhypothesen entsprechend der einfachen Querschnittsregression. Vorteile dieser Vorgehensweise bestehen darin, daß keine Stabilität über den Gesamtzeitraum der Untersuchung vorliegen muß und die Zeitreihe der Koeffizienten differenziertere Aussagen ermöglicht.

Zeitreihe von Querschnittsregressionen:

$$R_{it} = \gamma_{0,t} + \gamma_{1,t} \hat{\beta}_{it} + \epsilon_{it} \qquad i = 1,...,N$$

mit (23)

$$H_0: \gamma_{0,t} = R_{ft} \quad \text{und} \quad \gamma_{1,t} = R_{mt} - R_{ft}$$

Eine dritte Möglichkeit des Testaufbaus besteht darin, nur einzelne Aktien oder Portefeuilles zu betrachten und für jede Aktie eine Zeitreihenregression durchzuführen. Dieses Modell setzt voraus, daß das Risiko jeder Aktie und der risikolose Zins im Zeitablauf konstant sind. Die direkte Beobachtbarkeit der benötigten Größen stellt einen Vorteil dieses einstufigen Ansatzes dar. Da bei dieser Vorgehensweise das β einer Aktie erst berechnet wird, bezieht sich die Nullhypothese auf die Konstante α_i in Verbindung mit den geschätzten Risikomaßen β_i. Problematisch ist, daß es sich hier um eine nichtlineare Hypothese handelt. Diese ist im allgemeinen in einer zweiten Stufe mittels einer Querschnittsbetrachtung auszuwerten.

---

[48] Diese Vorgehensweise wählen Fama/MacBeth (1973).

Zeitreihenregressionen für einzelne Aktien oder Portefeuilles:

$$R_{it} = \alpha_i + \beta_i R_{mt} + \epsilon_{it} \qquad t = 1,...,T$$
$$\text{mit} \qquad (24)$$
$$H_0: \alpha_i = R_f (1 - \beta_i) \qquad i = 1,...,N$$

Führt man diesen Ansatz mit Überrenditen durch, so gilt auch für die Nullhypothese, daß die Konstante für jede Aktie einen hypothetischen Wert von Null annehmen sollte. Da sich die Nullhypothese bei dieser Vorgehensweise auf eine einfache Hypothese reduziert, bietet sich dieser Ansatz insbesondere für Tests des Sharpe-Lintner-Modells an.

Zeitreihenregressionen für einzelne Aktien oder Portefeuilles mit Überrenditen:[49]

$$R_{it} - R_{ft} = \alpha_i + \beta_i (R_{mt} - R_{ft}) + \epsilon_{it} \qquad t = 1,...,T$$
$$\text{mit} \qquad (25)$$
$$H_0: \alpha_i = 0 \qquad i = 1,...,N$$

Bei Verwendung eines ineffizienten Portefeuilles lassen sich die auftretenden Abweichungen im Sharpe-Lintner-CAPM als Portefeuillestrukturierungshinweise interpretieren. Wertpapiere mit positiver Abweichung haben eine bessere Performance als die mit negativer Abweichung und sind deshalb tendenziell mit einem höheren Anteil in das Portefeuille aufzunehmen.[50]

---

[49] Die Stabilitätsannahmen (SL1) und (SL2) in Verbindung mit der Annahme der Konstanz des risikolosen Zinssatzes sind hinreichend für diesen Testansatz. Sie sind aber zu streng und wegen der Verfügbarkeit von $R_{f,t}$ im Zeitpunkt t-1 weniger realistisch. Die Modifikation der Annahme (SL1) insoweit, daß die Verteilung der Überrenditen als konstant unterstellt wird, ist bereits hinreichend.

[50] Daß die Strukturierungshinweise insbesondere im Black-CAPM nicht unproblematisch sind, diskutieren Dybvig/Ross (1985) und Gibbons/Ross/Shanken (1989) S. 1144 f.

2.2.2.2 Die Hypothese der Effizienz des Marktportefeuilles

Die Linearitätsbeziehung ist aus wissenschaftlicher Sicht zwar interessant, stellt aber nach Roll (1977) nicht die eigentliche Grundaussage des CAPM dar. Diese liegt eher darin, daß das Marktportefeuille, welches aus allen Vermögenspositionen einer Volkswirtschaft mit ihren gewichteten Marktwertanteilen besteht, das Tangentialportefeuille ist. Im Gegensatz zur Linearität ist die Effizienz des Marktportefeuilles eine hinreichende Bedingung für die Gültigkeit des CAPM und sollte deshalb Gegenstand empirischer Tests sein. Dabei ergibt sich aber wiederum das Problem, daß das Marktportefeuille als solches nicht beobachtbar ist. Denn für alle Investitionsmöglichkeiten wie Aktien, Immobilien und nicht handelbare Wirtschaftsgüter wie beispielsweise Humankapital müßten nicht nur Renditen, sondern auch die Marktwerte ermittelt werden. Im Rahmen von Tests werden deshalb Stellvertreter für das Marktportefeuille in Form von Marktindizes eingesetzt und mit weiteren Annahmen kombiniert.[51] So ist es von besonderem Interesse, ob das CAPM für Partialmärkte gilt. Die exakte Linearitätsbeziehung des Sharpe-Lintner-CAPM folgt unmittelbar, wenn der im Test verwendete Index für das Marktportefeuille das Tangentialportefeuille ist.[52]

Die in der Literatur zu findenden Tests sind mit Ausnahme der Tests mit latenten Variablen so konstruiert, daß die relative Performance eines Index zur möglichen Performance gemessen wird. Daß dies faktisch ein Vergleich zweier Sharpe-Maße ist, verdeutlicht Abbildung 3.[53] Wenn sich der verwendete Index nicht signifikant vom effizienten Tangentialportefeuille unterscheidet, muß dies auch für die Steigung der Tangentialgeraden und der Geraden gelten, die durch R_f und den Marktindex m verläuft. Da die Steigung der ersten Gerade dem potentiellen Sharpe-Maß des Tangentialportefeuilles $|S_{f,pot}|$ und die der zweiten Gerade dem Sharpe-Maß des Marktindex entspricht, läßt sich die Effizienz des Marktportefeuilles durch einen Test auf Gleichheit dieser Sharpe-Maße prüfen.

---

[51] Dies führt unter anderem zu marktwertgewichteten Indizes, gleichgewichteten Indizes und branchengewichteten Indizes.

[52] Zum Beweis dieser Beziehung vgl. Roll (1977) S. 165 f. Sie gilt nicht nur im Sharpe-Lintner-Fall, sondern auch im Zusammenhang mit der jeweiligen Zero-Beta-Rendite beim Black-CAPM für jedes effiziente Portefeuille.

[53] Vgl. zu dieser Abbildung und zur Nullhypothese Jobson/Korkie (1982) S. 435 und Jobson/Korkie (1989) S. 192.

Die Nullhypothese lautet in diesem Fall:

$$H_0: \quad \sqrt{S_{f,pot}^2} = \frac{\bar{R}_m - \bar{R}_f}{\sigma_m} \quad (26)$$

mit

$$S_{f,pot}^2 = (\bar{R} - \bar{R}_f I)' V_R^{-1} (\bar{R} - \bar{R}_f I)$$

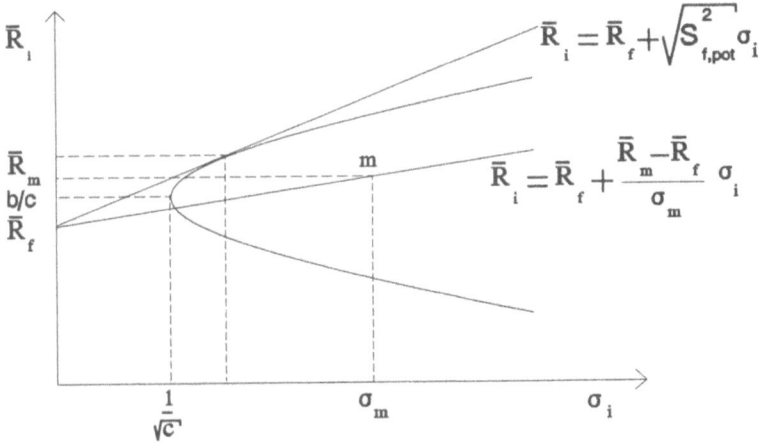

Abbildung 3: Tests der Effizienz des Marktportefeuilles im Sharpe-Lintner-CAPM

2.2.3 Das Black-CAPM

2.2.3.1 Die Linearitätshypothese und alternative Testansätze

Anders als im Sharpe-Lintner-CAPM gilt im Black-CAPM für jeden Investor eine individuelle Wertpapierlinie.[54] Diese ist abhängig von dem effizienten Portefeuille, für das er sich aufgrund seiner individuellen Nutzenfunktion entscheidet. Da auch das Marktportefeuille ein effizientes Portefeuille darstellt, gilt für dieses die in Abschnitt 2.1.3 hergeleitete Linearitätsbeziehung.

---

[54] Siehe Martin/Cox/MacMinn (1988) S. 247-251.

Als Testansätze ergeben sich in leicht modifizierter Form dieselben Ansätze wie beim Sharpe-Lintner-CAPM, wobei der risikolose Zinssatz jeweils durch die Rendite des Zero-Beta-Portefeuilles ersetzt wird.

Querschnittsregression mit Durchschnittswerten:

$$\bar{R}_i = \gamma_0 + \gamma_1 \hat{\beta}_i + \epsilon_i \qquad i = 1,\ldots,N$$

mit (27)

$$H_0: \gamma_0 = E(R_z) \quad \text{und} \quad \gamma_1 = E(R_m) - E(R_z)$$

Zeitreihe von Querschnittsregressionen:

$$R_{it} = \gamma_{0,t} + \gamma_{1,t} \hat{\beta}_{it} + \epsilon_{it} \qquad i = 1,\ldots,N$$

mit (28)

$$H_0: \gamma_{0,t} = E(R_{zt}) \quad \text{und} \quad \gamma_{1,t} = R_{mt} - E(R_{zt})$$

Zeitreihenregressionen für einzelne Aktien oder Portefeuilles:

$$R_{it} = \alpha_i + \beta_i R_{mt} + \epsilon_{it} \qquad t = 1,\ldots,T$$

mit (29)

$$H_0: \alpha_i = E(R_z)(1-\beta_i) \qquad i = 1,\ldots,N$$

Vergleicht man die Modelle, so scheint das Sharpe-Lintner-CAPM ein Spezialfall des Black-CAPM zu sein, da es bezüglich des Achsenabschnitts und der Überrendite restriktiver ist. Dies stimmt nur begrenzt, denn für die Linearitätsbeziehung des Black-CAPM benötigt man bei seiner Herleitung, anders als beim Sharpe-Lintner-CAPM, die restriktive Annahme, daß in beliebiger Höhe Leerverkäufe zulässig sind. Nur mit dieser Voraussetzung ist die Existenz eines Zero-Beta-Portefeuilles sichergestellt.

Gegenüber dem Sharpe-Lintner-CAPM hat das Black-CAPM den Vorteil, daß zum Test der durch das Modell implizierten Hypothesen keine Zeitreihe für eine risikolose Anlage erforderlich ist. Dies stellt aber auf der anderen Seite auch einen Nachteil dar. Da der Zinssatz des Zero-Beta-Portefeuilles in den Hypothesen enthalten ist, sind die Aussagen nicht mehr so präzise. Eine Ablehnung des Black-CAPM ist auf dieser Basis noch schwieriger und mit denselben Problemen behaftet wie beim Sharpe-Lintner-CAPM.

Um die Linearität zu testen, wird deshalb bei diesem Ansatz häufig mit exakt spezifizierten Alternativhypothesen gearbeitet:

Nullhypothesen	Alternativhypothesen
β ist das einzige renditebestimmende Risikomaß.	Es existieren weitere renditebeeinflussende Faktoren wie: - das diversifizierbare Risiko - die Unternehmensgröße - die Dividendenpolitik - das Q von Tobin
Die Beziehung zwischen β und Rendite ist linear.	Die Beziehung zwischen β und Rendite ist quadratisch (nichtlinear).
Die Risikoprämie des Marktes ist positiv.	Die Risikoprämie des Marktes ist negativ oder Null.

Tabelle 1: Null- und Alternativhypothesen bei univariaten Tests

2.2.3.2 Die Hypothese der Effizienz des Marktportefeuilles

Liegt einem Test ein effizientes Portefeuille zugrunde, so gilt automatisch die Linearitätsbeziehung. Aber auch bei nicht effizienten Portefeuilles kann Linearität auftreten, da zu jedem Portefeuille eine Vielzahl von Zero-Beta-Portefeuilles existiert.[55] Deshalb ist es auch im Black-CAPM zweckmäßig, nicht nur die Linearität, sondern auch die Effizienz zu analysieren. Hier besteht wiederum das Problem, daß das eigentlich interessierende Marktportefeuille nicht beobachtbar ist.

---

[55] Vgl. hierzu auch Abschnitt 3.3.

Die Hypothese im Black-CAPM lautet:[56]

$$H_0: \quad \sqrt{S_{z,pot}^2} = \frac{\bar{R}_m - \bar{R}_z}{\sigma_m}$$

mit (30)

$$S_{z,pot}^2 = (\bar{R} - \bar{R}_z I)' V_R^{-1} (\bar{R} - \bar{R}_z I)$$

Im Gegensatz zum Sharpe-Lintner-CAPM, bei dem eine Abweichung von der Linearität noch relativ gut interpretierbar ist, ist eine Analyse dieser Beziehung im Black-CAPM besonders problematisch. Für jeden ineffizienten Index und sein Zero-Beta-Portefeuille gibt es im Regelfall einen anderen Index mit einem entsprechenden Zero-Beta-Portefeuille, welcher die Wertpapierbeziehungen bezüglich ihres Risikos genau umkehrt,[57] solange kein risikoloses Wertpapier existiert.[58] Anders als beim Sharpe-Lintner-CAPM kann eine Abweichung eines Wertpapiers von der Wertpapierlinie nicht performancemäßig interpretiert werden. Bei Verwendung eines ineffizienten Portefeuilles besteht somit kein direkter Zusammenhang zwischen der Linearitätsbeziehung und der relativen Effizienz eines Portefeuilles. Zwar gibt es zu jedem ineffizienten Portefeuille Zero-Beta-Portefeuilles und entsprechende Wertpapiermarktlinien, aber da die Zero-Beta-Portefeuilles unterschiedliche Renditen aufweisen, ist diese Linie nicht eindeutig.[59]

2.2.4 Das Bedingte-CAPM

2.2.4.1 Die Linearitätshypothese im Bedingten-CAPM

Ebenso wie bei den klassischen CAPM-Versionen können im Rahmen des Bedingten-CAPM die Linearitäts- wie auch die Effizienzhypothese getestet werden. Je nach Modellspezifikation existieren aber keine anschaulichen geometrischen Interpretationsmöglichkeiten und Performancevergleiche.

Durch die eingebauten Informationsprozesse besteht das Bedingte-CAPM nicht nur aus einer einzigen Gleichung, sondern aus einem nicht zwingend linearen Glei-

---

[56] Vgl. zu alternativen Schätzern für die Zero-Beta-Rendite Abschnitt 3.2.4.
[57] Vgl. Dybvig/Ross (1985) S. 412.
[58] Vgl. auch Roll (1978) S. 1051 ff.
[59] Vgl. Dybvig/Ross (1985) S. 403.

chungssystem, dessen Komplexität und Gestaltung von den unterstellten Informationsprozessen abhängt.

Allgemein lassen sich der Testansatz und somit die zu testenden Implikationen wie folgt darstellen:

$$R_{it} - R_z = \beta_{i|\Phi_{t-1}}[E(R_{mt}|\Phi_{t-1}) - R_z] + \epsilon_{it} \qquad i = 1,\ldots,N \qquad (31)$$

Wie die Marktrendite lassen sich die auftretenden Aktienrenditen[60] in ihre prognostizierbaren und ihre nicht prognostizierbaren Komponenten ϵ_i zerlegen:

$$R_{mt} - R_z = E(R_m - R_z|\Phi_{t-1}) + \epsilon_{mt} \qquad (32)$$

Die Prognosefehler ϵ sind dabei unabhängig (orthogonal) vom verwendeten Informationsset. Auch die bedingten Varianzen und die Kovarianzen lassen sich entsprechend zerlegen:

$$\begin{aligned}\epsilon_{it}\epsilon_{mt} &= E(\epsilon_{it}\epsilon_{mt}|\Phi_{t-1}) + \eta_{it} \qquad i = 1,\ldots,N \\ &= cov(R_{it}R_{mt}|\Phi_{t-1}) + \eta_{it}\end{aligned} \qquad (33)$$

$$\begin{aligned}\epsilon_{mt}^2 &= E(\epsilon_{mt}^2|\Phi_{t-1}) + \eta_{mt} \\ &= var(R_{mt}|\Phi_{t-1}) + \eta_{mt}\end{aligned} \qquad (34)$$

Durch Einsetzen der prognostizierten Werte in das Bedingte-CAPM erhält man die mit den Gleichungen (32), (33), (34) in Form eines Gleichungssystems mit 2(N+1) Gleichungen zu testende Linearitätsbeziehung:

$$R_{it} - R_z = \frac{E(\epsilon_{it}\epsilon_{mt}|\Phi_{t-1})}{E(\epsilon_{mt}^2|\Phi_{t-1})} E(R_{mt} - R_z|\Phi_{t-1}) + \epsilon_{it} \qquad (35)$$

In Abhängigkeit von den unterstellten Informationsprozessen und weiteren Spezifizierungen der Annahmen, kann dieser Ansatz entweder mit den klassischen multivariaten Methoden[61] oder der Verallgemeinerte Momente Methode,[62] die an den Momentenbedingungen der Residuen ansetzt, getestet werden. Gerade wegen ihrer Flexibilität und ihrer Robustheit bietet sich die Momentenmethode besonders an.

---

[60] Vgl. zu den folgenden Ausführungen Bodurtha/Nelson (1991) S. 1488.
[61] Vgl. beispielsweise Ng (1991).
[62] Vgl. Harvey (1989), Harvey (1991), Bodurtha/Nelson (1991) und MacKinlay/Richardson (1991).

2.2.5 Weitere Implikationen und Testgegenstände

Weitere Implikationen des CAPM stehen eher am Rande des wissenschaftlichen Interesses. Das Two-Fund-Separationstheorem z.B. stellt eine der Grundaussagen der Portefeuillegestaltung bei Existenz eines risikolosen Zinssatzes dar. Gilt das CAPM, so verhalten sich alle Anleger entsprechend diesem Theorem. Ein individueller Anleger gestaltet sein Portefeuille danach so, daß er das risikobehaftete Marktportefeuille ausschließlich mit einer Anlage oder einem Kredit zum risikolosen Zinssatz kombiniert. Für den risikobehafteten Teil des Portefeuilles jedes Anlegers muß gelten, daß die Portefeuilles aller Anleger dieselbe Kombination an risikobehafteten Wertpapieren aufweisen. Die prozentualen Anteile eines Wertpapiers in jedem Portefeuille stimmen somit überein. Diese Implikation dürfte in der Realität insbesondere dadurch problematisch werden, daß die Entscheidungträger keine homogenen Erwartungen aufweisen. Auch können diese Strategien aufgrund der hohen Transaktionskosten, nie realisiert werden, da jeder Kleinaktionär gezwungen wäre, alle Wertpapiere zu halten. Eine Umgehung dieses Problems ermöglichen gegebenenfalls Aktienfonds.

Bei der Verwendung eines marktwertgewichteten Referenzportefeuilles als Marktportefeuille impliziert das statische Sharpe-Lintner-CAPM folgenden Widerspruch. Da dieses Modell unter Stabilitätsannahmen über die Renditen und Risiken im Zeitablauf getestet wird, ist die optimale Portefeuillezusammensetzung in allen Teilperioden identisch. Im Gegensatz dazu variiert das Marktportefeuille immer in seiner Zusammensetzung im Zeitablauf, falls sich nicht alle Wertpapiere absolut parallel entwickeln.[63] Dies bildet aber nur ein Problem für das Testvorgehen. Zum Sharpe-Lintner-Modell besteht kein Widerspruch, da sich dieses auf Erwartungen bezieht, die im Zeitablauf variieren können.

Mit nahezu den gleichen Problemen wie die Überprüfung der Linearitätsbeziehung sind die latenten Tests[64] verbunden. Diese versuchen dem Umstand Rechnung zu tragen, daß das Marktportefeuille nicht ermittelbar ist. Aufbauend auf der Linearitätsbeziehung gilt für zwei Aktien i und j, daß ihre Renditen eine lineare Funktion der Marktrendite sind. Dies aber impliziert für die Renditen der Wertpapiere i und j einen linearen testbaren Zusammenhang. Im Rahmen von latenten Tests wird deshalb das Marktportefeuille durch ein Wertpapier oder beliebiges Portefeuille

---

[63] Vgl. Nielsen (1991) S. 3 f.
[64] Vgl. zu solchen Tests beispielsweise Gibbons/Ferson (1985), Ferson/Foerster/Keim (1991) und Campbell (1987).

ersetzt. Da man für solche Tests keine Marktrendite benötigt, versucht man so, die Roll Kritik zu umgehen.[65]

Einen weiteren Analysegegenstand, der eng mit dem CAPM und dessen Tests verknüpft ist, bildet die Frage, ob man den Gesamtmarkt und das in ihm enthaltene Diversifikationspotential durch ein Teilportefeuille realisieren kann. Die Untersuchung der Effizienz des Marktindex ist ein Spezialfall solcher Tests, da dabei getestet wird, inwieweit ein Portefeuille, nämlich der Stellvertreter für das Marktportefeuille, dieselbe Performance hat wie das bestmögliche aus allen Aktien kombinierte Portefeuille. Sollte sich herausstellen, daß das Marktportefeuille nicht effizient ist und somit keine maximale Performance bietet, könnten leichte Modifikationen in Form von zusätzlichen Wertpapieren unter Umständen zu effizienteren Portefeuilles führen. Für entsprechende Untersuchungen[66] kann man zwei Gruppen von Tests unterscheiden. Tests auf Intersection stellen nur auf die potentielle Performance und damit den Tangentialpunkt ab. Bei diesem Verfahren wird analysiert, inwieweit sich die Portfolio Frontier eines Teilsets an den Tangentialpunkt anschmiegt.

Andere Tests analysieren, ob der Unterschied zwischen der Portfolio Frontier aller Aktien und der des Teilsets signifikant ist. Diese als Test auf Spanning bezeichnete Methode überprüft, ob die Portfolio Frontier, die durch ein Teilset aufgespannt wird, der Gesamtfrontier entspricht.

Auch über das nicht beobachtbare Marktportefeuille können Informationen gewonnen werden. Wenn man über einen Index für das Marktportefeuille verfügt, der zu einer Ablehnung des CAPM führt, läßt sich berechnen, wie hoch das unbekannte Marktportefeuille mit dem Index korreliert sein darf, damit das CAPM noch gelten kann.[67]

---

[65] Wheathley (1989) S. 326 kritisiert die latenten Tests. Er stellt fest, daß das Problem dieses Ansatzes in der zur Herleitung benötigten Annahme über die gemeinsame Verteilung von Aktien- und Marktrenditen liegt. Danach wird nur getestet, ob ein effizientes Portefeuille unbekannter Zusammensetzung existiert, welches diese Annahmen erfüllt.

[66] Vgl. hierzu Jobson/Korkie (1982) und (1989) sowie Huberman/Kandel (1987).

[67] Vgl. Shanken (1987 b) sowie Kandel/Stambaugh (1987).

3 Testmethoden, Testprobleme und bisherige empirische Ergebnisse

Inhalt dieses dritten Kapitels sind die unterschiedlichen Entwicklungsstufen und Ansätze von CAPM-Tests sowie die Darstellung der bisherigen mit diesen Methoden erzielten empirischen Ergebnisse. Hierbei erfolgt keine Beschränkung auf die formale Methodik. Neben einem relativ kompletten Überblick wird insbesondere das Ziel verfolgt, die Vor- und Nachteile jeder Methode zu diskutieren. Diese Vorgehensweise ist erforderlich, da keine der Methoden alle anderen dominiert. Vielmehr kommt es auf die spezielle Testsituation an, die vom Testzeitraum und vielen weiteren Faktoren abhängt. Diese theoretische Analyse dient darüber hinaus der Auswahl der für den empirischen Teil erforderlichen Methoden. Die Darstellung der bisherigen empirischen Ergebnisse verdeutlicht zudem die Sensitivität der Untersuchungsergebnisse auf die Untersuchungsgestaltung.

Im Rahmen der eigenen empirischen Untersuchungen in Kapitel 4 wird dieses Problem weiter verfolgt und gezeigt, inwieweit die Wahl des Testverfahrens Einfluß auf die Ergebnisse ausübt. Die Durchführung mehrerer der hier dargestellten Tests ermöglicht es, eine Ablehnung bzw. Annahme des CAPM für Deutschland zu fundieren und Abweichungen vom Modellverhalten näher zu spezifizieren, insbesondere dann, wenn die verschiedensten Ansätze alle zum selben Ergebnis führen sollten.

3.1 Auswahl der zu testenden Modellspezifikationen

Der Auswahl der im folgenden dargestellten Spezifikationen liegt das Ziel zugrunde, ein möglichst breites Analysespektrum abzudecken. So sind für jede Spezifikation univariate und multivariate Testverfahren verfügbar, die die Grundlage für Linearitäts- und Performancetests bilden. Weiterhin bieten darauf aufbauende graphische Analysen gute Möglichkeiten, den Sinn und Zweck der speziellen Testverfahren zu hinterfragen. Die dabei diskutierten Sachverhalte lassen sich entsprechend auf die anderen Ansätze übertragen.

Ausgangspunkt jeder Untersuchung des CAPM ist das Marktmodell[68] in seiner Standard- oder Überrenditeform.

$$R_{it} = \alpha_i + \beta_i R_{mt} + \epsilon_{it} \qquad t = 1,\ldots,T \qquad (36)$$

Dabei ist es ohne Bedeutung, ob die Linearität oder die Effizienz, das Sharpe-Lintner- oder das Black-CAPM untersucht werden. Teilweise wird es wie in den Zeitreihenregressionen (Gleichung (24) und (25)) direkt im Test, manchmal wie in den Querschnittsregressionen (Gleichung (22) und (23)) indirekt als Vorstufe eingesetzt. Es stellt in jeder Anwendung die α- und β-Werte der einzelnen Wertpapiere zur Verfügung, die in weiteren Stufen mit univariaten oder multivariaten Methoden auszuwerten sind. Darüber hinaus eignet sich das Marktmodell zur Darstellung der Unterschiede der drei im empirischen Teil analysierten Spezifikationen. Insbesondere auf diese Spezifikationen beziehen sich die in diesem Kapitel dargestellten Schätz- und Testverfahren.

Für Tests des Sharpe-Lintner-CAPM wird, wie auch in dieser Arbeit, das Marktmodell fast immer in seiner Überrenditeform entsprechend Gleichung (25) als Testspezifikation gewählt. Die Nullhypothese reduziert sich in diesem Fall auf eine reine Betrachtung der α-Werte. Diese können separat oder in Querschnittsbetrachtungen gemeinsam ausgewertet werden. Der im folgenden als Sharpe-Lintner-Spezifikation bezeichnete Testansatz lautet:

$$\alpha_i = 0 \qquad i = 1,\ldots,N \qquad (37)$$

Bei den Tests des Black-CAPM werden zwei alternative Spezifikationen analysiert: die Linearitäts- oder Fama/MacBeth-Spezifikation sowie die Effizienz- oder auch Black-Spezifikation. Beide Spezifikationen basieren auf den α- und β-Werten des Marktmodells in seiner Standardform. Betrachtet man allein die positive Linearitätsbeziehung zwischen Rendite und Risiko, so impliziert diese einen nicht genauer spezifizierten linearen Zusammenhang zwischen den β-Werten und den als Maß für die erwarteten Renditen verwendeten Renditemittelwerten.

$$\overline{R}_i = \gamma_0 + \gamma_1 \hat{\beta}_i \qquad i = 1,\ldots,N \qquad (38)$$

---

[68] Das Marktmodell entwickelte Sharpe (1963) S. 281 ff. Dieses Modell wird auch als Diagonal- oder Single-Index-Modell bezeichnet.

Dies entspricht einem speziellen Fall der Querschnittsregression aus Gleichung (27).[69] Die Überprüfung der allgemeinen Linearität kann nun durch eine einzelne oder gemeinsame Auswertung der geschätzten Parameter erfolgen. Die geschätzte Risikoprämie γ_1 läßt sich isoliert auswerten. Sie sollte sich nicht nur signifikant von Null unterscheiden, sondern auch positiv sein. Zur weiteren Information können außerdem γ_0 und γ_1 mit einem potentiellen risikolosen Zinssatz (bzw. einer Zero-Beta-Rendite) oder einer geschätzten Risikoprämie verglichen werden. Solche Untersuchungen gehen aber über den Test der eigentlichen Linearität hinaus.

Eine gemeinsame Auswertung führt zur folgenden linearen Bedingung zwischen den Koeffizienten, welche auch als Fama/MacBeth-Spezifikation bezeichnet wird:

$$\hat{\alpha}_i = \gamma_0 + \gamma_1^* \hat{\beta}_i \qquad i = 1,\ldots,N \qquad (39)$$

$$\text{mit:} \quad \gamma_1^* = \gamma_1 - E(R_m)$$

Durch Einsetzen dieser Beziehung in Gleichung (36) ist die Linearität sofort ersichtlich. Diese von Fama/MacBeth (1973) dargestellte Restriktion wurde unter anderem von Stambaugh (1982) getestet.

Möchte man darüber hinaus die Effizienz des Marktportefeuilles testen, so impliziert diese, im Gegensatz zur allgemeinen Linearität, einen genau spezifizierten linearen Zusammenhang der Modellparameter. Als zusätzliche Bedingung sollte die Differenz aus der erwarteten Marktrendite und γ_0 (Risikoprämie) dem Schätzer des Parameters γ_1 entsprechen. Die daraus resultierende als Black-Spezifikation oder Effizienzrestriktion bezeichnete Parameterrestriktion lautet:

$$\hat{\alpha}_i = \gamma_0 (1 - \hat{\beta}_i) \qquad i = 1,\ldots,N \qquad (40)$$

Sie wird univariat getestet, indem γ_0 mit Maßstäben für die Werte der Zero-Beta-Rendite verglichen wird. Das Bestimmtheitsmaß dient hierbei als Maß für den Zusammenhang. Die multivariaten Tests, wie Gibbons (1982) sie durchführt, stellen wie bei jeder Spezifikation auf die Modellabweichungen ab und implizieren immer auch Performancetests.

---

[69] Beim allgemeinen Ansatz in Gleichung (27) wird häufig mit β-Werten aus umliegenden Perioden gearbeitet. Zwar liegt nach Roll (1977) bei Verwendung der β-Werte derselben Periode eine Tautologie vor, wenn der verwendete Marktindex effizient ist. Gerade diese Effizienz stellt jedoch einen wichtigen Untersuchungsgegenstand dieser Arbeit dar. Wie die Ergebnisse zeigen, ist sie ebenso wie die Linearität bei weitem nicht selbstverständlich. Für eine spezielle Untersuchung der Prognoseeignung von β-Werten lassen sich die Ansätze leicht modifizieren.

3.2 Schätzung der Modellparameter und univariate Auswertungen

3.2.1 Erforderliche Grundbegriffe zur Beurteilung und Auswahl von Tests

Um eine Auswahl aus verschiedenen Analyseverfahren durchführen zu können, sind Kriterien erforderlich, die Aussagen über die Eignung der Schätz- oder Testverfahren ermöglichen. Hinsichtlich der Eigenschaften von Schätzern unterscheidet man unverzerrte und verzerrte, konsistente und inkonsistente, effiziente und ineffiziente Schätzer.

Für einen unverzerrten oder erwartungstreuen Schätzer gilt, daß der Erwartungswert der Schätzfunktion dem tatsächlichen gesuchten Parameter entspricht. Dies bedeutet, daß das Schätzverfahren für hinreichend viele Wiederholungen im Mittel zum richtigen Ergebnis führt. Ein verzerrter Schätzer ist dagegen nicht erwartungstreu. Konvergiert er aber mit steigendem Stichprobenumfang ($N \to \infty$ bzw. $T \to \infty$) immer stärker gegen den tatsächlichen Parameter, so liegt ein konsistentes Schätzverfahren vor.[70] Problematisch können solche Schätzer bei sogenannten Kleinstichproben sein, auch wenn diese aus einer großen Anzahl an Werten bestehen. Stehen unterschiedliche nicht erwartungstreue, aber konsistente Schätzer zur Verfügung, sind ihre Kleinstichprobeneigenschaften zu untersuchen, wofür vielfach Simulationen verwendet werden.

Um innerhalb einer Gruppe von Schätzern, wie die der linearen und erwartungstreuen Schätzer, den zu verwendenden auszuwählen, benötigt man ein weiteres Kriterium. Ein solches ist der mittlere quadratische Fehler einer Schätzfunktion. Derjenige Schätzer, der den mittleren quadratischen Fehler minimiert, wird in seiner Klasse als Bester bezüglich des mittleren quadratischen Fehlers bezeichnet. Ein Schätzer, der diese Eigenschaft aufweist, ist mit der geringsten Streuung verbunden und deshalb im Vergleich zu anderen Schätzern besonders zuverlässig. Bei der Auswahl eines speziellen Schätzverfahrens kann die Eigenschaft der Erwartungstreue

---

[70] Ein konsistentes Schätzverfahren liegt vor, wenn sowohl der Erwartungswert der Schätzfunktion gegen den wahren Parameter als auch die Varianz der Schätzfunktion gegen Null konvergiert.

$$\lim_{T \to \infty} (E(\hat{\gamma}) - \gamma) = 0 \qquad \lim_{T \to \infty} Var(\hat{\gamma}) = 0$$

Vgl. Common (1980) S. 112 f. zu diesem relativ strengen Konsistenzbegriff sowie Bamberg/Schittko (1979) S. 28 f.

eines Schätzers durch die geringere Varianz eines anderen überkompensiert werden.[71] Dies ist im Einzelfall zu diskutieren. Unter den (asymptotisch) erwartungstreuen Schätzfunktionen ist diejenige (asymptotisch) effizient, die die geringste (asymptotische) Varianz aufweist.

Die geschätzte Varianz eines Schätzers spielt eine wesentliche Rolle für Hypothesentests. Bei solchen Tests können zwei Arten von Fehlern auftreten. Ein Fehler 1. Art wird gemacht, wenn die Nullhypothese verworfen wird, obwohl sie richtig ist. Ein Fehler 2. Art liegt vor, wenn die Nullhypothese nicht verworfen wird, obwohl sie falsch ist. Das Verfahren, welches zu jeder Wahrscheinlichkeit für den Fehler 1. Art die Wahrscheinlichkeit für den Fehler 2. Art minimiert, weist die höchste Güte auf. Die Güte eines Tests stellt somit die Wahrscheinlichkeit dar, daß es zur richtigen Ablehnung einer falschen Nullhypothese kommt. Die frei wählbare Wahrscheinlichkeit für den Fehler 1. Art wird auch als das Signifikanzniveau bezeichnet. Da die Wahrscheinlichkeiten für den Fehler 1. Art und 2. Art zusammenhängen, führt eine Verringerung des Signifikanzniveaus zu einer Erhöhung der Wahrscheinlichkeit für den Fehler 2. Art und umgekehrt. Dies ist bei der Wahl des Signifikanzniveaus zu berücksichtigen.[72] Für die Auswertung der Tests wird außerdem der P-Wert bestimmt. Dieser gibt an, mit welcher Wahrscheinlichkeit unter der Nullhypothese die Teststatistik einen Wert annimmt, der größer ist als der beobachtete.

3.2.2 Die klassische Regressionsanalyse mit Hilfe der Kleinste Quadrate Methode (OLS)

Als erste Methode zur Analyse der Linearitätsbeziehungen wurde die Kleinste Quadrate Methode (OLS)[73] eingesetzt. Mit ihr können nicht nur die Parameter des Marktmodells, sondern auch die Modellspezifikationen auf der zweiten Stufe analysiert werden. Diese Methode beruht auf besonders restriktiven Annahmen, die wie die meisten Modellannahmen in der Realität nicht exakt erfüllt sind. Hier setzen die später entwickelten und verwendeten Verfahren an. Anhand des Marktmodells wird das OLS-Verfahren kurz verdeutlicht, bevor auf die Schätzer der Spezifikationen eingegangen wird.

---

[71] Der mittlere quadratische Fehler entspricht der Varianz des Schätzers plus der quadrierten Verzerrung: $E[(\hat{\gamma} - \gamma)^2] = E[[\hat{\gamma} - E(\hat{\gamma})]^2] + [E(\hat{\gamma}) - \gamma]^2$. Vgl. hierzu Common (1980) S. 107 f. und Bamberg/Schittko (1979) S. 31.

[72] Vgl. Greene (1990) S. 123 und Büning/Trenkler (1978) S. 46 f.

[73] Ordinary Least Squares.

Allgemein formuliert lautet die zu schätzende lineare Beziehung:

$$R_{it} = a_i + \beta_i R_{mt} + \epsilon_{it} \qquad t = 1,2,\ldots,T$$

Dabei setzt die OLS-Methode ebenso wie alle anderen Verfahren voraus, daß der analysierte Zusammenhang linear ist. Unabhängig vom tatsächlichen Zusammenhang zwischen den erklärenden Größen (hier die Marktrenditen) und der zu erklärenden Größe (hier die Aktienrenditen), führt die Methode dazu, daß die Beziehung in ein lineares Schema gepreßt wird.

Zur Schätzung müssen nur geringe Mindestvoraussetzungen bezüglich der Anzahl der Beobachtungen erfüllt sein,[74] die vom speziell gewählten Ansatz abhängen. Unabhängig davon, ob es sich um eine Zeitreihenregression oder Querschnittsregression handelt, muß die Anzahl der verfügbaren unabhängigen Beobachtungen mindestens der Anzahl der zu schätzenden Parameter entsprechen. Im betrachteten Fall benötigt man zur Identifizierung von α_i und β_i die Daten von mindestens zwei Beobachtungszeitpunkten. Eine Erfüllung dieser Mindestanforderungen reicht aber nicht für aussagekräftige Ergebnisse aus.[75] Sie bietet jedoch einen Vergleichsmaßstab zu den weitaus höheren Mindestanforderungen der noch zu behandelnden Verallgemeinerten Kleinsten Quadrate Methode (GLS)[76].

Die weiteren Verfahrensanforderungen beziehen sich im wesentlichen auf die Störgrößen. Diese müssen für jede Beobachtung einen Erwartungswert von Null aufweisen. Da die OLS-Methode die Regressionsgerade so bestimmt, daß der Mittelwert der geschätzten Residuen Null ist, kann diese Annahme nicht separat getestet werden. Für die Varianzen und Kovarianzen der Störgrößen muß unabhängig von der zugrundeliegenden Zeitperiode und den verwendeten Beobachtungen gelten, daß alle Varianzen identisch sind. Alle Kovarianzen zwischen den Störgrößen müssen darüber hinaus Null sein. Die Störterme sind somit voneinander unabhängig und ihre Varianz-Kovarianz-Matrix entspricht einer Diagonalmatrix mit identischen Werten auf der Diagonalen.[77]

---

[74] Formal ausgedrückt muß der Rang der Beobachtungsmatrix in der inhomogenen Regression mindestens der Anzahl der zu schätzenden Parameter entsprechen.

[75] Auf den Zusammenhang zwischen dem Stichprobenumfang bzgl. der Zahl der berücksichtigten Wertpapiere, der Anzahl der Beobachtungszeitpunkte und der Güte von Tests wird später noch ausführlich eingegangen.

[76] Generalized Least Squares.

[77] Die Matrix Ω_i stellt eine Diagonalmatrix der Dimension (TxT) mit Einsen auf der Diagonalen dar.

$$E(\epsilon) = 0$$
$$E(\epsilon \epsilon') = \sigma^2 \Omega_I \qquad (41)$$

Weiterhin müssen die Störvariablen von den beobachteten Marktrenditen unabhängig sein. Eine Verletzung dieser Modellannahme kann beispielsweise dann vorliegen, wenn die Beziehung zwischen den abhängigen Wertpapierrenditen und der erklärenden Marktrendite nichtlinear ist.

Mit Ausnahme von Datenplots zur Überprüfung der Linearität bei einer erklärenden Variablen, ist eine Überprüfung der Anwendungsvoraussetzungen der OLS-Methode im voraus nur bedingt möglich. Erst nach dem Einsatz der OLS-Methode können die aus dem geschätzten Modell ermittelten Residuen weiter analysiert werden.

Die OLS-Methode legt die zu schätzende Regressionsgerade in der Art durch die Punktewolke der Beobachtungen, daß die Summe der Quadrate der senkrechten Abstände der Beobachtungspunkte von der resultierenden Geraden minimal wird. Die Schätzer für die Regressionskoeffizienten minimieren somit die Distanzfunktion.

$$D(\alpha_i, \beta_i) = \sum_{t=1}^{T} (R_{it} - \alpha_i - \beta_i R_{mt})^2 \to \min! \qquad (42)$$

Der sich durch Ableitung und Auflösung ergebende Schätzer lautet:

$$\hat{\beta}_{KQ} = (R'_{lm} R_{lm})^{-1} R'_{lm} R_i = \begin{bmatrix} \hat{\alpha} \\ \hat{\beta} \end{bmatrix} \qquad (43)$$

$$\text{mit:} \quad R_{lm} = (I, R_m)$$

Sind alle Voraussetzungen erfüllt, so weisen die OLS-Schätzer folgende Eigenschaften auf: sie sind erwartungstreu und unter allen erwartungstreuen linearen Schätzern diejenigen mit dem geringsten mittleren quadratischen Fehler.[78] Für die drei betrachteten Testspezifikationen ergeben sich die nachstehenden Parameterschätzungen.

Die bei der Sharpe-Lintner-Spezifikation im Mittelpunkt stehenden α-Werte können mit einer Regression der α-Werte gegen den Einheitsvektor zu einem mittleren Wert zusammengefaßt werden. Dieser aggregierte Wert entspricht dem einfachen arithmetischen Mittel der Einzelwerte.

---

[78] Vgl. zum Gauss-Markoff-Theorem Bamberg/Schittko (1979) S. 29 f. Die darin beschriebenen Eigenschaften der OLS-Schätzer werden auch als BLUE (Best Linear Unbiased Estimator) bezeichnet.

$$\bar{\alpha}_{OLS} = \bar{\alpha} = \frac{I'\hat{\alpha}}{(I'I)^{-1}} \qquad (44)$$

Im Rahmen der Fama/MacBeth-Spezifikation ergibt sich der Schätzer für γ_0 und γ_1 aus der Querschnittsregression der Renditemittelwerte gegen die entsprechenden β-Werte der Aktien sowie eine Konstante.

$$\hat{\gamma}_{OLS}^{FM} = \begin{pmatrix} \hat{\gamma}_0 \\ \hat{\gamma}_1 \end{pmatrix} = [(I,\hat{\beta})'(I,\hat{\beta})]^{-1}[(I,\hat{\beta})'\bar{R}] \qquad (45)$$

Als Schätzer für die Zero-Beta-Rendite gemäß der Black-Spezifikation aus Gleichung (40) erhält man:

$$\hat{\gamma}_{OLS}^{B} = \frac{\hat{\alpha}'(I-\hat{\beta})}{(I-\hat{\beta})'(I-\hat{\beta})} \qquad (46)$$

Die durchgeführten Schätzungen sind mit der Erfüllung der Modellannahmen gerechtfertigt. Um zu prüfen, ob sich die ermittelten Schätzer signifikant von ihren hypothetischen Werten unterscheiden, sind zusätzliche Signifikanztests erforderlich. Hierzu muß eine weitere Annahme über die Verteilung der Störterme getroffen werden. Gehorchen diese einer Normalverteilung, so kann für einzelne Regressionskoeffizienten ein einfacher t-Test mit der Prüfgröße (47) durchgeführt werden.

$$t(\hat{\gamma}_j) = \frac{\hat{\gamma}_j - \gamma_{H_0}}{\hat{\sigma}_{\gamma_j}} \qquad (47)$$

Wie in diesem Standardtest dargestellt, wird eine Hypothese in der Art und Weise getestet, daß man die Abweichungen des geschätzten vom hypothetischen Parameterwert zur geschätzten Streuung des Parameters ins Verhältnis setzt. Je höher die Abweichung, und je sicherer die Schätzung, um so höher ist der Wert der t-verteilten Statistik. Die Varianz für alle Parameter der Regression ergibt sich direkt aus der Varianz der Störvariablen und der Matrix der Erklärungsgrößen X.[79]

$$\hat{\sigma}_{\gamma_j}^2 = \hat{\sigma}_\epsilon^2 \, (X'X)_{jj}^{-1} \qquad (48)$$

Die Intuition dieses Tests, spiegelt sich in ähnlicher Form in allen weiteren noch zu

---

[79] Matrizen der Erklärungsgrößen und Anzahl der Freiheitsgrade bei den t-Tests:
Sharpe-Lintner-Spezifikation: $X = I$ N-1
Fama/MacBeth-Spezifikation: $X = (I, \beta)$ N-2
Black-Spezifikation: $X = (I - \beta)$ N-1

betrachtenden Tests wider. Das Prinzip wird zumeist nur insoweit modifiziert, daß je nach Datensituation und Testansatz (univariat versus multivariat) modifizierte Schätzverfahren für die Parameter und deren Varianzen verwendet werden.

Neben den Problemen die damit verbunden sind, daß die Modellannahmen der OLS-Methode nicht erfüllt sind, tritt insbesondere auch das Problem von Fehlern in den verwendeten Variablen und das Problem einer nichtlinearen Hypothese auf. Diese Probleme und ihre Auswirkungen auf die Güteeigenschaften der Schätzer sollen im folgenden näher diskutiert werden.

Im Mittelpunkt vieler Untersuchungen zur Funktionsweise des Aktienmarktes steht die Frage, ob die Renditen von Wertpapieren oder die Logarithmen von (1+R) normalverteilt sind. Auch für CAPM Untersuchungen ist dieser Sachverhalt von großer Bedeutung, da bei einer unabhängigen Normalverteilung der Einzelrenditen die Normalverteilung der Residuen und der Marktrendite durch die Reproduktivitätseigenschaft der Normalverteilung sichergestellt ist. Die Normalverteilung der Renditen ist somit ein Anhaltspunkt für die Anwendbarkeit der OLS-Methode zur Ermittlung der Parameter des Marktmodells.[80]

Führt man jedoch Auswertungen für einzelne Aktien oder Portefeuilles durch, so können zwei zusätzliche Probleme auftreten. Zum einen können die Störvariablen intertemporal korreliert sein, wenn sich Informationen, die den Aktienkurs beeinflussen, zum Teil sofort, zum Teil mit einem Zeitlag in den Aktienkursen niederschlagen oder am Markt Unter- beziehungsweise Überreaktionen auftreten. Dies führt bei Autokorrelation (AR1-Prozeß) zu einer Unterschätzung der Varianz und damit zu einer zu häufigen Ablehnung des CAPM. Unter diesen Umständen wäre mit der OLS-Methode nur eine Nichtverwerfung des CAPM sinnvoll zu interpretieren.[81] Zum anderen tritt das Problem der Heteroskedastie bei Zeitreihenregressionen auf, wenn sich die Varianz der Störgrößen im Zeitablauf ändert. Dies kann durch eine Änderung der Marktvolatilität hervorgerufen werden und resultiert in der Regel in einer zu hoch geschätzten Varianz der Parameter, die beim einfachen t-Test auf Basis der OLS-Methode die Testgröße nach unten verzerrt.[82] Durch die zu großen Konfidenzintervalle würde mit diesem Testverfahren die Hypothese zu häufig nicht abgelehnt. Eine Ablehnung des CAPM ist mit dieser Methode bei Heteroskedastie möglich. Da die mittels der OLS-Methode ermittelten Schätzer erwartungstreu sind

---

[80] Vgl. hierzu die Ausführungen von Ronning (1992) S. 8 ff. zur Kointegrationsproblematik. Diese impliziert das "gutartige" Verhalten von Kleinste Quadrate Schätzern auch bei nichtstationären Variablen, wenn der analysierte Sachverhalt stationär ist.

[81] Zu den Folgen der OLS-Methode bei Heteroskedastie oder Autokorrelation vgl. Gujarati (1988) S. 325 und S. 364.

[82] Diese Verzerrung kann beispielsweise mit einem heteroskedastiekonsistenten Varianzschätzer korrigiert werden. Zu einem solchen Schätzer vgl. White (1980).

und die Auswertungen im Regelfall auf einer zweiten Stufe erfolgen, wird hier zur Schätzung der Marktmodellparameter auf die allgemein verwendete OLS-Methode zurückgegriffen. Diese Schätzer haben den Vorteil, daß sie den in der Herleitung des CAPM abgeleiteten β-Werten entsprechen.[83]

Die angesprochenen ökonometrischen Probleme treten auch bei normalverteilten Störvariablen der einzelnen Aktien spätestens bei der Analyse der zu untersuchenden Spezifikationen, den Querschnittsanalysen, auf, wenn die Störvariablen untereinander korreliert oder heteroskedastisch sind. Die Abhängigkeiten der Störvariablen innerhalb einer Periode zwischen verschiedenen Wertpapieren oder Portefeuilles werden als intratemporale Korrelationen bezeichnet. Solche intratemporalen Korrelationen existieren in der Regel zwischen Aktien derselben Branche und/oder Größenklasse.

Auch bei Querschnittsregressionen kann das Problem der Heteroskedastie auftreten, wenn sich die Varianzen der Störvariablen beziehungsweise der Parameter zwischen den Portefeuilles unterscheiden. Die Varianz der Störgröße einer Aktie stellt den nicht erklärten Anteil der Gesamtvarianz der Aktienrenditen dar. Da sich auch in einem effizienten Markt der Erklärungsgehalt des Marktmodells für einzelne Aktien unterscheidet, können sich auch unterschiedliche Varianzen der geschätzten Parameter (α und β) ergeben. Diese hängen wesentlich vom Ausmaß des diversifizierbaren Risikos ab. So ist tendenziell zu erwarten, daß der Erklärungsgehalt bei großen Unternehmen höher ausfällt und das diversifizierbare Risiko geringer ist als bei kleinen Unternehmen.[84]

Die OLS-Methode ist auf der zweiten Stufe trotz der erwartungstreuen Schätzer für die Parameter mit ineffizienten Schätzern für die Varianz der Parameter verbunden und deshalb für Tests bei Verletzung der Modellannahmen weniger geeignet. Die im folgenden dargestellten Verfahren versuchen diesem Umstand gerecht zu werden und die Probleme zu lösen.

---

[83] Zu einem GLS-Verfahren, welches das Problem der Heteroskedastie anspricht, vgl. Sauer/ Murphy (1992) S. 186.

[84] Dies ist insbesondere dann der Fall, wenn ein marktwertgewichteter Marktindex verwendet wird, da große Unternehmen in diesen mit größeren Gewichten eingehen.

3.2.3 Die Verallgemeinerte Kleinste Quadrate Methode (GLS) und das Fehler in den Variablen Problem

Zur Bewältigung der Heteroskedastie- und Korrelationsproblematik wird die Verallgemeinerte Kleinste Quadrate Methode (GLS) für alle Spezifikationen auf der zweiten Stufe eingesetzt. Sie stellt, anders als die OLS-Methode, nur minimale Anforderungen an die Störvariablen einer Regression. Bei der GLS-Methode werden von den Annahmen der OLS-Methode abweichende Strukturen der Varianzen und Kovarianzen berücksichtigt; die Varianzannahme aus Gleichung (41) wird durch Annahme (49) ersetzt.[85]

$$V = VAR(\epsilon) = E(\epsilon\epsilon') = \sigma^2 \Omega \qquad (49)$$

Da sich die Fama/MacBeth-Spezifikation zur Verdeutlichung des Fehler in den Variablen Problems besonders eignet, wird an dieser auch das GLS-Verfahren dargestellt. Bei der Minimierung der Distanzfunktion (50) wird, anders als bei der OLS-Methode, nicht jeder beobachtete α- und/oder β-Wert gleichgewichtet, sondern es erfolgt eine Gewichtung mit den Varianzen und Kovarianzen der Störgrößen der ersten Regressionsstufe. Der unterschiedlichen Unsicherheit einzelner Beobachtungen wird somit Rechnung getragen: sichere Beobachtungen, gemessen an der Varianz ihrer Störgrößen, werden stärker gewichtet als unsichere.

$$D(\gamma_0, \gamma_1) = (\bar{R} - \gamma_0 I - \gamma_1 \hat{\beta})' V^{-1} (\bar{R} - \gamma_0 I - \gamma_1 \hat{\beta}) \to \min! \qquad (50)$$

Der sich auf Basis der Varianz-Kovarianz-Matrix der Residuen der ersten Stufe $\hat{V}$ ergebende GLS-Schätzer (51) der zweiten Stufe für die Parameter

$$\hat{\gamma}_{GLS}^{FM} = \left[(I,\hat{\beta})' \hat{V}^{-1} (I,\hat{\beta})\right]^{-1} \left[(I,\hat{\beta})' \hat{V}^{-1} \bar{R}\right] \quad \text{und} \quad \hat{\sigma}^2_{\hat{\gamma}_{GLS}^{FM}} = \left[(I,\hat{\beta})' \hat{V}^{-1} (I,\hat{\beta})\right]^{-1} \hat{\sigma}^2_{\hat{\epsilon}} \qquad (51)$$

$$\text{mit:} \quad \hat{\sigma}^2_{\hat{\epsilon}} = \frac{1}{N-2} \hat{\epsilon}' \hat{V}^{-1} \hat{\epsilon}$$

weist bei bekannter Varianz-Kovarianz-Matrix der Residuen die Eigenschaft auf, daß er BLUE ist. Da die OLS-Methode als Spezialfall der GLS-Methode formuliert werden kann, stimmen beide Schätzer bei der Erfüllung der Annahmen über die Störvariablen im klassischen Modell überein. Wegen der höheren Güte des GLS-

---

[85] Die Matrix Ω stellt eine symmetrische, nichtnegativ definite Matrix dar. Um sie zu schätzen sind spezielle Restriktionen einzuführen.

Verfahrens ist, bei bekannter Varianz-Kovarianz-Matrix, mit der OLS-Methode nur eine Ablehnung des CAPM möglich, eine Beibehaltung dagegen nicht.[86]

Da die Varianz-Kovarianz-Matrix in den betrachteten Anwendungsfällen unbekannt ist, muß sie zusätzlich geschätzt werden. Bei kleinen Stichproben sind die GLS-Schätzer deshalb nicht notwendigerweise effizienter als die OLS-Schätzer. Außerdem tritt das Problem auf, daß eine gegebene Anzahl an Beobachtungen häufig nicht für eine vollständige Schätzung aller Korrelationen und Varianzen ausreicht. Dies ist immer dann der Fall, wenn mehr Portefeuilles beziehungsweise Aktien verfügbar sind als Beobachtungszeitpunkte. Die notwendigen Schätzungen führen dazu, daß die GLS-Schätzer nur asymptotische Eigenschaften aufweisen. Für $T \to \infty$ sind die GLS-Schätzer asymptotisch effizient.[87]

Die Schätzer der Parameter und ihrer Varianzen für die Sharpe-Lintner-Spezifikation und die Black-Spezifikation in Gleichung (52) ergeben sich analog.

$$\bar{\alpha}_{GLS} = \frac{I'\hat{V}^{-1}\hat{\alpha}}{I'\hat{V}^{-1}I} \qquad \hat{\sigma}^2_{\bar{\alpha}_{GLS}} = \hat{\sigma}^2_{\epsilon} (I' \hat{V}^{-1} I)^{-1}$$

$$\hat{\gamma}^B_{GLS} = \frac{\hat{\alpha}'\hat{V}^{-1}(I_N-\hat{\beta})}{(I_N-\hat{\beta})'\hat{V}^{-1}(I_N-\hat{\beta})} \qquad \hat{\sigma}^2_{\hat{\gamma}_{GLS}} = \hat{\sigma}^2_{\epsilon} ((I-\hat{\beta})' \hat{V}^{-1} (I-\hat{\beta}))^{-1}$$

(52)

Die GLS-Schätzer werden zur Lösung der Heteroskedastie- und Korrelationsproblematik eingesetzt. Treten beide Probleme gemeinsam auf, ist zunächst die Varianz-Kovarianz-Matrix zu schätzen. Unterstellt man dabei ihre Stabilität im Zeitablauf, so müssen bei einer simultanen Schätzung von Zeitreihenregressionen für jedes Portefeuille beziehungsweise Wertpapier mindestens so viele Beobachtungszeitpunkte wie Portefeuilles vorliegen. Aufgrund der Problematik der Stabilitätsannahme ist deshalb zwischen einem nicht zu langen Zeitintervall und der Anzahl der berücksichtigten Portefeuilles abzuwägen.

Tritt nur Heteroskedastie auf, d.h. die Kovarianzen sind vernachlässigbar klein, so reduziert sich die Varianz-Kovarianz-Matrix auf eine Diagonalmatrix. Die dann einsetzbare Gewichtete Kleinste Quadrate Methode (WLS)[88] kann als Spezialfall der GLS-Methode oder als Modifikation der OLS-Methode hergeleitet werden. Mittels einer Division aller Variablen der Regressionsgleichung durch die Standardabweichung ihrer Störgröße erhält man einen homoskedastischen Ansatz. Die Anwendung der OLS-Methode führt dann zu denselben Ergebnissen wie die GLS-Methode. Eine

---

[86] Vgl. Huang/Litzenberger (1988) S. 313.
[87] Vgl. Huang/Litzenberger (1988) S. 317.
[88] Weighted Least Squares.

andere Möglichkeit der Erfassung des Heteroskedastieproblems besteht darin, einen heteroskedastiekonsistenten Schätzer für die Varianzen der Regressionskoeffizienten zu verwenden.[89] Der Vorteil der OLS- und WLS-Methode gegenüber der GLS-Methode besteht in der Möglichkeit, beliebig viele Aktien in die Analyse einzubeziehen, da für die benötigte geringe Anzahl der zu schätzenden Varianzen schon sehr kurze Untersuchungszeiträume ausreichen. Zur Analyse der Regressionskoeffizienten einzelner Gleichungen kann auch hier ein einfacher t-Test eingesetzt werden.

Selbst wenn alle Voraussetzungen der Schätzmethoden erfüllt sind, treten jedoch bei CAPM Untersuchungen spezifische Probleme auf, wie das Fehler in den Variablen Problem.[90] Obwohl die auf der zweiten Stufe verwerteten Parameter auf der ersten Stufe erwartungstreu geschätzt wurden, handelt es sich nicht um die "wahren" Werte. Es treten zufällige unsystematische Abweichungen von den tatsächlichen Parametern auf. Diese Abweichungen gleichen sich in der zweiten Analysestufe nicht aus, sondern führen zu systematischen Verzerrungen der Ergebnisse. Geht man davon aus, daß sich der geschätzte β-Wert vom tatsächlichen durch den Meßfehler v unterscheidet, so konvergiert die mittels der OLS-Methode auf der zweiten Stufe geschätzte Risikoprämie für $N \rightarrow \infty$ nicht gegen die tatsächliche Risikoprämie γ_1.[91]

$$\hat{\beta}_i = \beta_{i,tat} + v_i \tag{53}$$

Während es sich bei den Schätzern für die Varianz der Störvariablen um konsistente Schätzer handelt, sind die Schätzer für die Modellparameter nicht nur in der hier dargestellten Fama/MacBeth-Spezifikation, sondern in allen Spezifikationen verzerrt und inkonsistent: Je höher die Varianz des Meßfehlers und je geringer die Varianz des Parameters, um so größer ist der Schätzfehler. Die geschätzte Risikoprämie ist in Richtung Null verzerrt. Positive Risikoprämien werden unterschätzt, negative überschätzt. Da die geschätzte Risikoprämie direkt mit dem geschätzten Achsenabschnitt γ_0 verbunden ist, ist auch dessen Schätzung verzerrt.

---

[89] Vgl. zu einem diesbezüglich von White (1980) entwickelten Schätzer auch Froot (1989) S. 336 ff. und Greene (1990) S. 403 f. Ohne genaue Annahmen über die Art der Heteroskedastie zu machen, kann mit dem robusten Schätzer die OLS-Methode weiterhin adäquat angewendet werden.

[90] Vgl. zu dieser Problematik und den folgenden Ausführungen Black/Jensen/Scholes (1972) S. 91-93, Gibbons (1982) S. 4, Huang/Litzenberger (1988) S. 325 ff., Greene (1990) S. 293 ff. und Schneeweiß/Mittag (1986).

[91] Vgl. zur Ableitung Litzenberger/Ramaswamy (1979) S. 178-181, Huang/Litzenberger (1988) S. 325 ff. und Johnston (1984) S. 432 ff.

$$\plim_{N\to\infty} \gamma_{1,OLS} = \frac{\gamma_{1,tat}}{1 + \frac{\sigma_v^2}{\sigma_{\beta_{wa}}^2}} \quad (54)$$

Zur Handhabung des Fehler in den Variablen Problems existieren alternative Ansätze.[92] So kann eine Portefeuillebildung die Problematik abschwächen, da sich individuelle Meßfehler in den Portefeuilles ausgleichen und damit die β-Schätzer von Portefeuilles mit geringeren Meßfehlern behaftet sind als die von Einzelaktien. Eine optimale Gruppierung sollte nach einem Kriterium erfolgen, welches mit den wahren β-Werten, nicht aber mit deren Meßfehlern korreliert ist. Dieses Vorgehen vermindert zwar die Konsequenzen des Problems, kann sie aber nicht vollständig eliminieren.[93] Auch kann ein Instrumentalvariablenansatz gewählt werden, wobei das gewählte Instrument mit den β-Werten möglichst gut und mit den Meßfehlern nicht korreliert sein sollte. Als potentielle Instrumente bieten sich die β-Werte aus angrenzenden Perioden an.[94]

Bei dem hier für die Fama/MacBeth-Spezifikation betrachteten Korrekturverfahren handelt es sich um eine Abschätzung der Problematik. Der für eine sehr hohe Anzahl an Wertpapieren ($N \to \infty$) abgeleitete Korrekturfaktor erlaubt es, die Bedeutung des Problems für reale Datensituationen zu analysieren. Da diese Methode eine große Anzahl an Wertpapieren erfordert, ist mit ihr in realen Testsituationen keine modifizierte GLS-Schätzung durchführbar. Für diese Verfahren existiert aber im Rahmen der multivariaten Auswertungsverfahren ($T \to \infty$) eine analoge Korrektur. Um die Verzerrung zu kompensieren, ist als erstes die Varianz des nicht beobachtbaren Meßfehlers zu schätzen. Dies ist indirekt über die Beziehung (53) möglich, da unter der Annahme der Gültigkeit des CAPM die Varianz des Meßfehlers der Varianz des Schätzers für β entspricht.

$$\sigma_{\hat{\beta}_i}^2 = \sigma_{(\beta_{wa}+v_i)}^2 = \sigma_{v_i}^2 \quad (55)$$

Darauf aufbauend konstruieren Litzenberger/Ramaswamy (1979) folgende korrigierten konsistenten Schätzer für die Überrendite und den Achsenabschnitt:[95]

---

[92] Vgl. Johnston (1984) S. 428 ff. und Schneeweiß/Mittag (1986) Kapitel 3.
[93] Zur ausführlichen Diskussion und zur Portefeuillebildung im Rahmen dieser Arbeit vgl. Abschnitt 4.1.3.1.
[94] Vgl. zu einem alternativen Instrumentalvariablenansatz Sauer/Murphy (1992) S. 186 f. Diese schätzen zwei β-Werte: der erste berücksichtigt nur die geraden, der zweite nur die ungeraden Beobachtungszeitpunkte. Durch die Betrachtung der Quotienten berücksichtigen sie das Fehler in den Variablen Problem bei einer entsprechenden Formulierung des Grundmodells.
[95] Vgl. zur allgemeinen Methode auch Johnston (1984) S. 433.

$$\hat{\gamma}_{1,k}^{OLS} = \frac{\sum_{i=1}^{N}(\bar{R}_i-\bar{R}_m)(\hat{\beta}_i-1)}{\sum_{i=1}^{N}(\hat{\beta}_i-1)^2 - \sum_{i=1}^{N}\sigma_{\hat{\beta}_i}^2} \quad \text{und} \quad \hat{\gamma}_{0,k}^{OLS} = \bar{R}_m - \hat{\gamma}_{1,k}^{OLS} \qquad (56)$$

Bei auftretender Heteroskedastie kann dieses Korrekturverfahren für die WLS-Methode in analoger Weise eingesetzt werden.[96] Eine anschließende Auswertung der Koeffizienten mit dem einfachen t-Test muß beachten, daß dieses asymptotische Verfahren nur für $N \rightarrow \infty$ das Fehler in den Variablen Problem löst. Trotzdem vermitteln die Ergebnisse in den betrachteten Untersuchungen, die eher als Kleinstichproben einzustufen sind, ein Bild vom Ausmaß der Problematik.

3.2.4 Bedingte und Maximum Likelihood Schätzungen

Bevor auf die multivariaten Testverfahren eingegangen werden kann, ist es notwendig, zunächst die Maximum Likelihood Methode zur Schätzung der Regressionskoeffizienten darzustellen, da bei multivariaten Tests zum Teil auf sie zurückgegriffen wird. Dies ist sowohl bei der Black- als auch bei der Fama/MacBeth-Spezifikation der Fall, denn die zugrundeliegende Hypothese über den Achsenabschnitt α impliziert dann eine nichtlineare Hypothese.[97] Anders als bei den bisherigen Methoden setzt dieser Ansatz an der Ermittlung des wahrscheinlichsten Wertes für die gesuchten Parameter auf Basis der verfügbaren Daten an. Dazu wird der Logarithmus der Likelihoodfunktion[98] maximiert.

$$\ln L = -\frac{NT}{2}\ln 2\pi - \frac{T}{2}\ln \det|V| - \frac{1}{2}\sum_{t=1}^{T}\epsilon_t' V^{-1}\epsilon_t \qquad (57)$$

Sind die Verteilungsannahmen der Verallgemeinerte Kleinste Quadrate Methode erfüllt, so erhält man durch Ableitung und Auflösung der hinreichenden Bedingungen die gleichen Schätzer für die Regressionskoeffizienten. Bei Schätzungen unter

---

[96] Vgl. zu diesen Schätzern Litzenberger/Ramaswamy (1979) S. 179 f. und Huang/Litzenberger (1988) S. 337-340.
[97] Vgl. Gibbons (1982) S. 6. Dieser löst das Problem, indem er die Hypothese mit einer Taylorreihe linearisiert.
[98] Beim folgenden Beispiel wird eine Normalverteilung unterstellt. Vgl. Kandel (1984) S. 577 und Greene (1990) S. 319.

der Bedingung der Gültigkeit des CAPM unterscheiden sich die simultanen Maximum Likelihood Schätzer von den bisher betrachteten Schätzern auf der zweiten Stufe. Die Maximum Likelihood Schätzer sind asymptotisch effizient. Dies impliziert die Konsistenz, die asymptotische Normalverteilung und die geringste asymptotische Kovarianzmatrix unter allen vergleichbaren Schätzern.[99] Die asymptotischen Eigenschaften der Schätzer bilden die Grundlage für Tests. Ein Nachteil dieser Methode besteht darin, daß über die Verteilungsfunktion der Renditen eine a priori Annahme zu treffen ist.

Neben den bisher betrachteten zweistufigen Schätzern, bei denen die Restriktion erst auf der zweiten Stufe berücksichtigt wird, besteht die Möglichkeit, bedingte Schätzungen im Rahmen eines einstufigen Verfahrens durchzuführen. Diese für die multivariaten Verfahren wichtigen Schätzer lassen sich am Sharpe-Lintner-Fall am einfachsten erklären. Bei der Regression der Portefeuilleüberrenditen gegen die Überrendite des Marktes ergibt sich ein theoretischer Achsenabschnitt von Null für jedes Portefeuille. Führt man nun die in Gleichung (25) beschriebene Regression ohne Konstante durch, so erhält man die bedingten Schätzer. Ein Vergleich der Ergebnisse der bedingten und der unbedingten Schätzung ermöglicht Aussagen über die Gültigkeit des zu testenden Modells. Dies ist das grundlegende Prinzip einiger multivariater Testverfahren.

Für das Black-CAPM ist die Herleitung der bedingten Schätzer für die Zero-Beta-Rendite wesentlich komplizierter. Unter der Bedingung, daß das Marktportefeuille effizient ist, was gleichbedeutend mit der Erfüllung der Linearitätsrestriktion (39) ist, läßt sich ein bedingter Efficient Set ermitteln, auf dem der betrachtete Marktindex liegt. Die Schätzung der bedingten Zero-Beta-Rendite mittels der Maximum Likelihood Methode bietet sich im vorliegenden Fall an, da sich die komplizierte Maximum Likelihood Berechnung durch die Lösung einer quadratischen Gleichung aus dem Newton-Raphson Schätzer (dem GLS-Schätzer der Black-Spezifikation aus Gleichung (52)) ermitteln läßt.[100] Anders als bei effizienten Portefeuilles existieren zu jedem ineffizienten Portefeuille unendlich viele Zero-Beta-Portefeuilles mit verschiedenen Renditen. Unter diesen zeichnet sich der bedingte Maximum Likelihood Schätzer durch seine Eindeutigkeit und seine asymptotische Effizienz aus.[101]

Der Newton-Raphson-Schätzer $\hat{\gamma}_0$ ist der Mittelwert der Renditen des Zero-Beta-Portefeuilles mit der geringsten Varianz in Bezug auf das untersuchte Portefeuille.[102]

---

[99] Vgl. Greene (1990) S. 118 und S. 319.
[100] Dies zeigen Kandel (1984) und Shanken (1983).
[101] Vgl. zur Eindeutigkeit Roll (1980) und Kandel (1986) S. 342.
[102] Vgl. hierzu Roll (1980) S. 1008 und Kandel (1986) S. 340.

Der auf Basis dieses Schätzers ermittelbare bedingte Maximum Likelihood Schätzer[103] ergibt sich durch Auflösung der quadratischen Gleichung (58).

$$-z^2 + Gz + H = 0$$

mit :

$$G = \frac{-\hat{c}\sigma_m^2 - \hat{c}\overline{R}_m^2 + 1 + \hat{a}}{\hat{b} - \hat{c}\overline{R}_m}$$

$$H = \frac{\hat{b}\sigma_m^2 + \hat{b}\overline{R}_m^2 - \overline{R}_m - \hat{a}\overline{R}_m}{\hat{b} - \hat{c}\overline{R}_m} \qquad (58)$$

$$\hat{a} = \overline{R}' \hat{V}_R^{-1} \overline{R}$$

$$\hat{b} = \overline{R}' \hat{V}_R^{-1} I$$

$$\hat{c} = I' \hat{V}_R^{-1} I$$

Bezeichnet man die Lösungen der quadratischen Gleichung mit z_1 bzw. z_2 und gilt $z_1 < z_2$, so lautet der gesuchte bedingte Schätzer:

$$\hat{\gamma}_{ML} = \begin{cases} z_1, \text{ falls } \overline{R}_m > \hat{b}/\hat{c} \\ z_2, \text{ falls } \overline{R}_m < \hat{b}/\hat{c} \end{cases} \qquad (59)$$

Der bedingte Maximum Likelihood Schätzer ist ein GLS-Schätzer, der auf den unter der Bedingung, daß das CAPM gilt, geschätzten erwarteten Überrenditen und Varianz-Kovarianz-Matrizen beruht.[104] Er läßt sich graphisch durch einen der beiden Schnittpunkte der in Gleichung (58) gegebenen Parabel mit der Renditeachse oder den Schnittpunkt der Geraden, die durch den Marktindex und das dazugehörige nicht eingezeichnete bedingte Minimum-Varianz-Portefeuille geht, beschreiben.

Zur graphischen Veranschaulichung wird in Abbildung 4 ein weiterer Schätzer für die Zero-Beta-Rendite eingeführt. Diesen Schätzer[105] erhält man, wenn man als Bezugsportefeuille das effiziente Portefeuille mit demselben Mittelwert wie das

---

[103] Vgl. zur Herleitung Kandel (1984) S. 579 ff. Eine Darstellung der Ergebnisse enthält auch Huang/Litzenberger (1988) S. 346 f.
[104] Vgl. hierzu Huang/Litzenberger (1988) S. 347 ff.
[105] Vgl. hierzu Roll (1980) S. 1014 sowie Kandel (1986) S. 341.

untersuchte Portefeuille wählt und den Mittelwert dieses Zero-Beta-Portefeuilles heranzieht.

$$\check{\gamma}_0 = \frac{\hat{a} - \hat{b}\bar{R}_m}{\hat{b} - \hat{c}\bar{R}_m} \qquad (60)$$

Der Schätzer sollte im Regelfall eine untere Grenze für die Zero-Beta-Rendite darstellen.

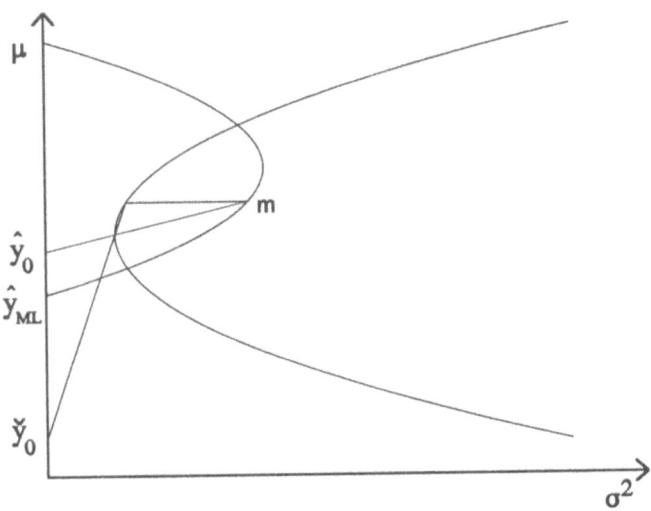

Abbildung 4: Alternative Schätzer der Zero-Beta-Rendite

Wenn das zu testende Portefeuille effizient ist, stimmen alle drei Schätzer für die Zero-Beta-Rendite überein. Ansonsten gilt die Relation:[106]

$$\hat{\gamma}_0 > \hat{\gamma}_{ML} > \check{\gamma}_0 \;, \qquad \text{falls} \quad \bar{R}_m > \frac{\hat{b}}{\hat{c}} \qquad (61)$$

Die im nächsten Abschnitt behandelten multivariaten Tests basieren auf den Residuen (Gleichung (62)) der zweiten Stufe der Black-, Fama/MacBeth- oder Sharpe-Lintner-Spezifikation.

---

[106] Diese Relation gilt, falls der Mittelwert der Marktrendite höher ist als die Rendite des Minimum-Varianz-Portefeuilles. Während der zweistufige GLS-Schätzer (Newton-Raphson-Schätzer) nach den Simulationsergebnissen von Amsler/Schmidt (1985) tendenziell nach oben verzerrt ist, ist der Maximum Likelihood Schätzer tendenziell nach unten verzerrt.

$$\hat{\epsilon}_i^B = \hat{\alpha}_i - \hat{\gamma}_0^B(1-\hat{\beta}_i)$$
$$\hat{\epsilon}_i^{FM} = \hat{\alpha}_i - \hat{\gamma}_0^{FM} - \hat{\gamma}_1^* \hat{\beta}_i \qquad (62)$$
$$\hat{\epsilon}_i^{SL} = \hat{\alpha}_i^{SL}$$

Neben der Überprüfung der einzelnen Restriktionen lassen sich diese Tests teilweise als einfache Performancetests interpretieren und sind zum großen Teil asymptotisch äquivalent. Nur bei bekanntem risikolosen Zinssatz oder bei bekannter Zero-Beta-Rendite können für einzelne Tests genauere Aussagen über Kleinstichprobeneigenschaften gemacht werden.[107] Deshalb werden zur Auswahl von geeigneten Testgrößen für das Black-CAPM Simulationsstudien eingesetzt. Um eine übersichtliche Darstellung zu ermöglichen, werden die Testgrößen hauptsächlich für die Fama/MacBeth-Spezifikation angegeben, während auf die geringen Unterschiede zu den anderen Spezifikationen kurz hingewiesen wird.

3.3 Multivariate Testverfahren

Die mittels der Zeitreihenregressionen für jedes Portefeuille und der anschließenden Querschnittsregression geschätzten Parameter bilden unabhängig von ihrer Ermittlung die Grundlage der multivariaten Testverfahren. Bisher wurde jeder Parameter mit einem t-Test separat ausgewertet. Um alle verfügbaren Informationen auszunutzen, sollten die Parameter jedoch nicht einzeln, sondern zusammen ausgewertet werden. Dieses Vorgehen ist Gegenstand der multivariaten Verfahren. Sie bieten sich hier besonders an, da sie sich außerdem für nichtlineare Hypothesen eignen und ohne spezifizierte Alternativhypothese auskommen. Die folgenden Darstellungen konzentrieren sich hauptsächlich auf Performance- und Linearitätstests der Fama/MacBeth-Spezifikation für das Black-CAPM. Auf die speziellen Tests für das Sharpe-Lintner-CAPM und auf Tests der Black-Spezifikation[108] wird an dieser Stelle nur am Rande eingegangen, da sich die Ergebnisse sehr ähneln.

---

[107] Vgl. Kandel (1986) S. 339 sowie Gibbons/Ross/Shanken (1989) S. 1123 f.
[108] Vgl. hierzu Amsler/Schmidt (1985) S. 361 ff.

3.3.1 Asymptotische Verfahren mit Normalverteilungsannahme

3.3.1.1 Der Likelihood Ratio Test

Ausgangspunkt für den Likelihood Ratio Test (LRT)[109] sind die logarithmierten Likelihoodwerte der unbedingten Schätzer und die sich bei Gültigkeit des CAPM ergebenden theoretischen Schätzer für γ. Gilt das CAPM, so müssen die Schätzungen der unbedingten und der bedingten Parameter nahe beieinander liegen. Die Likelihoodfunktion[110] stellt in Abhängigkeit von den zu testenden Parametern eine nach unten geöffnete Parabel und damit eine stetige Funktion dar. Bei Gültigkeit des CAPM stimmen die logarithmierten Likelihoodwerte beider Schätzungen annähernd überein.

Der Likelihood Ratio Test verwendet daher die Differenz der Logarithmen bzw. den Quotienten der Likelihoodwerte. Die Testgröße läßt sich, wie Gibbons (1982) S. 10 zeigt, mittels des Verhältnisses der bedingten zur unbedingten Determinante der geschätzten Varianz-Kovarianz-Matrix ausdrücken. Wesentlich anschaulicher ist jedoch die Darstellung auf Basis der Residuen der zweiten Stufe aus Gleichung (62), hier für die Fama/MacBeth-Spezifikation, wie sie Shanken (1985) S. 334 f. verwendet und die Beschreibung der Testgröße durch die Efficient Set Konstanten nach Kandel (1984) S. 584 f. Diese eignen sich insbesondere zur graphischen Analyse.

$$LRT = T \ln \left\{ 1 + \frac{\hat{\epsilon}' \hat{V}_0^{-1} \hat{\epsilon}}{1 + \frac{\hat{\gamma}_1^{*2}}{\hat{\sigma}_m^2}} \right\} \tag{63}$$

Der verwendete Schätzer $\hat{V}_0$ für die Varianz-Kovarianz-Matrix der Residuen der ersten Stufe ist derjenige verzerrte Schätzer, den man bei einer Division der einzelnen Summen durch T erhält. Die Testgröße genügt unter der Nullhypothese asymptotisch einer χ^2_{N-2}-Verteilung.[111] Zur Berechnung der Testgröße können neben den Maximum Likelihood Schätzern alle beschriebenen Schätzer eingesetzt werden. Die

---

[109] Folgende Autoren verwenden diesen Test: Gibbons (1982), Kandel (1984) und (1986), Roll (1979 b), Jobson/Korkie (1982) und (1989) und Gibbons/Ross/Shanken (1989).

[110] Vgl. Greene (1990) S. 127 und Huang/Litzenberger (1988) S. 342 f. Die Veranschaulichung als Parabel bezieht sich hier, wie im Folgenden nur auf die Schätzung eines Parameters.

[111] Zur Herleitung der Testgröße vgl. Kandel (1984) S. 585 sowie Gibbons (1982), Jobson/Korkie (1989), Amsler/Schmidt (1985) und Roll (1985).

Auswirkungen der Verwendung unterschiedlicher Schätzer werden im empirischen Teil und in der Verfahrensdiskussion behandelt.

Um die Testgröße mit anderen Tests zu vergleichen, kann man sie entsprechend Gleichung (64) vereinfachen. Beim Nenner von Q handelt es sich um einen Korrekturfaktor für das Fehler in den Variablen Problem. Im Zähler spiegelt sich die Ähnlichkeit zum t-Test wider. Auch dieser Test setzt die Modellabweichungen in Form der Residuen zu ihren geschätzten Streuungen ins Verhältnis. Je höher die Präzision der Schätzung auf der ersten Stufe, desto geringer ist die Varianz der entsprechenden Residuen und um so höher ist tendenziell das entsprechende Gewicht der Beobachtung in der Gesamtauswertung. Unpräzise Schätzungen wirken sich somit in der Testgröße geringer aus als präzise.

$$LRT = T \ln\left[1 + \frac{Q}{T}\right]$$

$$\text{mit:} \quad Q = T \frac{\hat{\epsilon}' \hat{V}_0^{-1} \hat{\epsilon}}{1 + \frac{\hat{\gamma}_1^{*2}}{\hat{\sigma}_m^2}} \quad (64)$$

Bei den Tests der Black-Spezifikation ist für den LRT und die meisten der folgenden Tests die dargestellte Testgröße Q nur leicht zu modifizieren. Die Differenz $\overline{R}_m - \hat{\gamma}_0^B$ ersetzt den Schätzer für den Koeffizienten γ_1^*. Auch werden die geschätzten Residuen der zweiten Stufe und die Varianz-Kovarianz-Matrix der Residuen der ersten Stufe der Fama/MacBeth-Spezifikation durch die entsprechenden Werte der Black-Spezifikation ersetzt. Die Verteilung der daraus resultierenden Testgröße unterliegt ebenfalls einer χ^2-Verteilung. Durch die Schätzung nur eines Parameters auf der zweiten Stufe erhöht sich die Anzahl der Freiheitsgrade um einen auf N-1.[112]

$$LRT^B = T \ln\left[1 + \frac{\hat{\epsilon}' \hat{V}_0^{-1} \hat{\epsilon}}{1 + \frac{(\overline{R}_m - \hat{\gamma}_0^B)^2}{\hat{\sigma}_m^2}}\right] = T \ln\left[1 + \frac{S_{pot}^2 - S_m^2}{1 + S_m^2}\right]$$

$$= T \ln\left[\frac{1 + S_{pot}^2}{1 + S_m^2}\right] = T \ln\frac{\frac{(\hat{b}/\hat{c}) - \hat{\gamma}_0^B}{(1/\hat{c})}}{\frac{\overline{R}_m - \hat{\gamma}_0^B}{\hat{\sigma}_m^2}} \quad (65)$$

---

[112] Vgl. Amsler/Schmidt (1985) S. 363.

Aufgrund der verschiedenen in Gleichung (65) präsentierten alternativen Schreibweisen für den Test der Black-Spezifikation[113] existieren verschiedene Interpretationsansätze. Wenn das zu testende Portefeuille effizient ist, sind die bedingte und die unbedingte Portfolio Frontier identisch. Die Gerade, die vom Maximum Likelihood Schätzer für die Zero-Beta-Rendite ausgeht und den Efficient Set tangiert sowie die Gerade, die den Zero-Beta-Schätzer mit dem Marktindex im μ-σ-Raum verbindet, stimmen überein. Dies gilt auch für ihre Steigungen, die Sharpe-Maße,[114] die sowohl die potentielle Performance als auch die tatsächliche Performance des Referenzportefeuilles widerspiegeln. Die zweite Schreibweise verdeutlicht, daß der Likelihood Ratio Test (Abbildung 3) im wesentlichen auf einem Vergleich dieser quadrierten Sharpe-Maße des Marktindex und des Tangentialportefeuilles im μ-σ-Raum basiert. Diese ungenaue Interpretation läßt sich, wie Kandel (1984) zeigt, präzisieren und graphisch veranschaulichen (Abbildung 5).[115] Tatsächlich erfolgt kein direkter Vergleich der quadrierten Sharpe-Maße, sondern ein Vergleich der quadrierten Längen der beiden beschriebenen Geraden von der Zero-Beta-Rendite bis zu ihrem Schnittpunkt mit der vertikalen Linie, die eine Standardabweichung von eins symbolisiert. Dies entspricht dem Quotienten der um eins erhöhten quadrierten Sharpe-Maße, wie die dritte Schreibweise verdeutlicht. Eine weitere graphische Interpretationsmöglichkeit besteht im μ-σ^2-Raum entsprechend der letzten Schreibweise. Ausgehend von Abbildung 4 in Kombination mit Abbildung 3, entspricht der LRT dem Vergleich der Steigungen der jeweiligen Geraden, die vom Maximum Likelihood Schätzer ausgehen und durch das Minimum-Varianz-Portefeuille beziehungsweise durch den Marktindex gehen.[116] Mit dem LRT kann nicht nur die Performance eines Index, sondern auch die eines Aktienteilsets bezüglich eines umfassenderen Gesamtmarktes analysiert werden.

---

[113] Zu den möglichen Schreibweisen vgl. Gibbons (1982) S. 10, Kandel (1984) S. 584-587, Shanken (1985) S. 343 f. und Kandel/Stambaugh (1989) S. 150-152.

[114] Das Sharpe-Maß eines Portefeuilles p ergibt sich als $S_p = (\mu_p - R_f) / \sigma_p$ im Sharpe-Lintner-CAPM beziehungsweise als $S_p = (\mu_p - R_z) / \sigma_p$ im Black-CAPM. Weitere Performancemaße sind das Treynor-Maß $T_p = \mu_p / \beta_p$ und das Jensen Maß $J_p = \alpha_p = (\mu_p - R_f) - \beta_p (R_m - R_f)$. Vgl. Jobson/Korkie (1982), insbesondere S. 442 f.

[115] Vgl. hierzu auch Kandel (1986) S. 586 f. und Huang/Litzenberger (1988) S. 351 f.

[116] Zur graphischen Veranschaulichung des LRT im μ-σ-Raum und im μ-σ^2-Raum für Tests der Black-Spezifikation vgl. Kandel (1984) und Kandel (1986).

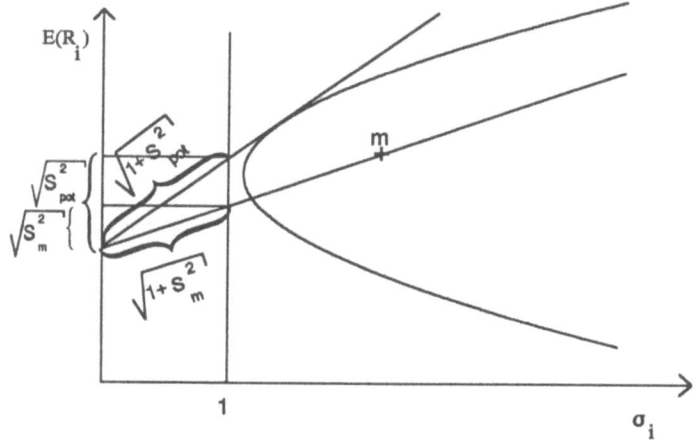

Abbildung 5: Geometrische Interpretation des LRT

3.3.1.2 Der Lagrange Multiplier Test (Score Test) und der Wald Test

Ebenso wie beim Likelihood Ratio Test spielt die Loglikelihoodfunktion beim Lagrange Multiplier Test (LMT) eine entscheidende Rolle. Da diese Funktion eine nach unten geöffnete Parabel darstellt, kann man anstelle des direkten Vergleichs der Werte der bedingten und unbedingten Schätzer auch auf einen Vergleich der entsprechenden Steigungen dieser Funktion übergehen. Während die Steigung der Loglikelihoodfunktion an der Stelle des unbedingten Schätzers Null ist, weicht sie für den bedingten Schätzer von diesem Wert um so stärker ab, je größer der Unterschied zum unbedingten Schätzer ist. Der Test basiert somit auf dem bedingten Modell.[117]

---

[117] Ausführlich wird der LMT von Stambaugh (1982) behandelt.

Die Testgröße des Lagrange Multiplier Tests stellt eine monotone Transformation der Hilfsgröße Q dar

$$LMT = \frac{TQ}{T+Q} \qquad (66)$$

und ist wie diese χ^2_{N-2}-verteilt.

Der Lagrange Multiplier Test ist ebenso wie der Likelihood Ratio Test asymptotisch äquivalent zum Wald Test. Im Rahmen von Kleinstichproben können die Tests aber zu sehr unterschiedlichen Aussagen führen. Da Q im Zähler wie im Nenner auftritt, bietet sich dieser Test für graphische Interpretationen weniger an.

Anders als der LRT benötigt der hier nur kurz erwähnte Wald Test nicht die bedingten und unbedingten, sondern lediglich die unbedingten Schätzer.[118] Nur die α- und β-Werte des Marktmodells verwendend, basiert er nicht auf Maximum Likelihood Schätzungen.[119] Bei bekannten β-Werten entspricht er der Größe Q; bei unbekannten β-Werten und der damit verbundenen nichtlinearen Hypothese besteht bei Tests des Black-CAPM kein solcher direkter Zusammenhang. Wegen der schlechten Simulationsergebnisse (vgl. Abschnitt 3.3.1.4) wird dieser Testansatz an dieser Stelle nicht weiter betrachtet.[120]

3.3.1.3 Der Cross Sectional Regression T^2-Test (F-Test)

Eine Verknüpfung der dargestellten multivariaten Tests mit der früheren Methode der Querschnittsregression führte Shanken zu seinem Cross Sectional Regression Test (CSRT), einen modifizierten T^2-Hotelling Test.[121]

Diese Testgröße unterscheidet sich von den bisher dargestellten asymptotischen Tests dadurch, daß sie bei bekannten β-Werten F-verteilt wäre. Die asymptotische F-Verteilung wird durch die Fehler in den Variablen Problematik hervorgerufen. Anders als bei den χ^2-Tests können deshalb Aussagen über die Kleinstichprobeneigenschaften abgeleitet werden.

---

[118] Vgl. Sargent (1988) S. 140.
[119] Vgl. Amsler/Schmidt (1985) S. 363.
[120] Testgrößen für den Wald Test bei alternativen Spezifikationen enthalten Stambaugh (1981) S. 39 und Gibbons (1980) Anhang D (zitiert nach Amsler/Schmidt (1985) S. 362 f.) sowie Jobson/Korkie (1982) S. 439.
[121] Vgl. hierzu Shanken (1985), Jobson/Korkie (1989) S. 190 f. und Amsler/Schmidt (1985) S. 361 f.

Ausgehend von der Querschnittsregression (27), der Anwendung des dargestellten GLS-Verfahrens und den damit verbundenen geschätzten Residuen ergibt sich die Testgröße:

$$CSRT = \frac{T-N+1}{(N-2)(T-2)} \left[\frac{T-2}{T} Q \right] \quad (67)$$

Der Wert für Q innerhalb der eckigen Klammer wurde zur Anpassung an den erwartungstreuen Schätzer für die Varianz-Kovarianz-Matrix leicht modifiziert. Er unterliegt unter der Nullhypothese einer Mischung aus nicht zentralen T^2-Verteilungen. Mit der $T^2(N-2,T-2)$-Verteilung existiert aber eine obere Grenze für die tatsächliche Verteilungsfunktion. Die geschätzten P-Werte unterschätzen somit die wahren P-Werte.[122] Von der gewöhnlichen T^2-Hotelling Testgröße unterscheidet sich die Testgröße durch die Fehler in den Variablen Korrektur.[123] Zur besseren Handhabung läßt sich die Testgröße durch Multiplikation der T^2-verteilten Testgröße mit dem Faktor vor der Klammer in eine F-verteilte Testgröße transformieren.[124] Diese als CSRT bezeichnete Testgröße unterliegt einer nicht zentralen F-Verteilung mit Freiheitsgraden von N-2 und T-N+1.

Ebenso wie der LRT ist auch dieser Test graphisch interpretierbar. Dazu läßt sich, wie Roll (1985) zeigt, der Hauptteil der Testgröße Q wie folgt ausdrücken:[125]

$$T \Lambda \frac{\hat{\sigma}_m^2 - \hat{\sigma}_{pot}^2}{\hat{\sigma}_m^2 - \hat{\sigma}_{MVP}^2} \quad (68)$$

Das verwendete Maß für die Güte eines Portefeuilles ist dabei der horizontale Abstand zwischen dem Referenzportefeuille und der Portfolio Frontier, bezogen auf den Unterschied der Varianzen des zu testenden Portefeuilles und des Minimum Varianz Portefeuilles. Außerdem geht in die Testgröße Lage und Form der Portfolio Frontier Λ ein. Im μ-σ^2-Raum basiert Λ auf der Ursprungsgeraden, die durch das Minimum Varianz Portefeuille geht. Der Wert von Λ entspricht dem Produkt der

---

[122] Zur ausführlichen Betrachtung des Kleinstichprobenproblems vgl. Shanken (1985) S. 334 f.
[123] Vgl. Shanken (1985) S. 336. Dadurch beruht eine Annahme des CAPM auf der Basis der nicht um das Fehler in den Variablen Problem korrigierten Prüfgröße nicht auf asymptotischen Approximationen. Die Statistik ist mit der F(N-2,T-N+1)-Verteilung zu vergleichen. Vgl. auch Amsler/Schmidt (1985) S. 362.
[124] Vgl. Shanken (1986) S. 272 sowie Morrison (1976) S. 128 ff.
[125] Diese Darstellung gilt für den Test der Fama/MacBeth-Spezifikation unter Verwendung des GLS-Schätzers der zweiten Stufe.

Renditedifferenz der beiden Schnittpunkte mit der Portfolio Frontier und der Steigung dieser Geraden.

3.3.1.4 Problembereiche und Simulationsergebnisse asymptotischer Tests

Alle bisher dargestellten Tests sind keine exakten, sondern nur asymptotische Tests. Für eine hinreichend große Anzahl an Beobachtungen (T → ∞) und eine nicht zu große Anzahl an Wertpapieren oder Portefeuilles N sind diese Tests zuverlässig. Hier entsteht jedoch das Problem, daß zur Erfüllung der Stabilitätsannahmen der Untersuchungszeitraum nicht beliebig lang gewählt werden kann. Deshalb beschränken sich viele Untersuchungen, denen monatliche Daten zugrundeliegen, auf einen Zeitraum von 5, maximal aber von 10 Jahren. Dies sind im Sinne der asymptotischen Methoden nur Kleinstichproben. Über die Güteeigenschaften dieser asymptotischen Verfahren bei Kleinstichproben kann man ohne weitere Untersuchungen keine Aussagen treffen.

Um alle benötigten Parameter schätzen zu können, muß darüber hinaus die Anzahl N der berücksichtigten Aktien kleiner sein als die Anzahl T-2.[126] Damit alle einzelnen Wertpapiere berücksichtigt werden und zugleich die Bedingung N < T-2 erfüllt ist, kann man die Wertpapiere in Portefeuilles aggregieren. Diese Aggregation birgt aber die Gefahr, daß durch die Portefeuillebildung eventuell vorhandene Verletzungen des CAPM verdeckt werden. Aber auch für N kleiner T-2 ist noch nichts über die Güte der Testverfahren gesagt.[127] Shanken (1985) hat beispielsweise gezeigt, daß es nicht möglich ist, mit einem LMT das CAPM auf einem 99 %-Niveau abzulehnen, wenn man 40 Wertpapiere mit 60 monatlichen Beobachtungswerten verwendet. Denn die Testgröße bleibt immer kleiner als T.[128]

Um die Güte der Verfahren für die vorliegenden Kleinstichprobenprobleme zu verbessern, werden die behandelten Testgrößen weiter modifiziert. Jobson/Korkie (1982) modifizieren beispielsweise den LRT, indem sie den Korrekturfaktor von Bartlett (1938) für Kleinstichproben einführen. Bei diesem im folgenden als LRTK

---

[126] Diese Restriktion kann durch einen Maximum Entropy Ansatz oder durch Beschränkung auf die Diagonale der Varianz-Kovarianz-Matrix umgangen werde. Beide Ansätze gehen von einer vereinfachten Struktur beziehungsweise Schätzung der Varianz-Kovarianz-Matrix aus. Daraus ableitbare approximative Statistiken können eine höhere Güte als exakte Tests aufweisen. Vgl. hierzu Affleck-Graves/McDonald (1990) S. 165.
[127] Vgl. Froot (1989) S. 334 ff. zur Problemdiskussion und zu einem alternativen Ansatz für N größer T.
[128] Vgl. Shanken (1985) S. 335.

bezeichneten Test ersetzt im Fall der Fama/MacBeth-Spezifikation der Term T-2-N/2 in der Teststatistik (64) die Größe T; im Fall der Black-Spezifikation lautet der Term für die analoge Statistik T-1,5-N/2.[129]

Da ein analytischer Vergleich der Testverfahren nicht in jedem Fall möglich ist, werden zur Beurteilung und Auswahl asymptotischer Testverfahren Simulationsstudien durchgeführt. Die in der Literatur zu findenden Ergebnisse aus Gibbons (1982) S. 17 ff., Jobson/Korkie (1982) S. 448 ff., Stambaugh (1982) S. 249 ff. und 264 ff., Amsler/Schmidt (1985), Shanken (1985) S. 342 und Gibbons/Ross/Shanken (1989) lassen sich wie folgt zusammenfassen:[130]

(1) Der Wald Test scheint wenig geeignet zu sein.

(2) Der normale LRT ist zwar besser, lehnt aber die Nullhypothese zu häufig ab.

(3) Der LMT verhält sich gut. Nur in dem Fall, daß N nahe T ist, verwirft er zu selten die Nullhypothese.

(4) Am zweckmäßigsten scheinen der CSRT von Shanken und der mit Bartletts Korrekturfaktor modifizierte LRTK von Jobson/Korkie zu sein.

Alle Simulationen beruhen auf speziellen Parameterkonstellationen und Annahmen, die in der Realität nicht unbedingt erfüllt sind. Das sich dabei herausschälende "beste" Verfahren muß deshalb nicht tatsächlich das geeignetste sein.

3.3.2 Der exakte Cross Sectional Regression Test im Sharpe-Lintner-Fall

Im Gegensatz zum Black-Modell, für das nur asymptotische multivariate Tests verfügbar sind, ist es für das Sharpe-Lintner-Modell möglich, einen exakten multivariaten Test zu entwickeln. Dieser F-Test wird von Jobson/Korkie (1982) aus einem LRT-Ansatz von Ross (1983) und Gibbons/Ross/Shanken (1989) aus dem mit den univariaten t-Test verbundenen T^2-Hotelling Test abgeleitet.[131]

---

[129] Vgl. zu diesen Korrekturen und den Statistiken Jobson/Korkie (1982) S. 440 und Amsler/Schmidt (1985) S. 362 f.

[130] Vgl. zu dieser Zusammenfassung insbesondere Amsler/Schmidt (1985).

[131] Beide Herleitungen stimmen im Ergebnis überein. Die Testgrößen differieren in der Schreibweise, da Gibbons/Ross/Shanken (1989) S. 1124 in ihrer Arbeit den unverzerrten Schätzer für die Varianz-Kovarianz-Matrix verwenden. Es handelt sich hier um eine Transformation des CSRT in die Sharpe-Lintner-Welt. Vgl. auch MacKinlay (1987) S. 345.

$$T^2_{CSR} = \frac{T-N-1}{N} \cdot \frac{\hat{\alpha}' \hat{V}_0^{-1} \hat{\alpha}}{1 + \frac{(\bar{R}_m - \bar{R}_f)^2}{\hat{\sigma}_m^2}} = \frac{T-N-1}{N} \cdot \frac{\hat{S}^2_{pa+} - \frac{(\bar{R}_m - \bar{R}_f)^2}{\hat{\sigma}_m^2}}{1 + \frac{(\bar{R}_m - \bar{R}_f)^2}{\hat{\sigma}_m^2}} \qquad (69)$$

Auf der Basis des CAPM in seiner Überrenditeform tritt das Problem der nichtlinearen Hypothese nicht mehr auf. Die Testgröße unterliegt einer nicht zentralen F-Verteilung. Unter der Nullhypothese ist der Nichtzentralitätsparameter λ Null.[132] Es liegt dann eine zentrale F(N,T-N-1)-Verteilung vor.

Die graphische Interpretation des F-Tests entspricht, da sie nur leicht modifiziert ist, in analoger Form der des Likelihood Ratio Tests. Der Test, daß alle Achsenabschnitte α nicht signifikant von Null abweichen, ist gleichbedeutend mit einem Performancetest. Dabei erfolgt der Performancevergleich, indem die quadrierten Steigungen der Geraden verglichen werden, die durch R_f und das Tangentialportefeuille bzw. R_f und das zu testende Portefeuille gehen. Dieser Test ist, wie die zweite Schreibweise verdeutlicht, äquivalent zu einem Vergleich des quadrierten Sharpe-Maßes des gesamten Aktiensets S_{pa+}, in dem neben den betrachteten Aktienportefeuilles auch das Marktportefeuille enthalten ist, mit dem quadrierten Sharpe-Maß des betrachteten Marktindex.[133]

Für die durchzuführenden Tests des Sharpe-Lintner-CAPM wird aber auf die Testgröße (70) von Jobson/Korkie (1989) zurückgegriffen.[134] Bei dieser Variante der Testgröße (69) handelt es sich ebenfalls um einen exakten Performancetest. Dabei wird die Performance des Marktportefeuilles mit der Performance des gesamten Aktiensets S_{pa} ohne die zusätzliche Berücksichtigung des Marktportefeuilles verglichen.[135] Unter sehr leichten Annahmen ist dieser Test auch zu Tests äquivalent, die das Treynor-Maß oder das Jensen-Maß verwenden.[136]

---

[132] Der Nichtzentralitätsparameter $\lambda = T \alpha'V^{-1}\alpha / (1 + \mu_m/\sigma_m)$ eignet sich zur Analyse der Güte von Tests. Vgl. hierzu Gibbons/Ross/Shanken (1989), Kandel/Stambaugh (1987) S. 84 ff. sowie Gibbons/Shanken (1987).

[133] Anwendungen und Diskussionen dieses Test finden sich in Gibbons/Ross/Shanken (1989), MacKinlay (1987), MacKinlay/Richardson (1991) und Affleck-Graves/McDonald (1989).

[134] Diese von Jobson/Korkie (1982) betrachtete Testgröße ist Jobson/Korkie (1989) S. 190 entnommen, da in der ersten Version die Verteilung nur approximiert wurde. Diesen Fehler korrigierten die Autoren selbst in Jobson/Korkie (1985).

[135] Vgl. zum Zusammenhang zwischen dem Performance Test und dem Test der Achsenabschnitte Ross (1983) S. 36 f., Gibbons/Ross/Shanken (1989) S. 1146 und S. 1149 f. sowie MacKinlay (1987) S. 345.

[136] Vgl. hierzu Jobson/Korkie (1982) S. 442 f. sowie Jobson/Korkie (1981).

$$F = \frac{T-N}{N-1} \frac{\hat{S}_{pot}^2 - \frac{(\bar{R}_m - \bar{R}_f)^2}{\hat{\sigma}_m^2}}{1 + \frac{(\bar{R}_m - \bar{R}_f)^2}{\hat{\sigma}_m^2}} \qquad (70)$$

Unter der Nullhypothese unterliegt diese Testgröße einer zentralen F(N-1,T-N)-Verteilung.[137] Durch Ersetzen der Marktperformance durch eine Variable und der Auflösung dieser Beziehung läßt sich mit Hilfe der Werte der F-Verteilung nicht nur für graphische Analysen eine kritische Performance ableiten,[138] sondern auch ein Konfidenzbereich für beliebige Zero-Beta-Renditen bestimmen.[139]

3.3.3 Die Gütediskussion am Beispiel des exakten Cross Sectional Regression Tests

Durch die Kenntnis der exakten F-Verteilung[140] unter der Nullhypothese beim CSRT scheint für das Sharpe-Lintner-CAPM ein Verfahren zu existieren, daß sehr zuverlässige Aussagen ermöglicht. Dies ist um so einleuchtender, da dieser Test in seiner Klasse der gleichmäßig Beste ist.[141] Bei einer Analyse der Güte und anderer Schwächen des Testverfahrens kommt man jedoch zu dem Ergebnis, daß auch dieser Test vorsichtig interpretiert werden sollte.

Durch die Schätzung der vollen Varianz-Kovarianz-Matrix muß bei diesem Verfahren die Bedingung N < T-2 eingehalten werden. Der durch die anstehende Aggregation bedingte Informationsverlust kann dazu führen, daß die Wahrscheinlichkeit gering ist, daß das CAPM abgelehnt wird, obwohl es falsch ist.[142] Diese Problematik der Güte eines Tests diskutieren Affleck-Graves/McDonald (1989).[143] Die von

---

[137] Interessante Anwendungen und Verallgemeinerungen auf Tests auf Intersection oder Spanning enthalten Jobson/Korkie (1989), Kandel/Stambaugh (1987) und Huberman/Kandel (1987).
[138] Vgl. hierzu Kandel/Stambaugh (1987) S. 47 ff. sowie Kandel/Stambaugh (1989) S. 131 ff.
[139] Vgl. zu alternativen Konfidenzbereichen Jobson (1991).
[140] Die bekannte Verteilung ermöglicht unter der Null- und der Alternativhypothese eine ausführliche Diskussion der Testeigenschaften.
[141] Vgl. Affleck-Graves/McDonald (1990) S. 167.
[142] Vgl. zu dieser Problematik und alternativen Ansätzen zur Umgehung der Aggregation Froot (1989) S. 334 ff.
[143] Vgl. zu den folgenden Ausführungen Affleck-Graves/McDonald (1989).

Affleck-Graves/McDonald diesbezüglich diskutierten Ansätze beschränken die Anzahl der berücksichtigten Wertpapiere nicht. Das erste Verfahren, eine Maximum Entropy Statistik, bietet keine Vorteile gegenüber der CSR-Methode. Das zweiten Verfahren unterstellt für die Varianz-Kovarianz-Matrix eine Diagonalmatrix. Als Ergebnis von Simulationen zeigt sich, daß ein univariates Verfahren, welches wiederum nur einen approximativen Test darstellt, besser sein kann als ein exaktes Verfahren. Dies liegt an der geringeren Anzahl der zu schätzenden Parameter und ist auch nur dann der Fall, wenn die unterstellten zusätzlichen Annahmen nicht zu stark verletzt sind.

Auf der anderen Seite diskutieren Gibbons/Ross/Shanken (1989) selbst die Güte ihres Tests.[144] Sie zeigen, daß die Güte und der im Mittelpunkt dieser Diskussion stehende Nichtzentralitätsparameter λ, in dem sich die Ineffizienz eines Portefeuilles ausdrückt, stark von der gewählten Anzahl an Portefeuilles N und der Länge der Analyseperiode T abhängt. Aus Simulationen folgern sie, daß das optimale Verhältnis von N zu T zwischen 1/3 und 1/2 liegen sollte.[145] Auch auf univariate Tests gehen sie ein. Aus ihrer Sicht besteht bei diesen das Problem, daß von Null abweichende α-Werte schwer zu interpretieren sind, da diese nicht nur durch Modellabweichungen, sondern auch durch Korrelationen von Schätzfehlern hervorgerufen werden können.[146]

Weitere Autoren, die sich mit der Güte des CSRT befassen, sind MacKinlay (1987) und Shanken (1987 a). Beide kommen zum Ergebnis, daß unter ungünstigen Rahmenbedingungen die Güte gering ist. MacKinlay (1987) unterscheidet dabei nach systematischen und unsystematischen Abweichungen vom CAPM. Während bei unsystematischen Abweichungen die Trennschärfe recht gut ist, ist sie bei systematischen Abweichungen, die sich beispielsweise in ausgelassenen Variablen ausdrücken, gering. In diesen Fällen sollte mit spezifizierten Alternativhypothesen gearbeitet werden. Außerdem stellen MacKinlay (1987) und Affleck-Graves/McDonald (1990) eine relative Robustheit der Verfahren gegenüber Normalverteilungsverletzungen fest.

Eine Steigerung der Güte kann erzielt werden, indem man die Ergebnisse der wegen der Stabilitätsannahmen kurzen Teilzeiträume für den Gesamtzeitraum aggregiert. Gibbons/Shanken (1987) zeigen, daß dies durch eine Transformation der F-Werte in Werte einer χ^2-Verteilung oder Normalverteilung möglich ist. Bei kleinen Teilperioden führt somit eine Erhöhung der Gesamtperiode zu zuverlässigeren Aussagen. Nach ihren Simulationen führt die Aggregation über die Normalverteilung zu

---

[144] Vgl. zu den folgenden Ausführungen Gibbons/Ross/Shanken (1989) S. 1130-1138.
[145] Mit dem Einfluß von T befassen sich ebenfalls Kandel/Stambaugh (1987) S. 79.
[146] Vgl. Gibbons/Ross/Shanken (1989) S. 1138 f.

besseren Ergebnissen. Außerdem stellen sie fest, daß zum Ausgleich von Fehlern erster und zweiter Art das Signifikanzniveau (10 %) nicht zu gering gewählt werden sollte.

Eine weitere Diskussion von Testproblemen erfolgt im Rahmen der Darstellung der eigenen empirischen Untersuchungen.

3.3.4 Die Verallgemeinerte Momente Methode (GMM)

Die von Hansen (1982) entwickelte GMM-Methode,[147] die einen verallgemeinerten Instrumentalvariablenansatz darstellt, eignet sich insbesondere für Tests des CAPM in seiner bedingten Version.[148] Anders als die klassischen Methoden setzt sie nicht nur an den Restriktionen bezüglich der Störvariablen an. Sie berücksichtigt auch die Parameterrestriktionen, die mit einer Theorie verbunden sind. Gegenüber den Maximum Likelihood Verfahren weist sie den Vorteil auf, daß a priori Annahmen über die Verteilung der Renditen nicht zu treffen sind. Auch können die Stabilitätsannahmen aufgehoben und durch sehr flexible Prozesse ersetzt werden.[149] Die Stationarität, die Ergodizität und die Existenz der vierten Momente der Renditen sind hinreichende Bedingungen für die Anwendung des Verfahrens.[150] Die Voraussetzungen für die Anwendung des Verfahrens sind somit nicht besonders restriktiv.

Am Beispiel der Linearitätshypothese des Sharpe-Lintner-CAPM soll das ökonometrische Grundmodell erläutert werden. Autokorrelation und Heteroskedastie der Störvariablen können hier berücksichtigt werden.[151]

Für jedes Wertpapier i und für jeden Zeitpunkt t lassen sich die geschätzten Residuen als Funktion der geschätzten Parameter α_i und β_i berechnen.[152] Diese Residuen müssen zwei Momentenbedingungen erfüllen. Wie bei Gültigkeit des Modells der Erwartungswert der Residuen für jedes Wertpapier Null sein soll, so muß auch der Erwartungswert aus den Residuen multipliziert mit der erklärenden Größe R_m Null sein. Um diese Bedingungen zu erfassen und zu testen, werden die Residuen und

---

[147] Generalized Method of Moments.
[148] Aber auch die bisher diskutierten Verfahren sind anwendbar. Ng (1991) führt beispielsweise einen LRT bei GARCH-Prozessen durch.
[149] Vgl. zu den statistischen Eigenschaften dieser Methode Tauchen (1986) und Newey (1985).
[150] Vgl. MacKinlay/Richardson (1991) S. 514.
[151] Vgl. hierzu und zu den folgenden Ausführungen MacKinlay/Richardson (1991) S. 514, Hansen/Singleton (1982) S. 1274 ff. sowie Hansen (1982).
[152] Vgl. MacKinlay/Richardson (1991) S. 514.

das Produkt der Residuen mit der erklärenden Größe R_m für die Periode t im Vektor $f_t(\delta)$ definiert sowie der Mittelwertvektor über alle Perioden als $g_T(\delta)$:

$$f_t(\delta) = \begin{bmatrix} \epsilon_{1t}(\alpha_1, \beta_1) \\ \epsilon_{1t}(\alpha_1, \beta_1) \, R_{mt} \\ \vdots \\ \epsilon_{it}(\alpha_i, \beta_i) \\ \epsilon_{it}(\alpha_i, \beta_i) \, R_{mt} \\ \vdots \\ \epsilon_{Nt}(\alpha_N, \beta_N) \\ \epsilon_{Nt}(\alpha_N, \beta_N) \, R_{mt} \end{bmatrix} \qquad (71)$$

$$g_T(\delta) = \frac{1}{T} \sum_{t=1}^{T} f_t(\delta) \qquad (72)$$

Zusätzliche Restriktionen sind bei Schätzungen des CAPM unter seiner Gültigkeit, mit Instrumentalvariablenansätzen[153] oder anderen Spezialfällen zu berücksichtigen. Eine vom CAPM implizierte Restriktion besteht beispielsweise darin, für alle Wertpapiere von einem identischen α auszugehen.

Im Normalfall erhält man somit ein überidentifiziertes Modell. Die Anzahl der Restriktionen ist größer als die Anzahl der zu schätzenden Parameter. Da die Orthogonalitäts- bzw. Momentenbedingungen in der Regel nicht alle erfüllt werden können, besteht das Ziel des GMM-Ansatzes darin, die Abweichungen möglichst gering zu halten. Die Zielfunktion minimiert die mit der Gewichtungsmatrix W gewichteten Verletzungen der Momentenbedingungen.[154]

$$GMM = g_T(\delta)' \, W \, g_T(\delta) \to \min! \qquad (73)$$

Der GMM-Ansatz wählt die zu schätzenden Parameter so, daß eine Linearkombination aus einer Matrix A (A $g_T(\hat{\delta})$ = 0) und den Momenten (72) gleich Null gesetzt wird. Unter allen Matrizen A, die die Linearkombinationsbedingung erfüllen, ist wie Hansen (1982) gezeigt hat, die Matrix A* optimal. Denn diese weist asympto-

---

[153] Vgl. Harvey (1989) und (1991) sowie Dumas/Solnik (1991).
[154] W ist die Inverse der Varianz-Kovarianz-Matrix der Orthogonalitätsbedingungen. Vgl. Ferson/Foerster/Keim (1991) Fußnote 7, S. 6.

tisch die geringste Varianz-Kovarianz-Matrix der Parameter auf:[155,156]

$$A^* = C_0' U_0^{-1}$$

mit:

$$C_0 = E\left[\frac{\partial g_T(\delta)}{\partial \delta'}\right]$$
$$U_0 = \sum_{l=-\infty}^{+\infty} E[f_t(\delta) f_{t-l}(\delta)']$$
(74)

Diese Ergebnisse gelten auch, falls C_0 und U_0 durch ihre konsistenten Schätzer C_T und U_T ersetzt werden, für welche Hansen/Singleton (1982) einen zweistufigen Berechnungsansatz darstellen.

Aus den asymptotischen Verteilungen für die Parameter und der relativen Verwerfung der Momentenbedingungen können zum Test von Hypothesen zwei verschiedene Wege beschritten werden.[157]

Die erste Möglichkeit besteht darin, zunächst das unbedingte Gleichungssystem zu schätzen. Hierbei ergibt sich für jedes Wertpapier ein individueller α- und β-Wert. In einem zweiten Schritt werden dann die den OLS-Parametern entsprechenden, geschätzten α-Werte mit einem asymptotischen χ^2-Test mittels der Matrix B gegen die Hypothese getestet, daß sie alle Null sind. Die Testgröße

$$G_1 = T\hat{\alpha}'\left[B[C_T' U_T^{-1} C_T]^{-1} B'\right]^{-1} \hat{\alpha} \overset{a}{\sim} \chi^2_N$$

mit $B = \Omega_I \otimes (1\ 0)$ und $B\hat{\delta} = \hat{\alpha}$
(75)

entspricht im wesentlichen der Testgröße von Gibbons/Ross/Shanken (1989), doch

---

[155] Vgl. Hodrick (1987) S. 42.
[156] Vgl. hierzu und zur Grundmethodik Richardson/Smith (1991) S. 229 f. und Hansen/Singleton (1982) S. 1274 ff.
[157] Hansen (1982) leitet die asymptotischen Verteilungen der beschriebenen Größen mit dem Ergebnis her:

$$\sqrt{T}(\hat{\delta} - \delta) \overset{a}{\sim} N(0,[C_0' U_0^{-1} C_0]^{-1}) \qquad Tg_T(\hat{\delta})' U_0^{-1} g_T(\hat{\delta}) \overset{a}{\sim} \chi^2$$

Die Anzahl der Freiheitsgrade entspricht der Differenz der Anzahl der Momentenrestriktionen zur Anzahl der frei schätzbaren Parameter. Im betrachteten Sharpe-Lintner-Fall ergibt sich die Anzahl der Überidentifikationsrestriktionen als 2 N - N = N.

wird die asymptotischen Varianz von $\hat{a}$ unterschiedlich berechnet.[158] Ein Vorteil dieses Verfahrens besteht darin, daß beispielsweise mit einer multivariaten t-Verteilung als Renditeverteilung gearbeitet werden kann.[159]

Eine zweite Möglichkeit stellt der Test der Überidentifikationsrestriktionen dar. Dazu wird zunächst das Modell unter der Annahme geschätzt, daß das CAPM gilt. In diesem Fall gilt für g_T:

$$g_T(\alpha=0, \beta) = \frac{1}{T} \sum_{t=1}^{T} f_t(\alpha=0, \beta) \qquad (76)$$

Den 2N Restriktionen stehen nur N zu schätzende Parameter $(\beta_1,...,\beta_N)$ gegenüber. Da das System somit überidentifiziert ist, können nicht alle Momentenrestriktionen erfüllt werden. Gesucht sind diejenigen Schätzer, die die Abweichungen von den Bedingungen und somit die Zielfunktion (73) minimieren. Über die Gleichsetzung der Linearkombination mit Null ergeben sich die konsistenten und asymptotisch normalverteilten Schätzer $\hat{\beta}$.[160] Ein Test der N Überidentifikationsrestriktionen bildet die χ^2-Statistik mit N Freiheitsgraden.

$$G_2 = T g_T(\hat{\beta})' U_T^{-1} g_T(\hat{\beta}) \stackrel{a}{\sim} \chi_N^2 \qquad (77)$$

Ein hoher Wert der Statistik signalisiert eine Korrelation zwischen den Residuen und der erklärenden Größe der Marktrendite und zeigt eine Fehlspezifikation des Modells an.

Wie beschrieben können C_0 und U_0 durch ihre konsistenten Schätzer ersetzt werden. Nach der damit verbundenen Testprozedur kann man iterative und zweistufige Testansätze unterscheiden.[161] Neben den geringen Annahmen die der GMM-Methode zugrundeliegen, bietet sie die Möglichkeit, eine Vielzahl von Modellvarianten des Bedingten-CAPM zu testen. Die jeweils zu verwendenden Teststatistiken hängen von den unterstellten Annahmen und vom spezifizierten Modell ab. Auch sind Tests gegen spezifizierte Alternativhypothesen mit Hilfe von a priori Restriktionen möglich.[162]

---

[158] Vgl. MacKinlay/Richardson (1991) S. 516 ff.
[159] Unterstellt man eine multivariate Normalverteilung der Renditen, so kann gezeigt werden, daß der GMM-Test asymptotisch äquivalent zum CSR-Test ist. Dieser ist ein Spezialfall des GMM-Tests. Durch die Verallgemeinerung ist aber die Güte des GMM-Tests im Sharpe-Lintner-Fall unter Umständen geringer.
[160] Vgl. hierzu Harvey (1989) S. 293.
[161] Einen iterativen Ansatz wählen Ferson/Foerster/Keim (1991) S. 9. Einen zweistufigen Schätzer für U_T verwenden Hansen/Singleton (1982).
[162] Vgl. Hansen/Singleton (1982) S. 1278.

3.4 Darstellung und Kritik empirischer Untersuchungen unter alternativen Annahmen

Um die Wirkungsweise alternativer Testverfahren und Testansätze zu veranschaulichen, wird im folgenden Abschnitt eine Auswahl empirischer Tests mit ihren Ergebnissen in Form eines ausgewählten Überblicks zu CAPM-Tests dargestellt. Hierbei erfolgt eine Konzentration auf die Untersuchungen am US-amerikanischen Kapitalmarkt, da dort die unterschiedlichsten Tests mit einer ähnlichen Datenbasis durchgeführt wurden. Dieses Vorgehen ermöglicht es, nicht nur die Unterschiede in den Testverfahren, sondern auch die Unterschiede in der gesamten Untersuchungsgestaltung genauer zu analysieren. So stellt sich die Frage, inwieweit sich die Möglichkeiten verschiedene Indizes als Stellvertreter für das Marktportefeuille zu wählen, mit alternativen Renditeformen zu arbeiten, unterschiedliche Verteilungen zu unterstellen, Portefeuilles nach verschiedensten Gruppierungsmerkmalen in einer nahezu beliebigen Art und Weise zu bilden, Analysezeiträume und die weiteren Gestaltungstatbestände zu variieren, auf die empirischen Ergebnisse auswirken.

Mit der Strukturierung der Untersuchungen nach den Modellvarianten oder nach den Testverfahren stehen zwei prinzipielle Wege zur Verfügung. Das Vorgehen nach den Testverfahren verdeutlicht zwar die Auswirkung alternativer Annahmen beziehungsweise Untersuchungsgestaltungen, hat aber den Nachteil, daß die Modellunterschiede nicht so deutlich hervortreten. Da die Untersuchungen zum Sharpe-Lintner-CAPM und zum Black-CAPM häufig nicht getrennt werden können, zum Bedingten-CAPM aber eine bessere Differenzierungsmöglichkeit besteht, werden die Untersuchungen zunächst in diese beiden Modellgruppen eingeteilt. Innerhalb dieser Bereiche wird im wesentlichen ein Aufbau verfolgt, der den dargestellten Testverfahren und somit auch der historischen Entwicklung entspricht.

3.4.1 Tests zum Sharpe-Lintner- und zum Black-CAPM

3.4.1.1 Univariate Testverfahren

Aus der Vielzahl von veröffentlichten Arbeiten zu univariaten CAPM-Tests werden zur exemplarischen Darstellung fünf Arbeiten aufgegriffen, die sich mit dem US-amerikanischen Kapitalmarkt und vier Arbeiten, die sich mit dem deutschen Kapitalmarkt befassen. Für den US-amerikanischen Kapitalmarkt sind dies die drei am meisten diskutierten und sehr bedeutenden Arbeiten in diesem Bereich von Black/ Jensen/Scholes (1972), Fama/MacBeth (1973) und Blume/Friend (1973). Ergänzt werden diese Studien zum einen durch die Untersuchung von Fama/French (1992), bei der es sich um eine Neuauflage der Studie von 1973 handelt, zum anderen durch die Studie von Friend/Westerfield/Granito (1978), die den Aspekt in den Mittelpunkt stellt, daß das CAPM ein Modell über erwartete Größen ist. Für den deutschen Kapitalmarkt werden die Studien von Reiß/Mühlbradt (1979), Winkelmann (1984) und Frantzmann (1989) herangezogen, die sich an Black/Jensen/Scholes (1972) anlehnen, und die Untersuchung von Möller (1988), die eine ähnliche Methodik wie Fama/MacBeth (1973) wählt.

Black/Jensen/Scholes (1972) testen das Sharpe-Lintner-CAPM in seiner Überrenditeform. Dazu führen sie parallel Zeit- und Querschnittsregressionen durch. Ihre Datenbasis besteht aus monatlichen Renditen von 1926-65 aller an der NYSE notierten Aktiengesellschaften. Als risikoloser Zinssatz wird die Rendite von Treasury Bills mit einer Restlaufzeit von einem Monat verwendet. Bei der Zeitreihenregression werden für die Gesamtperiode von 35 Jahren und 4 Teilperioden die Überrenditen von 10 Portefeuilles einzeln gegen die Überrenditen des Marktes mit der OLS-Methode regressiert. Eine Verwendung einzelner Aktien hätte einen zu geringen Aussagegehalt. Als Marktindex wird der gleichgewichtete NYSE-Index gewählt. Die Portefeuillebildung erfolgt dabei nach den β-Werten der einzelnen Aktien aus einem Vorschätzzeitraum von 5 Jahren. Die Trennung von Vorperiode und Testzeiträumen vermeidet eine mögliche Verzerrung. Zur Auswertung ihrer Ergebnisse für jedes Portefeuille ziehen sie t-Tests heran. Bei den Querschnittsuntersuchungen regressieren sie die β-Werte derselben Periode gegen die durchschnittlichen Portefeuillerenditen. Hier erfolgt die Portefeuillebildung, um die Fehler in den Variablen Problematik zu verringern.

Die von ihnen ermittelten Ergebnisse sind mit dem Sharpe-Lintner-CAPM nicht vereinbar. In den Zeitreihenregressionen weisen Portefeuilles mit hohen (niedrigen) β-Werten geringere (höhere) als die nach dem Modell zu erwartenden Renditen auf. Bei den Querschnittsregressionen ergibt sich ein Achsenabschnitt, der signifikant größer als Null ist. Daraus schließen Black/Jensen/Scholes, daß die Realität eher mit dem Black-CAPM zu vereinbaren ist.

Nachteile dieser Studie bestehen im Datenverlust durch die Portefeuillestrukturierungsperiode, dem mit der Aggregation verbundenen Informationsverlust, der getrennten Auswertung der einzelnen Regressionen bei Zeitreihen sowie den langen Teil- (ca. 9 Jahre) bzw. Gesamtzeiträumen (35 Jahre), über die die Mittelwerte der Renditen berechnet werden und dem Meßfehlerproblem bei den Querschnittsanalysen.

Reiß/Mühlbradt (1979) stehen in ihrer Untersuchung des deutschen Kapitalmarktes tägliche Daten vom 30.12.66-31.12.75 für 46 Aktien sowie der Commerzbank-Index zur Verfügung. Unter Verwendung der zweiwöchentlichen Renditen regressieren sie die mittels des Marktmodells berechneten β-Werte gegen die Renditemittelwerte für Einzelaktien und für Portefeuilles, wobei sie zur Portefeuillegruppierung auf die β-Werte einer kurzen Vorperiode zurückgreifen. Als interessantes Ergebnis erhalten sie für Einzelaktien eine signifikant negative Risikoprämie, die sich mit einer zunehmenden Aggregation in Portefeuilles in eine signifikant positive Prämie wandelt. Während Reiß/Mühlbradt (1979) der Gültigkeit des CAPM skeptisch gegenüberstehen, interpretiert Frantzmann (1989) ihr Ergebnis als Unterstützung des CAPM für Portefeuilles.[163] Wegen der geringen Anzahl von vier Portefeuilles, bei zwei zu schätzenden Parametern, sollte das Ergebnis jedoch nicht überinterpretiert werden.

Über eine breitere Datenbasis verfügt Winkelmann (1984) mit 93 betrachteten Aktien im Zeitraum 1971-81. Auch er untersucht den Zusammenhang zwischen den β-Werten und den durchschnittlichen monatlichen Renditen bei Einzelaktien und Portefeuilles. Die sich ergebenden Risikoprämien sind zumeist negativ und das korrigierte Bestimmtheitsmaß liegt immer bei 0 %, d.h. Winkelmann kommt zu einer eindeutigen Ablehnung des CAPM.

Eine Studie, die die Gültigkeit des CAPM für den deutschen Aktienmarkt unterstützt, ist die Arbeit von Frantzmann (1989).[164] Obwohl er den gleichen Untersuchungsansatz wählt wie die vorherigen Studien und die analysierten 100 Aktien mit denen von Winkelmann (1984) nahezu übereinstimmen, stellt er unabhängig von den fünf gewählten Portefeuillekriterien, eine signifikant positive Risikoprämie für den Gesamtzeitraum 1/1980-12/1985 und für die Hausse-Phase 10/1982-12/1985 fest. In der Baisse-Phase 1/1980-9/1982 sind die Prämien dagegen insignifikant negativ. Den zusätzlich getesteten Einfluß des unsystematischen Risikos verwirft Frantzmann. Mögliche Ursachen für die unterschiedlichen Ergebnisse sind die Wahl verschiede-

---

[163] Vgl. Reiß/Mühlbradt (1979) S. 64 sowie Frantzmann (1989) S. 178.
[164] Vgl. Frantzmann (1989) S. 214.

ner Marktindizes, die Verwendung täglicher Renditen und die unterschiedlichen Untersuchungsperioden.

Die sich graphisch ergebende Linearität zwischen Risiko und Rendite wird explizit von Fama/MacBeth (1973) untersucht. Sie testen die Linearitätsbeziehung, die positive Risikoprämie und die Frage, ob β als einzige Risikomaß zu sehen ist. Dazu führen sie als weitere potentielle Renditeeinflußfaktoren β^2 und σ_ϵ^2 in ihre monatlichen OLS-Querschnittsregressionen ein. Im Vergleich zu Black/Jensen/Scholes (1972) verwenden sie eine leicht erweiterte Datenbasis 1926-68 und kommen mit einer analogen Methodologie aber 20 Betaportefeuilles zu sehr ähnlichen Ergebnissen.[165] Anders als Black/Jensen/Scholes arbeiten sie nicht mit Überrenditen und werten die Mittelwerte der monatlichen Regressionen mit einem t-Test aus.

Sie stellen als Ergebnis fest, daß die Rendite-Risiko-Beziehung linear ist, das einzige relevante Risikomaß durch β dargestellt wird und die Risikoprämie positiv ist. Da sich der Achsenabschnitt signifikant vom geringeren risikolosen Zinssatz unterscheidet, scheinen ihre Ergebnisse eher mit dem Black- als mit dem Sharpe-Lintner-CAPM in Einklang zu stehen.

Als möglicher Vorteil dieser Studie sind die kürzeren Zeiträume der Querschnittsregressionen zu nennen. Doch auch diese unterstellen eine gewisse Stabilität, da die Betaschätzungen und die Residualvarianzschätzungen auf einer Vorperiode von 5 bis 8 Jahren basieren. Ebenfalls hervorzuheben ist die gemeinsame Auswertung der Koeffizienten mit einem t-Test. Dieser weist jedoch neben dem Meßfehlerproblem den Nachteil auf, daß alle Beobachtungen ungeachtet ihrer unterschiedlichen Zuverlässigkeit gleich gewichtet werden. Ein weiterer Kritikpunkt setzt an der Portefeuillestrukturierung an. Da der Einfluß von σ_ϵ^2 getestet werden soll, wäre zur Erkennung einer Abweichung vom CAPM eine Gruppierung nach den σ_ϵ^2-Werten sinnvoller.[166]

Einen analogen Ansatz wählt Möller (1988) bei seiner Untersuchung von 233 deutschen Aktien, indem er für die Jahre 1961-79 jährliche Querschnittsregressionen auf Basis wöchentlicher Renditen durchführt. Die Testgleichungen entsprechen hierbei denen von Fama/MacBeth (1973). Anstatt die Zeitreihe der Koeffizienten mit einem t-Test auszuwerten, vergleicht Möller (1988) die Anzahl der Situationen, in denen alle Modellkoeffizienten und das Bestimmtheitsmaß signifikant von Null verschieden sind. Angesichts dieses Auswahlkriteriums scheint das CAPM in seiner Standardform als am besten geeignet. Neben weiteren Problemen erscheint Möllers Auswahlkriterium jedoch wenig geeignet zu sein, da es nicht nach dem Vorzeichen

---

[165] Die Wahl eines wertmäßig gewichteten an Stelle eines gleichgewichteten Index scheint nur einen kleinen Einfluß auf die Ergebnisse auszuüben. Vgl. dazu Foster (1978) S. 51-52.

[166] Vgl. Stehle (1976) 4. Kapitel.

der Koeffizienten differenziert und tendenziell Modelle mit mehr als einer Variablen benachteiligt. Die von ihm festgestellte negative durchschnittliche Risikoprämie wäre auf Basis eines t-Tests als nicht signifikant zu beurteilen.

Eine Variation in den Portefeuillerenditen und dem Marktindex führen Blume/ Friend (1973) ein. Anders als die bisherigen Studien verwenden sie neben gleichgewichteten auch die theoretisch ansprechenderen marktwertgewichteten Renditen. Auf Basis der Daten 1950-68 führen sie Querschnittsregressionen (1955-59, 1960-64, 1965-68) und Zeitreihenregressionen mit β- und β^2-Werten von Betaportefeuilles durch. Auch hier ergibt sich im wesentlichen die lineare Rendite-Risiko-Beziehung und der im Vergleich zum risikolosem Zinssatz zu hohe Achsenabschnitt. Die unterschiedlichen Gewichtungen scheinen keinen starken Einfluß auf die Ergebnisse auszuüben. Auffällig und mit dem CAPM nicht so gut vereinbar ist, daß nur in der letzten Teilperiode die Risikoprämie signifikant positiv ist, während sie ansonsten nicht signifikant oder signifikant negativ ist. Auch diese Ergebnisse sprechen eher für das Black-CAPM. Es gelten dieselben Kritikpunkte wie bei den bisher dargestellten Untersuchungen, wobei diese Studie sich durch ihre kürzeren Perioden auszeichnet. Gerade dies führt eventuell zu der geringeren Signifikanz der Ergebnisse.

Eine Studie, die diese frühen Ergebnisse der CAPM-Forschung unabhängig von den verwendeten Methoden in Frage stellt und relativiert, ist die Untersuchung von Fama/French (1992). Sie wiederholen im Prinzip die Untersuchung von Fama/MacBeth (1973) für eine größere Datenbasis in leicht modifizierter Form. Für die Datenzeiträume 1963-90, 1941-90 und 10-jährige Teilperioden bilden sie Portefeuilles in einem zweistufigen Verfahren nach den zwei Kriterien Size und Beta. Neben β werden als weitere Einflußgrößen der Marktwert einer Unternehmung, das Gewinn-Kurs-Verhältnis, der Verschuldungsgrad und das Verhältnis von Buch- zu Marktwert analysiert. Das Ergebnis scheint sowohl gegen das Sharpe-Lintner-CAPM als auch gegen das Black-CAPM zu sprechen, da β nur einen gering positiven, nicht signifikanten Erklärungsgehalt aufweist. Andere Einflußgrößen, wie z. B. die Unternehmensgröße, scheinen die Durchschnittsrenditen besser zu erklären. Fama/ French (1992) stellen fest, daß sich dieses Ergebnis auch nicht ändert, wenn kürzere Perioden betrachtet werden. Problematisch könnte die zweistufige Portefeuillebildung sowie die Zuordnung eines Portefeuillebetawertes zu jeder Aktie sein, wodurch das Fehler in den Variablen Problem gemindert werden soll.

Mit ähnlicher Methodik, aber einer anderen Art von Daten testen Friend/Westerfield/Granito (1978) das CAPM. Im Gegensatz zu den anderen Autoren greifen sie auf erwartete Renditen zurück. Ihren ersten Datensatz erhalten sie durch eine Umfrage bei Finanzierungsinstitutionen in den Jahren 1974, 1976 und 1977. Als Marktindex verwenden sie den wertgewichteten S&P 500. Für jeden der drei Zeitpunkte führen sie eine Querschnittsregression durch, bei der neben dem β die

Standardabweichung der Residuen und ein Maß für die Heterogenität der Erwartungen verwendet wird. Die sich ergebenden positiven Konstanten sind größer als R_f und die geschätzten Risikoprämien nicht signifikant negativ. Als Resultat stellen sie den Heterogenitätsparameter als Faktor mit dem höchsten Erklärungsgehalt fest. Interessant ist auch, daß für ähnliche ex post Regressionen der Erklärungsgehalt geringer ist als für ex ante Regressionen.

Dieselben Regressionen führen sie mit einem zweiten Datensatz (1968-73) aus realisierten Aktien- und Bondrenditen durch. Die hierbei ermittelten Beziehungen für Aktien und festverzinsliche Wertpapiere unterscheiden sich sehr von der Betrachtung der erwarteten Werte. Für festverzinsliche Wertpapiere ist nahezu kein Erklärungsgehalt der Modelle erkennbar. Sehr aufschlußreich ist auch der Einfluß der Gruppierung von Wertpapieren. Während das Bestimmtheitsmaß bei individuellen Aktien (867) unter 10 % liegt, nimmt es bei einer Gruppierung in 50 Gruppen einen Wert von ca. 60 % an. Die Sensitivität der Ergebnisse zeigt sich insbesondere im Überprüfungszeitraum 1964-68. Die Abweichungen zur Theorie sind hier geringer.

Besonders die Ergebnisse mit den erwarteten Renditen sind interessant. Da die erwarteten Renditen aber aus Gewinnprognosen abgeleitet wurden und diese nicht unumstritten eindeutig sind, liegt hier kein Beweis gegen das CAPM vor.

Neben einer Reihe von statistischen Problemen ist zu den bisher dargestellten Tests kritisch anzumerken, daß es sich um Tests der Linearitätsbeziehung und nicht um Untersuchungen zur eigentlichen Grundaussage des CAPM, der Effizienz des Marktportefeuilles handelt. Diesen Aspekten versuchen die multivariaten Ansätze gerecht zu werden.

3.4.1.2 Multivariate Testverfahren

Als einer der Ersten verwendet Gibbons (1982) ein multivariates Verfahren in Form eines LRT. Anders als die meisten Untersuchungen versucht er, das Fehler in den Variablen Problem durch eine Linearisierung der Bedingungen mit einer Taylorreihe zu umgehen.[167] Dies ermöglicht es ihm, die Parameter simultan zu schätzen. Zur Schätzung der unbedingten Schätzer setzt er die OLS-Methode ein. Die bedingten Schätzer erhält er durch ein spezielles GLS-Verfahren, der Seemingly Unrelated

---

[167] Da der von Gibbons (1982) anstelle des Maximum-Likelihood-Schätzers verwendete Gauss-Newton-Schätzer dem GLS-Schätzer der zweiten Stufe entspricht, geht der theoretische Vorteil durch die Linearisierung wieder verloren. Vgl. hierzu Shanken (1992) S. 3.

Regressions Methode (SUR).[168] Unter Verwendung monatlicher Werte werden für zehn fünfjährige Teilzeiträume der Jahre 1926-75 mit 40 gleichgewichteten Betaportefeuilles Zeitreihenregressionen gegen den gleichgewichteten CRSP-Index durchgeführt.

Die Ergebnisse sprechen sowohl gegen das Black- als auch gegen das Sharpe-Lintner-CAPM. In fünf der zehn Teilperioden erfolgt eine Verwerfung auf einem 5 %-Niveau. Würde man als Signifikanzniveau 10 % wählen, so wäre das CAPM in acht von zehn Teilperioden abzulehnen.[169] Auf Basis von Simulationen, die zeigen, daß der LRT nur geringe Chancen hat, CAPM-Abweichungen zu entdecken, stellt Gibbons fest, daß alle Wertpapiere vom CAPM falsch bepreist werden.

Den Einfluß unterschiedlicher Marktindizes auf die Ergebnisse von CAPM Tests untersucht Stambaugh (1982), um der von Roll (1977) formulierten Kritik Rechnung zu tragen. In einem Vergleich[170] seines LMT zum LRT geht er außerdem kritisch auf die Ergebnisse von Gibbons ein. Zunächst untersucht er die Linearitätshypothese sowie die Hypothese über die positive Risikoprämie und den Achsenabschnitt.[171] Für den Zeitraum 1953-76 werden in vier Teilperioden mit den realen Renditen von 28 Portefeuilles (bestehend aus 19 Aktien, 4 Vorzugsaktien, 5 Bonds) vier Indizes getestet. Da jeder der verwendeten Marktindizes zu dem Ergebnis kommt, daß eine positive, lineare Rendite-Risiko-Beziehung vorliegt, hat die Wahl des Marktindex hier keinen großen Einfluß. Das Sharpe-Lintner-CAPM scheint aber nicht zu gelten. Bei einer Variation der verwendeten Aktiensets stellt sich bezüglich der Hypothese $\gamma_1 = R_f$ heraus, daß die Ergebnisse sensitiv von der Portefeuillebildung abhängen. Während bei 20 mittels einer Vorperiode ermittelter Betaportefeuilles (Black/Jensen/Scholes (1972)) die Hypothese verworfen wird, ist sie bei 40 Betaportefeuilles derselben Periode (Gibbons (1982)) nicht zu verwerfen.

Da sich die Ergebnisse von Stambaugh (1982) und Gibbons (1982) unterscheiden, bietet sich der von Stambaugh durchgeführte Vergleich der beiden Methoden mit den gleichen Daten an. Während die Methode von Gibbons zu einer Ablehnung der Linearitäts- und Effizienzhypothese führt, werden beide Hypothesen mit Stambaughs

---

[168] Dieses Verfahren wurde von Zellner (1962) entwickelt. Es berücksichtigt die Heteroskedastie und die intratemporalen Korrelationen zwischen den Portefeuilles.

[169] Bei Verwendung täglicher Daten 1962-80 in vier Teilperioden, kommen Gibbons/Ferson (1985) S. 232 Tabelle 4 mit derselben Methode zu keiner Verwerfung des Black-CAPM, für die 30 Dow-Jones-Werte und den wertgewichteten CRSP-Index.

[170] Während Stambaugh (1982) S. 249 die Tests mit Maximum-Likelihood-Schätzern durchführt verwendet Gibbons (1982) S. 10 hauptsächlich einen einstufigen Gauss-Newton-Schätzer.

[171] Die Effizienzhypothese, wie sie Gibbons (1982) testet, impliziert darüber hinaus, daß die geschätzte Risikoprämie minus dem geschätzten Achsenabschnitt dem Marktzins entspricht. Da bei einigen der verwendeten Indizes diese Hypothese nicht testbar ist, berücksichtigt Stambaugh (1982) diese Ergebnisse erst bei seinem Vergleich zur Studie von Gibbons.

LMT nicht verworfen. Der Unterschied wird durch die abweichenden Kleinstichprobeneigenschaften hervorgerufen. Durch ein Monte Carlo Experiment stellt Stambaugh fest, daß der LRT bei der Verwendung einer relativ hohen Anzahl an Portefeuilles zu häufig zu einer Ablehnung des CAPM führt.

Aus diesem Grund modifizieren Jobson/Korkie (1982) den LRT, indem sie mit dem Korrekturfaktor von Bartlett und Raos F-Test[172] zwei Statistiken verwenden, die das Kleinstichprobenproblem besser erfassen.[173] Daneben betrachten sie auch den Wald-Test und den LMT sowie den Zusammenhang zu alternativen Performancemaßen. Sie testen das Sharpe-Lintner-CAPM wie auch das Black-CAPM und führen Spanning Tests zur potentiellen Performance unterschiedlicher Aktiensets durch. Für den in vier Teilperioden zerlegten Gesamtzeitraum 1956-75 ergibt sich nur bei den ersten beiden Teilperioden eine Ablehnung des Sharpe-Lintner-CAPM, d.h. der Effizienz des verwendet Index. Dies gilt für den marktwertgewichteten CRSP-Index wie auch für einen gleichgewichteten Bondindex. Testet man aber wie Gibbons (1982) das Black-CAPM, so kann dieses Modell nur für die zweite Teilperiode abgelehnt werden. Dies steht im Gegensatz zu Gibbons Ergebnissen. Jobson/Korkie zeigen, daß dieser Unterschied durch die Bartlett-Korrektur hervorgerufen wird. Modifiziert man Gibbons χ^2-Werte um diesen Faktor, so wird das Black-CAPM nie verworfen.[174]

Die bisher dargestellten Testergebnisse für das Black-CAPM basieren auf asymptotischen Verfahren. Auch der CSRT von Shanken (1985) ist asymptotisch, jedoch existiert eine Obergrenze für die Verteilung, so daß die damit berechneten P-Werte die tatsächlichen unterschätzen. Bei einer Transformation der Statistiken von Gibbons (1982) und Stambaugh (1982) führen die P-Werte der aggregierten Teilperioden zu keiner Ablehnung des Black-CAPM. Während beispielsweise bei Gibbons (1982) der aggregierte P-Wert der χ^2-Statistik kleiner 0,1 % ist, ergibt sich eine Untergrenze für den tatsächlichen P-Wert von 75 %. Der Vorteil dieses Verfahrens ist, daß die Nichtverwerfung des CAPM nicht auf asymptotischen Approximationen beruht.

Für Aktiendaten von 1953-71 führt Shanken eigene Untersuchungen mit einem gleichgewichteten Index durch. Dazu bildet er 20 Sizeportefeuilles und verwendet reale Renditen. Die Ergebnisse gibt er nicht nur für drei Teilperioden, sondern auch in einer über die Normalverteilung aggregierten Form für die Gesamtperiode an. Während bei einer Betrachtung der Teilperioden das Black-CAPM nur in der ersten

---

[172] Jobson/Korkie (1985) stellen fest, daß anders als in ihrem ursprünglichen Artikel angegeben, die F-Verteilung bei Existenz eines risikolosen Wertpapiers nicht asymptotisch, sondern exakt ist. Auch ist die Anzahl der Freiheitsgrade nicht korrekt angegeben.
[173] Dies wird durch Simulationen überprüft.
[174] Vgl. auch Jobson/Korkie (1982) S. 458.

Teilperiode auf einem Niveau von 10 % verworfen werden kann, folgt aus dem aggregierten P-Wert eine klare Ablehnung des CAPM für den Gesamtzeitraum. Interessant ist auch das Ergebnis des Tests auf eine Gleichheit der erwarteten Portefeuillerenditen. Eine solche kann bei einem Niveau von 5 % nicht verworfen werden. Zu beachten ist, daß die Ablehnungen wieder auf asymptotischen Näherungen beruhen.

Die Teststatistik von Shanken (1985) setzen Göppl/Schütz (1992) zur Beurteilung alternativer Aktienindizes für Forschungszwecke ein. Sie testen mit 12 Branchenindizes die Effizienz von acht verschiedenen Aktienindizes für eine Gesamtperiode und drei Teilperioden. Insbesondere stellen sie das Konzept des Deutschen Aktienindex für Forschungszwecke (DAFOX) dar. Die Effizienz dieses Index ist im Vergleich zu den meisten anderen Indizes nicht zu verwerfen. Deshalb vertreten sie die Meinung, daß er für empirische Untersuchungen besonders geeignet sei. Auf die möglichen Probleme dieses Tests, welche in Kapitel 5 diskutiert werden, gehen sie nicht ein. So wird in der Teilperiode 1980-85 der vom FWB-Index eindeutig dominierte DAX durch die Teststatistik und den dazugehörigen P-Wert als effizienter eingestuft.[175]

Eine Portefeuillebildung nach β-Werten, Industriebranchen und Marktwerten verwenden Gibbons/Ross/Shanken (1989) bei ihrem exakten CSRT des Sharpe-Lintner-Modells. Als Maßstab für das Marktportefeuille benutzen sie den gleichgewichteten und den wertgewichteten CRSP-Index. Ebenso wie sich bei den Betaportefeuilles (1931-65) keine signifikante Ineffizienz des gleichgewichteten CRSP-Index zeigt, tritt auch bei den Sizeportefeuilles eine solche Ineffizienz des wertgewichteten CRSP-Index nicht auf. Verwendet man aber die Branchenstrukturierung, so ist die Effizienz des marktwertgewichteten Index abzulehnen, obwohl keine der 12 univariaten t-Statistiken zu einer Ablehnung der Hypothese führt.

Ein Grund für die häufige Beibehaltung des CAPM kann darin bestehen, daß keine spezifizierten Alternativhypothesen verwendet werden. Dies verdeutlicht MacKinlay (1987) in seiner Untersuchung, in der er auf die Studie von Gibbons/Ross/Shanken eingeht. Als erstes wird das Sharpe-Lintner-CAPM mit dem Marktmodell als Alternativhypothese getestet. Für den Gesamtzeitraum von 30 Jahren wie auch für die 5-jährigen Teilzeiträume ergibt sich für den gleichgewichteten CRSP-Index bei 20 oder 40 Beta- und Sizeportefeuilles nur eine Ablehnung in 28 Fällen auf einem Signifikanzniveau von 5 %. Diese klare Aussage für das Sharpe-Lintner-CAPM ändert sich aber, wenn als Alternativhypothese das Black-CAPM verwendet wird. Dabei wird in ähnlicher Weise wie bei Black/Jensen/Scholes (1972) getestet, ob der geschätzte risikolose Zinssatz dem tatsächlichen risikolosen Zinssatz ent-

---

[175] Vgl. hierzu die Tabellen in Göppl/Schütz (1992) auf S. 25 und S. 34.

spricht. Die P-Werte für das Sharpe-Lintner-CAPM sinken bei dieser Alternativhypothese von 25 % (96 %) bei 20 (40) Betaportefeuilles auf 0,1 % (5,6 %). Dies zeigt, daß multivariate Tests mit nicht spezifizierten Alternativhypothesen nicht unbedingt alle Abweichungen des CAPM entdecken.

Die empirischen Ergebnisse für den amerikanischen Markt sind mit den Aussagen des CAPM nicht immer zu vereinbaren. Bei einer Bewertung der Ergebnisse sollte aber darauf geachtet werden, daß eine Ablehnung des CAPM viele Ursachen haben kann. Neben einer Verletzung von zusätzlichen Testannahmen wird das CAPM, auch wenn es zutrifft, immer dann verworfen, wenn der verwendete Marktindex zu stark vom relevanten Marktverhalten abweicht. Shanken (1987 b) sowie Kandel/Stambaugh (1987) versuchen zusätzliche Informationen über das unbekannte Marktportefeuille zu erhalten, indem sie unter der Annahme, daß das CAPM gilt, die maximale Korrelation zwischen dem Index und dem Markt ermitteln. Vergleicht man die Korrelationen alternativer deutscher Aktienindizes,[176] so ist zu vermuten, daß die Korrelationen zwischen Markt und Index viel geringer sind. Es zeigt sich außerdem, daß eine Erhöhung der Anzahl der berücksichtigten Portefeuilles schnell zu einer weiteren Verminderung dieser Werte führt.[177]

MacKinlay/Richardson (1991) setzen sich speziell mit der Annahme der Normalverteilung von Renditen auseinander. Bei ihrem Test des Sharpe-Lintner-CAPM mit der GMM-Methode zeigen sie zunächst, die mögliche Verzerrung der Ergebnisse eines Wald-Tests, wenn die Renditen nicht wie angenommen multivariat normalverteilt, sondern wie empirische Studien nahelegen multivariat t-verteilt sind. Der Wald-Test ist nach unten verzerrt und deshalb zu häufig mit einer Ablehnung des CAPM verbunden. Dabei ist der Grad der Verzerrung von Periode zu Periode unterschiedlich. Verglichen mit dem unterstellten Signifikanzniveau von 5 % liegt das tatsächliche Niveau im Extremfall bei über 19 %. Wendet man aber die GMM-Methode im exakt identifizierten Fall an, ohne spezielle a priori Annahmen über die Renditeverteilung zu treffen, so kommt man zu dem überraschenden Ergebnis, daß sich der Wald-Test ähnlich verhält wie der CSRT, der GMM-Test aber mit viel geringeren P-Werten verbunden ist. Der Unterschied wird mit der strengeren Verteilungsannahme beim Wald-Test und möglichen unterschiedlichen Eigenschaften bei Alternativhypothesen erklärt. Untersucht wurden die Gesamtperiode 1926-88 und zwei Teilperioden. Während für den wert- und gleichgewichteten CRSP-Index in der Teilperiode 1957-88 keiner der Tests das Sharpe-Lintner-CAPM auf einem Signifikanzniveau von 5 % ablehnt, kommt es je nach Testverfahren in der anderen Teilperiode und der Gesamtperiode zu Ablehnungen. Diese sind aber wegen der Länge

---

[176] Diese liegen bei täglichen wie bei monatlichen Daten um 0,99. Vgl. hierzu Winkelmann (1981) S. 479 f. und Döhrmann (1990) S. 245 f.

[177] Vgl. Kandel/Stambaugh (1987) S. 67.

der einzelnen Perioden und den damit implizierten Stabilitätsannahmen nur vorsichtig zu interpretieren.

3.4.2 Tests des Bedingten-CAPM

Unabhängig von einer möglichen Ablehnung des Sharpe-Lintner-CAPM oder des Black-CAPM könnte das tatsächliche Renditeverhalten durch das Bedingte-CAPM erklärt werden. Die Möglichkeiten, die Erwartungsprozesse zu modellieren und zeitliche Variationen in den einzelnen Modellgrößen einzubauen, kennzeichnen diese Modellvariante. Nach der hohen Flexibilität der Ausgestaltungsalternativen lassen sich in einer groben Aufteilung Modelle mit Variationen in den erwarteten Renditen[178] und Modelle mit zusätzlichen Variationen in den Risikokomponenten[179] unterscheiden. Dem Vorteil der nahezu unbegrenzten Anzahl an Freiheitsgraden bei der Ausformulierung eines speziellen Testansatzes steht der Nachteil einer schlechteren Vergleichsmöglichkeit dieser Ansätze gegenüber. Da das Ziel dieser Arbeit in der Überprüfung des Basismodells liegt, erfolgt nur eine kurze Betrachtung alternativer Ansätze. Viele Modelle führen zu Mehrfaktorenansätzen und stehen somit in ihrem Ergebnis der Arbitrage Pricing Theory nahe. Differenziert nach dem Typ der abgeleiteten Modelle wird das weite Testspektrum an drei Gruppen von Tests aufgezeigt.

Die sogenannten Tests mit latenten Variablen bilden die erste Gruppe. Bei dieser von Gibbons/Ferson (1985) entwickelten Testvariante handelt es sich um einen Ansatz, der unter gewissen Annahmen ohne einen verfügbaren Marktindex auskommt.[180] Dieser Ansatz basiert auf dem Tatbestand, daß bei Gültigkeit des CAPM aufgrund der Linearität zwischen den Aktienrenditen und der Marktrendite eine solche auch zwischen den verschiedenen Aktienrenditen vorliegen muß. Darauf aufbauend konstruieren sie einen Test um zu überprüfen, wieviele unbekannte latente Variablen ausreichen, um das Renditeverhalten vollständig zu beschreiben. Das Prinzip dieses Ansatzes veranschaulichen Ferson/Kandel/Stambaugh (1987).[181] Bei einem erklärenden Faktor kann die erwartete Rendite in Abhängigkeit von

---

[178] Vgl. hierzu Gibbons/Ferson (1985), Bollerslev (1987) und French/Schwert/Stambaugh (1987).

[179] Vgl. hierzu Harvey (1989) und (1991), Schwert/Seguin (1990), Bollerslev/Engle/Wooldridge (1988), Bodurtha/Mark (1991), Ng (1991), Engle/Lilien/Robbins (1987), Mark (1988), Shanken (1990) und Ferson (1989).

[180] Zu einer kritischen Betrachtung der latenten Tests vgl. Wheatley (1989).

[181] Vgl. Ferson/Kandel/Stambaugh (1987) S. 205.

diesem Faktor nur auf einer Linie variieren, während zwei Faktoren bereits eine Ebene aufspannen. Für die Aktien des Dow-Jones-30 zeigen Gibbons/Ferson (1985), daß ein Einfaktorenmodell nicht widerlegt wird. Dies gilt auch, wenn sie auf Basis ihrer Daten die Black-Spezifikation testen. Mit der Variation der erwarteten Renditen lassen sie aber nur eine Variation zu. Eine Erweiterung um Variationen der β-Werte und eine Differenzierung zwischen latenten Variablen und Marktindizes führen Ferson/Kandel/Stambaugh (1987) durch. Sie analysieren die drei Fragen nach der Effizienz des verwendeten Marktindex, der Anzahl der latenten Variablen und der Anzahl der latenten Variablen neben dem Marktindex. Mit wöchentlichen Daten von 10 Sizeportefeuilles lehnen sie die Effizienz aggregiert über die Teilperioden ab. Nach ihren Ergebnissen reicht bereits ein latenter Faktor zur Erklärung der Renditen aus, doch handelt es sich bei diesem nicht um den verwendeten marktwertgewichteten Index. Ferson/Foerster/Keim (1991) greifen diesen Testansatz auf und setzen mit der GMM und dem LMT alternative Methoden zum LRT ein, wobei sie nicht nur die 30 Dow-Jones-Werte, sondern auch alternativ Size- und Industrieportefeuilles testen. Durch eine Verlängerung des Analysezeitraums und speziell bei den beiden Portefeuillegruppierungen kann ein Einfaktorenmodell verworfen werden. Je nach Situation ist ein Ansatz mit zwei oder drei Faktoren erforderlich. Diese Zahl läßt sich aber durch die Zulassung weiterer Variationen eventuell senken.

Da die Anzahl der potentiellen Faktoren noch kein brauchbares Modell liefert, konzentrieren sich eine Vielzahl von Arbeiten auf die Identifizierung und Überprüfung spezieller Faktoren der Vorperiode zur Erklärung der aktuellen Renditen. Diese Arbeiten lassen sich danach differenzieren, ob sie aus den Renditen und Modellabweichungen der Vergangenheit Informations- und damit Lernprozesse konstruieren oder ob sie beispielsweise die erwartete Marktrendite durch weitere Instrumentalvariablen modellieren. Während die erste Form den Standardversionen des CAPM nahesteht, handelt es sich bei der zweiten Variante um reine Mehrfaktorenmodelle, die im empirischen Testansatz den Tests der Arbitrage Pricing Theory ähneln. Im Gegensatz zu Bollerslev/Engle/Wooldridge (1988), die nur die Kovarianzen modellieren, entwickeln Bodurtha/Mark (1991) und Ng (1991) darüber hinaus Prozesse für die Marktrendite. Der von Bollerslev/Engle/Wooldridge (1988) eingesetzte GARCH(1,1)-Prozeß führt bei der Verwendung von Quartalsdaten kurzfristiger und langfristiger Anleihen und Aktien zum Ergebnis, daß die bedingten Kovarianzen und die Risikoprämie im Zeitablauf variieren. Die Ergebnisse unterstützen das Bedingte-CAPM, da ein signifikanter Zusammenhang zwischen den bedingten Kovarianzen und den Risikoprämien besteht. Ebenfalls zu einer Bekräftigung des Bedingten-CAPM kommen Bodurtha/Mark (1991). In ihrem Ansatz modellieren sie neben den Kovarianzen die erwartete Marktrendite mit einem autoregressiven Prozeß dritter Ordnung und alternativ mit einem ARCH-Prozeß. Bei ihren Untersuchungen auf Basis monatlicher Aktiendaten von 1926-85 lehnen sie die alternativen ARCH-Prozesse ab. Der AR3-Prozeß ist dagegen nicht zu verwerfen. Ein GMM-Test des Bedingten-CAPM auf Basis dieses Prozesses führt zur Befürwortung des CAPM, wobei eine Januar Dummy Variable das Ergebnis noch verbessert. Damit widersprechen ihre Ergebnisse denen von Ng (1991), die bei nahezu gleicher Datenbasis mit zehn Size- beziehungsweise Betaportefeuilles arbeitet. Anders als für die Betaportefeuilles ist das Bedingte-CAPM auf Basis der Sizeportefeuilles zu verwerfen. Mögliche Ursachen für die unterschiedlichen Schlußfolgerungen können die verschiedenen Arten der Prozeßbildung für die Varianzen und die erwartete Marktrendite, die Wahl des statistischen Tests (hier des LRT anstelle der GMM) und die implizite Annahme einer konstanten Risikoprämie sein.[182]

Die Instrumentalvariablenansätze stellen eine Alternative zu den ARCH-Modellen dar. Diese modellieren den Marktpreis des Risikos durch eine lineare Funktion von Instrumentalvariablen. Sie haben den Vorteil, daß die zweiten Momente nicht genau zu spezifizieren sind, was bei den ARCH-Modellen zusätzliche, strenge Annahmen erfordert. Für den Fall, daß nur eine Risikoprämie existiert, konstruiert Harvey (1989) einen Testansatz auf Basis der Verallgemeinerte Momente Methode, der unspezifizierte Variationen für die Risikoprämie und die zweiten Momente erlaubt.[183] Als Instrumentalvariablen setzt er die Überrenditen des wertgewichteten NYSE-Index, die Überrenditen des gleichgewichteten NYSE-Index, eine Risikoprämie bei festverzinslichen Wertpapieren, eine Zeitprämie (Dreimonatsrendite versus Monatsrendite) und ein relatives Dividendenmaß des S&P 500 ein. Harvey untersucht zehn Sizeportefeuilles der Aktien der NYSE zwischen 1941 und 1987. Obwohl sich eine Korrelation zwischen den bedingten Kovarianzen und den Renditen ergibt, sprechen die Ergebnisse wegen der Korrelationen der Instrumentalvariablen mit den Modellabweichungen gegen das konstruierte CAPM. Dabei sind die getesteten Modelle mit Variationen in den bedingten Kovarianzen, den bedingten erwarteten Renditen und der bedingten Varianz des Marktes sehr flexibel.

Harvey (1991) und Dumas/Solnik (1991) erweitern um internationale Aspekte diesen Instrumentalvariablenansatz. Harvey untersucht 25 internationale Indizes. Neben Instrumenten für den US-amerikanischen Markt werden für die einzelnen Märkte lokale Instrumente wie die Dividendenrendite eingesetzt. Bei einem isolierten Test für Deutschland mit nationalen und internationalen Instrumenten liegen die P-Werte je nach Spezifikation im Durchschnitt bei 77 %. Die Unterstützung des CAPM bekräftigt auch die sehr geringe Korrelation der Residuen mit den Instrumentalvariablen. Sie sinkt aber mit Einschränkungen der Variationsvielfalt. Im internationalen Vergleich läßt sich die Bedeutung der Länderrisiken und eine zeitliche Variation

---

[182] Zu einem Vergleich ihrer Arbeiten siehe insbesondere die Orginalaufsätze von Ng (1991) und Bodurtha/Mark (1991).

[183] Diese Ansatz geht zurück auf die Arbeit von Campbell (1987).

im Weltrisikopreis feststellen. Mit ähnlicher Methode wie Harvey (1989) untersuchen Dumas/Solnik (1991) das internationale CAPM, wobei sie speziell die Bedeutung des Wechselkursrisikos betrachten. Nach ihren Ergebnissen ist das Wechselkursrisiko eine wesentliche Komponente bei der Erklärung der Wertpapierrenditen.

Die hier beschrieben Methoden geben nur einen kurzen Einblick in die Vielfalt der Testansätze für das Bedingte-CAPM, deren Vorgehensweise auch als Data Mining bezeichnet wird.[184] Auch stellt sich bei den Instrumentalvariablenansätzen verstärkt die Frage, ob sich in ex post Betrachtungen nicht immer Instrumentalvariablen identifizieren lassen, die aber für Prognosezwecke nicht verwendbar sind. Da das Hauptaugenmerk dieser Arbeit auf dem CAPM in seiner traditionellen Form liegt, muß an dieser Stelle auf die angesprochenen Arbeiten und die Vielzahl der dort zitierten Quellen verwiesen werden.

---

[184] Vgl. Dumas/Solnik (1991) S. 13.

4 Datenbasis, Gestaltung und Ergebnisse der empirischen Untersuchung

4.1 Darstellung, Begründung der Auswahl und Aufbereitung der zugrundeliegenden Datenbasis

4.1.1 Verwendete Daten, Auswahlprobleme und Wahlmöglichkeiten

Neben den ökonometrischen Methoden, die als Handwerkszeug für Tests von Bepreisungsmodellen dienen, benötigt man zur Durchführung von Tests auch entsprechende Daten. Die notwendige Datenauswahl und Datenaufbereitung ist mindestens ebenso strittig wie die Auswahl adäquater Testmethoden.

In dieser Arbeit wird, wie im Regelfall, auf realisierte ökonomische Größen zurückgegriffen. Da das CAPM ein Modell ist, welches für einperiodige erwartete, nicht aber für tatsächlich realisierte Renditen Aussagen macht, deckt sich diese Vorgehensweise im Grunde nicht mit dem eigentlichen Modell. Unter den restriktiven Annahmen, daß die Verteilungen von Aktienrenditen im Zeitablauf stabil sind und die Marktteilnehmer rationale Erwartungen bilden, die sie ihren Entscheidungen zugrundelegen, läßt sich die Verwendung von realisierten Werten rechtfertigen. Denn im Mittel sollten sich die Erwartungen über die Renditen in den tatsächlich realisierten Renditen widerspiegeln. Da die Erwartungen auf Informationsverarbeitungsprozessen beruhen, sind jedoch durch unerwartete Ereignisse hervorgerufene starke Abweichungen in Einzelperioden möglich. Problematisch wäre es, jede dieser Abweichungen als Verletzung des CAPM verstehen zu wollen.

Grundaussage des CAPM ist die Effizienz des Marktportefeuilles in Bezug auf alle Anlagemöglichkeiten. Dieses Anlagespektrum umfaßt nicht nur Aktien, Anleihen, Immobilien, Versicherungen, Gemälde, Briefmarken und eine Vielzahl anderer Objekte auf einem nationalen Markt, sondern auch alle Investitionsalternativen im internationalen Rahmen. Eine Vollerhebung aller Anlageobjekte ist unmöglich, u. a. weil Renditen für eine Vielzahl von Anlagealternativen nicht beobachtbar sind. Während für Aktien jährliche, monatliche und tägliche Renditen leicht zu ermitteln sind, ist dieses Unterfangen für Häuser, Briefmarken, Oldtimer und eine Vielzahl anderer Anlageobjekte aussichtslos. Auch wenn dies nicht der Fall wäre oder man sich nur auf mit vertretbarem Aufwand beobachtbare Renditen beschränken würde, wäre eine Vollerhebung beispielsweise aller internationalen Wertpapiere nicht nur mit hohen Kosten, sondern auch mit sehr großen, wahrscheinlich nicht handhabbaren Datenmengen verbunden.[185] Die Datenauswahl durch grobe Vereinfachungen und Einschränkungen kann sich daher nur auf eine Stichprobe beziehen.

Zu Untersuchungszwecken bietet sich die Beschränkung auf einen Partialmarkt an, welcher dann vollständig zu erfassen ist. Diese Vorgehensweise wäre gerechtfertigt, wenn man davon ausgehen könnte, daß für die verschiedenen Anlagemärkte eine Marktsegmentation besteht. Obwohl diese Annahme recht willkürlich wirkt, wird im folgenden mit einem Partialmarkt gearbeitet, da eine andere Vorgehensweise hier nicht realisierbar ist. Dieselben Probleme treten auch bei Untersuchungen des internationalen CAPM auf, denn auch bei diesen findet nie eine Vollerhebung statt.[186]

Da im Rahmen dieser Arbeit der Aussagegehalt des CAPM für Deutschland untersucht werden soll, handelt es sich beim gewählten Marktsegment um den amtlichen Aktienhandel der Frankfurter Wertpapierbörse. Alle im Zeitraum Januar 1954 bis Dezember 1991 dort notierten Stamm- und Vorzugsaktien sind in der Stichprobe enthalten.[187] Das Marktsegment "amtlicher Handel in Frankfurt" bietet sich aus vielerlei Gründen an. Obwohl die Anzahl der dort notierten Aktien gemessen an der Anzahl aller deutschen Aktiengesellschaften gering erscheint, wird bei der Wahl dieses Partialmarktes der wesentliche Teil des Handels- und auch Marktwertvolumens aller börsennotierten deutschen Aktiengesellschaften berücksichtigt. Durch das hohe Handelsvolumen und die damit verbundene Handelshäufigkeit sind systematische Verzerrungen, wie sie beispielsweise durch einen nicht kontinuierlichen Handel hervorgerufen werden, weniger wahrscheinlich.[188] Um dieses und weitere Probleme, wie beispielsweise den impliziten bid-ask-spread und hohe Autokorrelationen in den Renditezeitreihen täglicher Daten zu vermeiden, erfolgt eine Analyse auf Basis monatlicher Daten.[189] Auch sind monatliche Renditen eher mit den impliziten Annahmen über die Erwartungsbildung zu vereinbaren. Jährliche Renditen, die sich aufgrund des Anlagehorizonts vieler Anleger ebenfalls anbieten würden, werden wegen der geringen Anzahl der verfügbaren Beobachtungen und der somit sehr geringen Anzahl an möglichen zu untersuchenden Portefeuilles nicht gewählt. Auch würden Tests mit jährlichen Daten durch ihre langen Testzeiträume sehr strenge, nicht zu rechtfertigende Annahmen über die Stabilität der Renditeverteilungen im Zeitablauf implizieren.

---

[185] Da diese Datenmengen bei der Anwendung der dargestellten multivariaten Verfahren in wenige Portefeuilles aggregiert werden müßten (N < T-2), scheint eine Vollerhebung für diese Art der Untersuchungen nicht unbedingt erforderlich zu sein.

[186] Vgl. Dumas/Solnik (1991).

[187] Die Aktiendatenbank am Lehrstuhl von Prof. R. Stehle, Ph.D., an der Universität Augsburg enthält monatliche Aktienschlußkurse beginnend mit Januar 1954. Wegen der fehlenden Aktienschlußkurse vom Dezember 1953 stehen keine Renditen für den Januar 1954 zur Verfügung.

[188] Vgl. hierzu Butler/Cox/Osborne (1991).

[189] Vgl. zu diesen Problemen Roll (1984).

Der erste Teil der Datenbasis wird durch die monatlichen Renditen der einbezogenen Aktien auf der Basis der monatlichen Aktienschlußkurse gebildet.[190] Um CAPM-Tests durchführen zu können, werden neben den monatlichen Renditen weitere Daten benötigt. Entscheidenden Einfluß auf die Ergebnisse übt die Zeitreihe der Marktrendite aus. Als Referenzmaßstab könnten Aktienindizes zu ihrer Berechnung herangezogen werden. Da sich kein verfügbarer Aktienindex mit der hier gewählten Art der Renditeberechnung vollständig deckt, werden aus den verfügbaren nationalen Daten eigene Marktindizes konstruiert. Die dazu benötigten Gewichtungsfaktoren, die Marktwerte aller Aktien in jedem Zeitpunkt, machen einen weiteren Teil der Datenbasis aus.[191]

Für Tests des Sharpe-Lintner-CAPM wird weiterhin eine Zeitreihe für den risikolosen Zinssatz benötigt. In Anlehnung an amerikanische Untersuchungen, die als Näherung für diesen Zinssatz die Rendite von T-Bills mit einer Restlaufzeit von einem Monat heranziehen, wird hier die Rendite für Monatsgeld verwendet. Die durchschnittlichen Geldmarktsätze für die einzelnen Monate sind den Monatsberichten der Deutschen Bundesbank entnommen.[192]

Um die Datenbasis zu vervollständigen und mit realen Renditen rechnen zu können, wird abschließend ein Maß für die monatliche Inflationsrate benötigt. Bei dem hier verwendeten Maßstab handelt es sich um die Veränderung des Preisindex für die Lebenshaltung aller privaten Haushalte, der ebenfalls den Monatsberichten der deutschen Bundesbank entnommen ist.[193]

Damit stehen alle benötigten Daten zur Verfügung. Eine Darstellung der Datenaufbereitung und einige deskriptive Analysen sollen nun einen ersten Eindruck von der Datenbasis vermitteln.

---

[190] Eine ausführliche Erläuterung der Renditeberechnungen enthält der Abschnitt 4.1.2.1.
[191] Zur Konstruktion von Marktindizes, der Beschränkung auf nationale Daten und deren genauere Analyse vgl. Gliederungspunkt 4.1.3.
[192] Vgl. z.B. Monatsberichte der Deutschen Bundesbank, Januar 1991, S. 51*, Tabelle: 6. Geldmarktsätze nach Monaten.
[193] Vgl. z.B. Monatsberichte der Deutschen Bundesbank, Januar 1991, S. 72*, Tabelle: 7. Preise.

4.1.2 Einzelrenditen und Marktwerte deutscher Aktien

4.1.2.1 Präzisierung des Renditebegriffs

In den bisherigen Ausführungen wurde der Begriff Rendite häufig verwendet, aber noch nicht genau definiert. Auf die unterschiedlichen Arten von Renditebegriffen, die mit unterschiedlichen Begründungen gewählt werden können und die Ermittlung der Einzelrenditen von Wertpapieren im Rahmen dieser Arbeit soll im folgenden detailliert eingegangen werden.

Betrachtet man die Gruppe aller Anleger, deren Verhalten sich in den am Kapitalmarkt beobachtbaren Marktpreisen widerspiegelt, so besagt das CAPM, daß das individuelle Anlageverhalten allein determiniert wird durch Rendite- und Risikoüberlegungen. Es macht aber keine Aussage darüber, ob es sich bei den Renditen, die das Verhalten bestimmen, um nominale oder reale Renditen handelt. Folgt man der Zinstheorie von Fisher (1930),[194] so steuern die realen Renditen das Verhalten.[195] Diese zeichnen sich möglicherweise auch durch eine höhere Stabilität im Zeitablauf aus, da nach Fisher Änderungen der Nominalverzinsungen hauptsächlich auf Änderungen der Inflationsraten zurückzuführen sind.[196] Bezieht man außerdem steuerliche Überlegungen ein, so ist es sehr wahrscheinlich, daß Anleger die mit einem Steuersystem verbundenen steuerlichen Belastungen in ihre Kalküle einbeziehen. Auf die hierbei auftretenden Probleme für das CAPM wird später noch eingegangen.

Als Bruttorenditen, die den Analysen im Regelfall zugrundeliegen, sollen im folgenden nominale Renditen vor Steuern verstanden werden. Zu ihrer Berechnung sind zunächst die Bestandteile zu identifizieren, die die Rendite eines Aktionärs bestimmen. Dies sind nicht nur die sich auf Basis ändernder Kurse K_i ergebenden Kursgewinne oder -verluste, sondern auch alle anderen direkten und indirekten Zahlungen, die mit dem Besitz einer Aktie verbunden sind. Aus der Sicht eines individuellen Aktionärs müssen auch Dividendenzahlungen und Zusatzdividenden D_i, Bezugsrechte bei Kapitalerhöhungen aus genehmigtem Kapital, Gratisaktien bei Kapitalerhöhungen aus Gesellschaftsmitteln, Bezugsrechte auf andere Emissionen und alle sonstigen vermögenswerten Rechte W_i berücksichtigt werden. Besonders die Divi-

---

[194] Vgl. Fisher (1930) Kapitel XIX.
[195] Arbeitet man bei Untersuchungen mit Überrenditen, so handelt es sich approximativ um reale Überrenditen, da auch bei Verwendung nominaler Renditen durch die Differenzbildung eine Art Inflationsbereinigung erfolgt.
[196] Diese Argumentation dürfte für festverzinsliche Wertpapiere eine höhere Bedeutung haben als für Aktien.

denden, die einen wesentlichen und darüber hinaus recht stabilen Teil der Gesamtrendite ausmachen, sind anders als in einigen Aktienindizes zu berücksichtigen.[197]

Die Rendite einer Aktie i im Monat t ergibt sich aus dem Vermögen eines Aktionärs am Ende eines Monats bezogen auf seinen Kapitaleinsatz am Monatsanfang.[198,199]

$$R_{i,t} = \frac{K_{i,t} + D_{i,t} + W_{i,t}}{K_{i,t-1}} - 1 \qquad (78)$$

Um die realen Bruttorenditen zu ermitteln, die eventuell aussagekräftiger sind als die nominalen Renditen, müssen diese um die Inflationsrate bereinigt werden. Definitionsgemäß gilt folgender Zusammenhang zwischen nominalen Renditen R^N, realen Renditen R^R und der Inflationsrate INFL:

$$(1 + R_{i,t}^N) = (1 + R_{i,t}^R) \times (1 + INFL_t) \qquad (79)$$

Nach R^R aufgelöst ergibt sich die relevante Datentransformation:[200]

$$R_{i,t}^R = \frac{1 + R_{i,t}^N}{1 + INFL_t} - 1 \qquad (80)$$

Da es sich bei relativ geringen und im Vergleich zu Aktienrenditen stabilen Inflationsraten um nahezu monotone Transformationen handelt, dürfte ein Übergang von nominalen auf reale Renditen keinen allzugroßen Einfluß auf die Art der Folgerungen haben, auch wenn sich die absolute Größenordnung unterscheidet. Der Vorteil der nominalen Renditen besteht in ihrem anschaulicheren Verständnis, da in der Realität mit realen Renditen nahezu nicht explizit gearbeitet wird.

Die Einbeziehung von Steuern, die unzweifelhaft einen Einfluß auf das Anlageverhalten ausüben, führt dagegen zu etwas komplexeren Transformationen und ist nicht so unproblematisch. Dies liegt einerseits an der unterschiedlichen steuerlichen Behandlung der verschieden Zuflußarten und andererseits an den unterschiedlichen Grenzsteuersätzen der einzelnen Anleger.

---

[197] Vgl. Bleymüller (1966) S. 73-94 zu den Vorgängen, die bei der Renditeberechnung zu berücksichtigen sind.

[198] Vgl. hierzu Stehle/Hartmond (1991) S. 381 f. In dieser Berechnungsformel ist die Dividende aufgrund ihrer Bedeutung getrennt ausgewiesen.

[199] Werden die Zuflüsse so verrechnet, als ob sie erst am Monatsende erfolgen, ergibt sich eine leichte Unterschätzung der tatsächlichen Renditen, da die Beträge bis zum Monatsende angelegt werden könnten. Unterstellt man einen Vermögenszufluß von beispielsweise 5 % in der Monatsmitte, und eine Anlagemöglichkeit zu 7 % jährlich, so betrüge die Unterschätzung der laufenden Monatsrendite ungefähr 0,014 %.

[200] Bei moderaten Zinssätzen bzw. Inflationsraten sind die Differenzen zwischen den Nominalrenditen und Inflationsraten gute Approximationen für die Realrenditen. Vgl. Brealey/Myers (1991) S. 558 ff.

Die steuerliche Behandlung von Kapitalgewinnen hängt davon ab, ob diese innerhalb einer Spekulationsfrist von 6 Monaten realisiert werden. Erfolgt der Verkauf innerhalb von 6 Monaten nach dem Kauf, so unterliegt der mögliche Spekulationsgewinn der persönlichen Einkommensteuer, wenn der Spekulationsgewinn 1000 DM im Kalenderjahr übersteigt. Eventuelle Verluste können entsprechenden Gewinnen gegenübergestellt werden. Werden Aktien dagegen außerhalb der Spekulationsfrist verkauft, so sind die daraus erzielten Gewinne steuerfrei.[201] In allen in dieser Arbeit angegebenen Renditeberechnungen nach Steuern wird unterstellt, daß die Kapitalgewinne außerhalb der Spekulationsfrist realisiert werden.

Anders als Kapitalgewinne, die implizit als steuerfrei behandelt werden, unterliegen Dividendenzahlungen vollständig der Einkommensteuerveranlagung. Eine Steuerhinterziehung ist bei diesen zur Zeit unwahrscheinlich, da dem Anleger nur 48 % der Bruttodividenden ausgezahlt werden.[202] Die Abzüge von 52 % sind bei der persönlichen Veranlagung anrechenbar, so daß es im Regelfall im Bezug auf die Dividenden zu einer Steuererstattung kommt.

Da die sonstigen vermögenswerten Zuflüsse im Regelfall nur Kompensationen für Kursverluste darstellen, unterliegen sie keiner Besteuerung. Für einen individuellen Anleger k mit einem Grenzsteuersatz von s_k ergibt sich unter den gegebenen Annahmen die individuelle Rendite nach Steuern R^s.

$$R_{i,t}^s = \frac{K_{i,t} + (1-s_k)D_{i,t} + W_{i,t}}{K_{i,t-1}} - 1 \qquad (81)$$

Eine Berechnung der Aktienrenditen nach Steuern ist somit für einen gegebenen Grenzsteuersatz unproblematisch. Da der Steuersatz von Anleger zu Anleger variiert, unterscheiden sich jedoch auch deren Renditen bei ein und derselben Aktie. Betrachtet man zwei Aktien A und B, so sind im Regelfall die Unterschiede nicht proportional. Während für einen Aktionär die Aktie A eine höhere Nachsteuerrendite aufweist, kann sich diese Relation für einen anderen Aktionär umkehren.[203] Diese

---

[201] Vgl. EStG § 23.
[202] Da die anteilige Körperschaftssteuer auf ausgeschüttete Gewinne 36 % beträgt, von dem auszuschüttenden Betrag aber nochmals 25 % Kapitalertragssteuer abgeführt werden, bleiben dem Aktionär nur 48 % der Bruttodividende ([1 - 0,36] * [1 - 0,25] = 48 %).
[203] Beispiel:

Aktie	Kurs in t-1	Kurs in t	Dividende in t	Rendite bei s = 10 %	Rendite bei s = 50 %
A	100	110	2	11,8	11
B	80	82	12	16	10

Problematik impliziert einen individuellen Efficient Set für jeden Anleger. Auf Basis derselben Aktien führen Steuern dazu, daß sich die Diversifikations- und Anlagemöglichkeiten von Anlegern unterscheiden. Eine einfache Möglichkeit, um Steuern im Standardmodell zu berücksichtigen, besteht in der Verwendung eines konstanten Steuersatzes über alle Anleger und Gesellschaften.[204] Falls der deutsche Aktienmarkt durch ausländische Anleger dominiert wird, kann es sinnvoll sein, den Körperschaftssteuersatz von 36 % zu verwenden, der für viele ausländischen Anleger gilt. Zum Vergleich sollen auch hierfür Ergebnisse dargestellt werden, obwohl ihr Aussagegehalt als gering zu beurteilen ist. Besser wäre es, spezielle Modelle zu konstruieren, die die steuerlichen Gegebenheiten einbeziehen.[205]

Auf Basis der theoretischen Überlegungen wird mit vier Renditedatensätzen gearbeitet. Dies sind die nominalen Bruttorenditen, die realen Bruttorenditen und die nachsteuerlichen Renditen beider Varianten bei einem Steuersatz von 36 %.[206] In Abstraktion von steuerlichen Aspekten werden hauptsächlich Bruttorenditen verwendet, die implizit einen Steuersatz von 0 % unterstellen.

4.1.2.2   Deskriptive Analyse der Einzelrenditen

In diesem statistisch deskriptiven Teil stehen die Einzelrenditen aller Wertpapiere des amtlichen Handels in Frankfurt im Mittelpunkt. Eine erste Analyse soll Informationen über die Struktur des Aktienmarktes, die Höhe von Aktienrenditen und deren Verteilungen liefern.

In der betrachteten Untersuchungsperiode 1954 bis 1991 wurden im amtlichen Aktienhandel in Frankfurt insgesamt 502 verschiedene Wertpapiere gehandelt. Dies übersteigt die Anzahl der dort gehandelten Gesellschaften, da einige Unternehmen

---

[204] In diesem Zusammenhang spielt der Grenzsteuersatz des Grenzanlegers jeder Gesellschaft keine Rolle.

[205] Vgl. Litzenberger/Ramaswamy (1979) und König (1990) zu Ansätzen, die die unterschiedliche Besteuerung von Kapitalgewinnen und Dividenden einbeziehen. Dies erfolgt im Regelfall durch die Berücksichtigung der Dividendenrendite als zusätzliche Einflußgröße.

[206] Analysiert man als weitere wichtige Anlegergruppe die der institutionellen Anleger, so werden deren Kapital- und Kursgewinne steuerlich annähernd gleich behandelt. Beide Renditebestandteile unterliegen der Körperschaftssteuer. Bei Kapitalgewinnen kann aber ein Steuerstundungseffekt auftreten. Da sich die nachsteuerlichen Renditen aller Aktien in diesem Fall durch Multiplikation mit einer Konstanten ergeben, kommt man prinzipiell zu denselben Ergebnissen wie bei einer Bruttobetrachtung.

mit unterschiedlichen Aktiengattungen notiert waren.[207] Bei diesen Wertpapieren handelt es sich um 423 Stammaktien und 74 Vorzugsaktien.[208]

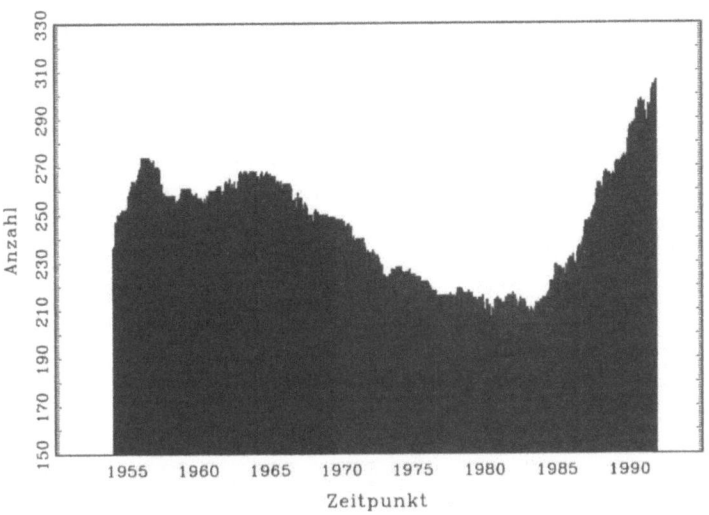

Abbildung 6: Anzahl der notierten Gesellschaften je Monat

Auffällig ist, daß nur 116 Wertpapiere durchgehend über den gesamten Zeitraum notiert waren. Da zudem nicht für jedes Wertpapier in jedem Zeitpunkt Kurse zustande gekommen sind, liegen nur für 87 Wertpapiere ununterbrochene Renditezeitreihen vor. Dies scheint auf eine hohe Fluktuation im Zeitablauf hinzudeuten. Analysiert man die Anzahl von über 110.000 Einzelrenditen, so kommt man zu dem Ergebnis, daß im Durchschnitt jedes Wertpapier über den halben Untersuchungszeitraum notiert ist. Die hohe Fluktuation ist aber nur in wenigen Fällen auf Konkurse zurückzuführen.[209] Hauptgründe für das Ausscheiden aus dem amtlichen Handel sind Unternehmenszusammenschlüsse und -übernahmen sowie das Wechseln in ein anderes Marktsegment.

---

[207] Der wohl häufigste Fall ist die Notierung von Stamm- und Vorzugsaktien, wie beispielsweise bei NAK Stoffe Aktiengesellschaft. Aber auch andere Fälle, wie die gleichzeitige Notiz von Inhaberpapieren und vinkulierten Namensaktien, treten z. B. bei der Aachener und Münchener Beteiligungs-AG auf.

[208] Zum Vergleich des Renditeverhaltens und der Bestimmungsfaktoren für das Kursverhältnis von Stamm- und Vorzugsaktien siehe Weber/Berg/Kruse (1992) und Kruse/Berg/Weber (1993).

[209] Dies ist für die Portefeuillebildung wichtig, da später eine Beschränkung auf durchgehend notierte Gesellschaften bzw. Portefeuilles erfolgt, und so die Wahrscheinlichkeit geringer ist, daß eine systematische Verzerrung der Ergebnisse auftritt.

Betrachtet man die Anzahl der monatlich notierten Gesellschaften im Zeitablauf in Abbildung 6, so erkennt man klare Entwicklungen. Im Durchschnitt waren 246 Unternehmen zu Beginn eines Monats notiert. Mit 207 Aktien war die minimale Anzahl im Juli 1980 erreicht, während die maximale Anzahl im Dezember 1991 mit 306 notierten Unternehmen zu beobachten war. Vier Phasen können identifiziert werden. Nach einer Nachkriegswachstumsphase bis 1958 stagnierte die Entwicklung bis 1965, daran schloß sich eine lange Abschwungphase an. Seit 1982 folgt die Anzahl der notierten Gesellschaften einem stark steigenden Trend, der somit auch zur höchsten Anzahl an notierten Gesellschaften am Ende des Betrachtungszeitraumes geführt hat.

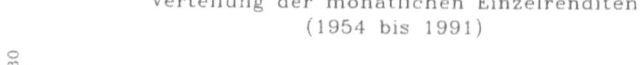

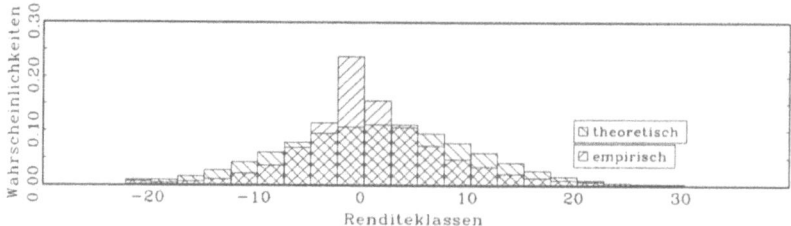

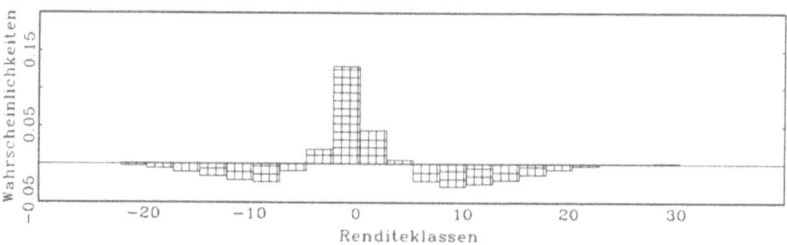

Abbildung 7: Verteilung der monatlichen Einzelrenditen im Vergleich zur Normalverteilung (1954-1991)

Betrachtet man die Einzelrenditen, so interessiert nicht nur ihre absolute Höhe, sondern auch ihre Verteilung und ihre Stabilität im Zeitablauf. Unterstellt man eine gemeinsame Verteilung aller Aktienrenditen, so liefert das arithmetische Mittel der Einzelaktienrenditen mit 1,1765 % einen Schätzwert für die durchschnittliche erwartete monatliche Rendite aller Aktien. An der Standardabweichung von 8,9815 % erkennt man das Risiko von Aktienanlagen. Vergleicht man dieses mit der Anlage zum Monatsgeldsatz, so ist sowohl deren Mittelwert mit 0,4540 % als auch deren

Standardabweichung mit 0,1986 % viel geringer als bei der Aktienanlage. Dies entspricht dem Rendite-Risiko-Bild in einer μ-σ-Welt. Im Falle einer gemeinsamen Normalverteilung der Einzelrenditen wäre diese mit dem Erwartungswert und der Standardabweichung ausreichend beschrieben. Aber schon theoretische Erwägungen sprechen gegen eine Normalverteilung von Aktienrenditen, da eine solche Verteilung symmetrisch um ihren Erwartungswert verteilt sein müßte. Während auf der einen Seite positive Renditewerte von über 100 % auftreten können, sind nach unten auch bei einem Totalverlust die Renditen auf -100 % begrenzt. Da aber die Wahrscheinlichkeit solch extremer Monatsrenditen sehr gering ist, könnten die Einzelrenditen dennoch näherungsweise einer Normalverteilung gehorchen. Betrachtet man die relativen Häufigkeiten in Abbildung 7, so erkennt man auf den ersten Blick, daß die Verteilung tendenziell rechtsschief ist. Am häufigsten treten Renditen in der Klasse von -2,5 % bis 0 % auf und nicht wie angesichts des positiven Mittelwertes erwartet in der Klasse von 0 % bis 2,5 %. Die tatsächliche relative Häufigkeit von 23,676 % in der Klasse -2,5 % bis 0 % übersteigt den auf Basis einer Normalverteilung ermittelten theoretischen Wert von 10,675 % um mehr als das Doppelte. Dies deutet neben der Schiefe auch auf einen Exzeß der Verteilung hin. Ermittelt man diese über die dritten und vierten Momente der Renditeabweichungen vom Mittelwert, so ergibt sich für die Schiefe ein Wert von 5,1315 und für den Exzess ein Wert von 146,549. Bei normalverteilten Renditen müßten beide Parameter nahe dem theoretischen Wert von Null liegen.[210] Testet man die Renditen auf Normalverteilung mit Hilfe des Bera-Jarque-Tests, so ergibt sich eine Wahrscheinlichkeit von < 7,7*E-10 dafür, daß die Renditen normalverteilt sind.[211] Die Normalverteilung der Einzelrenditen ist somit auf jedem akzeptablen Signifikanzniveau für die Gesamtperiode abzulehnen.[212] Wie weitere Untersuchungen gezeigt haben, erfolgt diese Ablehnung auch in jeder der betrachteten Teilperioden.[213]

Die dargestellten nominalen Renditen lassen sich in ihre zwei Komponenten, reale Renditen und Inflationsraten, zerlegen. Über ihre absolute Bedeutung geben die Mittelwerte der durchschnittlichen realen Monatsrenditen von 0,919 % und der In-

---

[210] Zur Definition von Schiefe und Exzeß vgl. Hartung (1985) S. 189. Das vierte Moment entspricht der Kurtosis und unterscheidet sich vom Exzeß dadurch, daß der absolute Wert um 3 höher ist. Vgl. Greene (1990) S. 329.

[211] Zur Teststatistik siehe Jarque/Bera (1987) S. 165-167 und Greene (1990) S. 329 f. Alternative Tests auf Normalverteilung enthält Affleck-Graves/McDonald (1989) S. 892-894.

[212] Die häufige Behauptung, daß die Renditen in der Form (1+R) lognormalverteilt sind, ist ebenso wie die Normalverteilung der rohen Renditen auf ähnlich hohem Niveau abzulehnen. Da sich somit keine Verteilungsvorteile ergeben, wird im folgenden auf die Betrachtung logarithmierter Renditen verzichtet.

[213] Eine Verletzung der Normalverteilung der Renditen spielt für die multivariaten Tests zunächst keine so große Rolle, da diese nur auf die Normalverteilung der Störvariablen angewiesen sind.

flationsraten von 0,2648 % Auskunft. Mit einem Anteil von ungefähr 22,5 % enthalten die nominalen Bruttorenditen im Durchschnitt eine wesentliche Inflationskomponente.[214] Die Standardabweichungen von 4,1 % bei den durchschnittlichen realen Monatsrenditen beziehungsweise 0,3595 % bei den Inflationsraten, scheinen mit der Zinstheorie von Fisher nicht vereinbar zu sein. Die realen Aktienrenditen sind bei weitem volatiler als die Inflationsraten. Ebenso wie die nominalen Einzelrenditen sind auch die realen Einzelrenditen, die einen Mittelwert von 0,9169 % und eine Standardabweichung von 9,0037 % aufweisen, bei ähnlicher Signifikanz nicht normalverteilt.

Dies gilt auch für die nominalen und realen Renditen nach Steuern. Mit ihren Standardabweichungen von 8,9643 % bzw. 8,9861 % und ihren Mittelwerten von 1,0747 % bzw. 0,8151 % liegen sie nur geringfügig unter den Werten der Bruttorenditen.[215]

4.1.2.3 Marktwerte börsennotierter deutscher Aktiengesellschaften

Wegen der theoretischen Bedeutung des Marktportefeuilles werden in den eigenen empirischen Untersuchungen nicht nur gleichgewichtete, sondern auch marktwertgewichtete Portefeuilles einbezogen. Bei den verwendeten Marktwerten handelt es sich um den jeweiligen Marktwert der betrachteten Aktiengattung einer Unternehmung. Dieser unterscheidet sich vom Gesamtmarktwert einer verschuldeten Unternehmung zumindest durch den Marktwert ihres Fremdkapitals. Existieren darüber hinaus unterschiedliche Eigenkapitalarten, wie beispielsweise Stamm- und Vorzugsaktien, so entspricht ein Marktwert der Datenbasis nicht dem Marktwert des Eigenkapitals dieser Unternehmung.[216] Der Marktwert einer Aktiengattung i zum Zeitpunkt t, $M_{i,t}$, ergibt sich als Produkt aus dem aktuellen Aktienpreis $K_{i,t}$ und der Anzahl $Z_{i,t}$ der ausstehenden Aktien.[217]

$$M_{i,t} = K_{i,t} \times Z_{i,t} \qquad (82)$$

---

[214] Die relative Bedeutung der Inflationskomponente steigt bei der Berücksichtigung von Steuern weiter an.

[215] Bei der Berechnung der Renditen nach Steuern wurde ein Steuersatz von 36 % und eine Realisation von Kapitalgewinnen außerhalb der Spekulationsfrist von 6 Monaten unterstellt.

[216] Wenn im folgenden zur Vereinfachung der Ausdrucksweise, vom Marktwert einer Unternehmung gesprochen wird, handelt es sich nur um den Marktwert der entsprechenden Aktiengattung.

[217] Alle Daten sind in der Datenbank am Lehrstuhl von Prof. R. Stehle, Ph.D. an der Universität Augsburg enthalten. Sie basieren im wesentlichen auf den Hoppenstedt Kurstabellen - Kursanalysen.

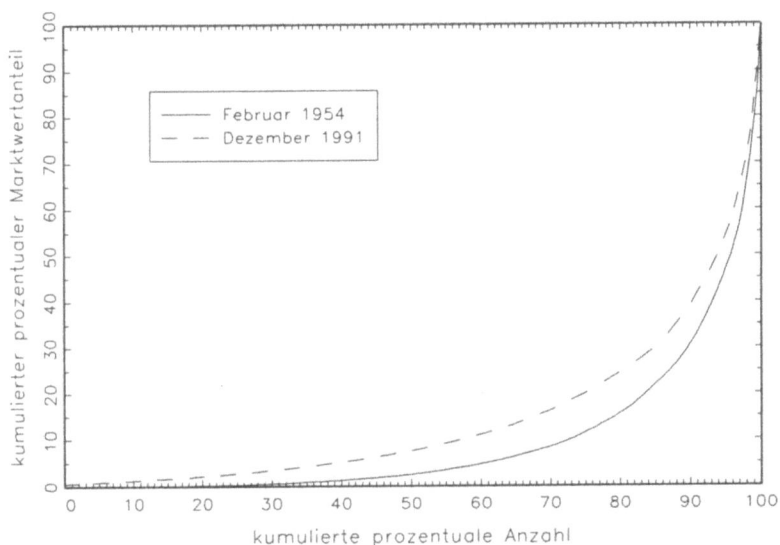

Abbildung 8: Lorenzkurve der Marktwerte (Februar 1954 und Dezember 1991)

Bezogen auf die Gesamtperiode 1954-91 stellt sich neben der bereits dargestellten Anzahl der notierten Gesellschaften im amtlichen Handel die Frage nach der Entwicklung des gesamten Marktvolumens wie auch die Frage nach der Veränderung der durchschnittlichen Unternehmensgröße. Beide Tatbestände sollten dabei nominal wie auch real analysiert werden, da ein nominales nicht unbedingt ein reales Wachstum impliziert. Vom Februar 1954 bis zum Dezember 1991 stieg die durchschnittliche Unternehmensgröße, gemessen am Marktwert einer Aktiengattung, von 36,38 Millionen DM auf über 1,691 Milliarden DM an.[218] Dies entspricht einem jährlichen Wachstum von 10,6 %. Unter Berücksichtigung der Inflation ergibt sich immer noch ein reales Wachstum von 7,2 %. Die Lorenzkurve (Abbildung 8) der prozentualen kumulierten Marktwerte und Unternehmenszahlen zeigt für den Beginn und das Ende des betrachteten Zeitraums, daß die einzelnen Unternehmensgrößen vom Periodendurchschnitt zum Teil sehr stark abweichen.[219] Dies drückt sich auch in den beiden Medianen von 5,58 Millionen DM bzw. 412,08 Millionen DM aus. Während

---

[218] Der Marktwert auf der Basis des Schlußkurses des letzten Handelstages im Vormonat wird dem Periodenbeginn des laufenden Monats als Marktwert zugeordnet und später bei der entsprechenden Portefeuillebildung eingesetzt.

[219] Dies impliziert die Möglichkeit von großen Renditeunterschieden zwischen gleichgewichteten und marktwertgewichteten Portefeuilles, die dieselben Aktien enthalten.

80 % der kleineren Firmen etwa 15 % bzw. 25 % des Gesamtmarktes ausmachen, repräsentieren die 10 % größten Firmen einen Anteil von 70 bzw. 60 %. Ein Vergleich der beiden Lorenzkurven scheint trotz der gestiegenen durchschnittlichen Marktwerte eher gegen als für eine Unternehmenskonzentration im Zeitablauf zu sprechen.

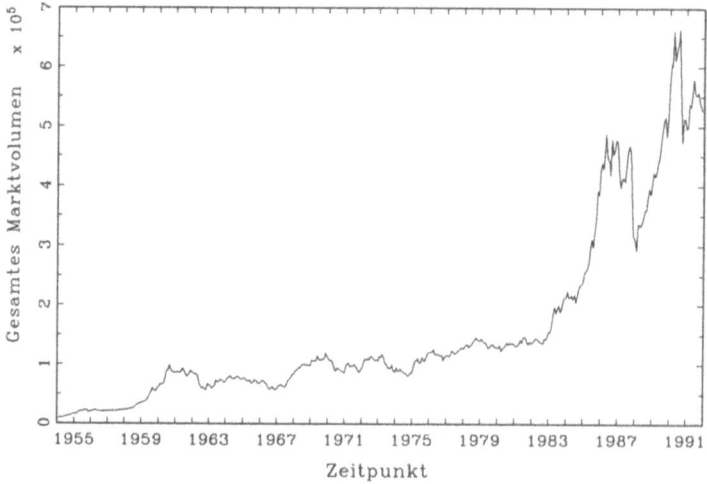

Abbildung 9: Nominale Entwicklung der Marktkapitalisierung

Ebenso wie die Entwicklung der durchschnittlichen Marktwerte ist auch die Entwicklung des gesamten Marktvolumens (Abbildung 9) relativ stabil. Untersucht man diese Trends mit Hilfe von Regressionen gegen eine Zeitvariable, so erklärt diese 76,9 bzw. 68 % der auftretenden Streuung. Wegen der zunehmenden Anzahl an Wertpapieren wächst der Gesamtmarkt mit jährlich 11,2 % stärker als die einzelne Unternehmung. Dies entspricht einer Volumensänderung von 9,35 Milliarden DM in 1954 auf 526,02 Milliarden DM in 1991. Im Vergleich dazu betrug der Marktwert aller 517 börsennotierten inländischen Stammaktien Anfang Dezember 1991 561,41 Milliarden DM.[220] Von den in der Stichprobe enthaltenen 306 Wertpapieren sind 242 Stammaktien. Diese repräsentieren mit ihrem Marktwert von 497,48 Milliarden DM ungefähr 89 % des Marktwertes aller börsennotierten Stammaktien

---

[220] Vgl. Statistische Beihefte zu den Monatsberichten der Deutschen Bundesbank, Reihe 2, Wertpapierstatistik, Januar 1992, Nr. 1, Tabelle 15, S. 41.

und kann deshalb als geeignete Stichprobe für den gesamten Aktienmarkt angesehen werden.[221]

4.1.3 Portefeuillebildung und alternative Ansätze zur Generierung von Stellvertretern für das Marktportefeuille

4.1.3.1 Möglichkeiten und Ziele der Portefeuillebildung

Das CAPM ist ein Modell, welches Aussagen über das Renditeverhalten einzelner Wertpapiere in Abhängigkeit vom Marktportefeuille macht. Da ein solches Marktportefeuille nicht ohne weiteres wie Einzelaktien beobachtbar ist, ist es erforderlich, einen Maßstab für dieses Portefeuille zu konstruieren. Auch aufgrund der durch die verwendeten mathematischen Methoden hervorgerufen Probleme stellt sich die Frage, ob Untersuchungen mit Einzelrenditen oder mit Portefeuillerenditen durchzuführen sind. Betrachtet man beispielsweise das Problem der Fehler in den Variablen, welches nicht nur bei den Schätzungen der β-Werte und ihrer anschließenden weiteren Verwendung auftritt, so können die damit verbundenen Folgen durch die Benutzung von Portefeuilles anstelle von Einzelaktien stark reduziert, nicht aber eliminiert werden.[222] Dies gilt nicht nur für die univariaten, sondern auch für die multivariaten Verfahren. Die multivariaten Verfahren sind darüber hinaus durch die Länge der Untersuchungsperiode und die damit verbundene Anzahl an Beobachtungen in der Anzahl der verwendbaren Aktien beschränkt ($N < T-2$). Es ist aber nicht sinnvoll, diese absolute mathematische Grenze auszunutzen. Simulationen haben gezeigt, daß die besten Ergebnisse erzielt werden, wenn sich das Verhältnis zwischen der Anzahl der verwendeten Aktien und der Anzahl der Beobachtungen im Bereich von 1/3 bis 1/5 bewegt. Um nicht nur einen kleinen Teilset[223] der verfügbaren Aktiendaten und damit einen Bruchteil der verfügbaren Informationen zu verwenden und um präzisere Schätzungen zu erhalten, sollen im folgenden neben den Einzelrenditen hauptsächlich Portefeuillerenditen analysiert werden.

---

[221] Bei Existenz eines Size-Effekts könnte durch die Schwerpunktbildung auf große Unternehmen eine Verletzung des CAPM nicht identifizierbar sein. Eine Ablehnung des CAPM wäre dagegen unproblematisch. Vgl. Stehle (1991) zur Existenz eines Size-Effekts am deutschen Aktienmarkt.

[222] Durch eine höhere Präzision bei Schätzungen der Portefeuillebetawerte im Vergleich zu einzelnen β-Werten wird die Problematik reduziert. Fama/MacBeth (1973) S. 620 f., Tabelle 2, zeigen, daß sich für ihre Portefeuilles die geschätzte Standardabweichung für β je nach Periode und Portefeuille auf 1/3 bis 1/7 reduziert.

[223] Bei Fünfjahreszeiträumen könnten nur 20 bis 30 Aktien berücksichtigt werden.

Bevor auf die speziellen Vor- und Nachteile einzelner Portefeuillebildungsverfahren[224] eingegangen wird, ist zu klären, nach welchen Kriterien Portefeuilles überhaupt sinnvoll konstruiert werden können. Dies impliziert die Frage nach den Anforderungen an ein solches Kriterium. Da es der Zweck von CAPM-Tests ist, Modellabweichungen zu erkennen, sollte die Portefeuillebildung derartig erfolgen, daß auftretende Modellverletzungen durch die Datenaggregation nicht verdeckt werden.[225] Dies beinhaltet, daß die relevanten Merkmale der verschiedenen Portefeuilles eine maximale Variation aufweisen und somit die Variation innerhalb der einzelnen Gruppen minimal sein sollte, um den Effizienzverlust zu minimieren.[226]

Geht man allein von der Rendite-Risiko-Beziehung aus, so bietet sich eine Portefeuillebildung nach dem nicht diversifizierbaren Risiko (β) der Aktien an. Durch die im Vergleich zu zufällig gebildeten Portefeuilles erreichte maximale Spanne der β-Werte zwischen den Portefeuilles läßt sich die Beziehung relativ gut schätzen. Eine solche Gruppierung muß aber nicht optimal sein.[227] Existieren systematische Anomalien wie beispielsweise der Size-Effekt oder übt die Branchenzugehörigkeit neben der Gesamtmarktentwicklung einen Einfluß auf das Renditeverhalten aus, so können diese Effekte bei einer Gruppierung nach β-Werten überlagert werden.

Von der Vielzahl der in der Literatur verwendeten Gruppierungsansätze (vgl. hierzu Tabelle 2) werden die Kriterien Beta, Size und Sharpe-Maß diskutiert.[228] Daneben soll die durchschnittlich realisierte Rendite als weiteres Portefeuillebildungskriterium betrachtet werden. Dieses kann insbesondere bei multivariaten Testverfahren zweckmäßig sein.[229] Keines der diskutierten Kriterien ist a priori dominant. Man kann auch keines im voraus ausschließen, da das CAPM in seiner allgemeinen Form bei jeder Gruppierung gelten muß. Zur Ablehnung des CAPM genügt es dagegen, ein Differentiationskriterium zu finden, welches zu einer eindeutigen Ablehnung des Modells führt. Während eine Portefeuillebildung nach Marktwerten relativ unproblematisch ist, stellen sich bei Betaportefeuilles die Fragen, nach welchem Modell die β-Werte zu schätzen und inwieweit die Schätz- und Testzeiträume zu trennen sind.

---

[224] Da in dieser Arbeit keine sogenannten CAPM-Anomalien untersucht werden, wird nicht auf eine stufenweise Portefeuillebildung nach mehreren Kriterien gleichzeitig eingegangen, wie sie beispielsweise Fama/French (1992) verwenden.

[225] Schon Roll (1977) S. 131 f. hat das Problem der Informationsaggregation diskutiert.

[226] Vgl. hierzu Huang/Litzenberger (1988) S. 330, die aufzeigen, daß eine Gruppierung immer mit einem Effizienzverlust verbunden ist.

[227] Vgl. hierzu Roll (1979 a) S. 396 und Shanken (1985) S. 338 f.

[228] Zu einem Vergleich der Kriterien Branche, Varianz der Rendite und Beta siehe Morgan (1977) S. 1760-1764.

[229] Bei diesen Tests bietet sich als Vorstufe ein Test auf Gleichheit der Renditen an. Kann dieser Test nicht abgelehnt werden, so führt ein weiterer Effizienztest im Regelfall nicht zur Ablehnung. Vgl. zu einem solchen Test Shanken (1985) S. 330 f.

Kriterium	Arbeiten
Beta	Black/Jensen/Scholes (1972), Fama/MacBeth (1973), Blume/Friend (1973), Gibbons (1982), Gibbons/Ross/Shanken (1989), Lo/MacKinlay (1990), Fama/French (1992)
Size	Shanken (1985), Gibbons/Ross/Shanken (1989), Lo/MacKinlay (1990), Fama/French (1992)
Branche	Gibbons/Ross/Shanken (1989)
Sharpe-Maß	Jobson/Korkie (1982), Jobson (1991)
Dividendenrendite	Black/Scholes (1974)
Rendite	Frantzmann (1989)
Rentabilität	Basu (1983)

Tabelle 2: Übersicht der in der Literatur verwendeten Portefeuillekriterien

Das am häufigsten angewendete Kriterium zur Bildung von Portefeuilles sind die β-Werte der Einzelaktien. Da diese β-Werte aber nicht bekannt sind, müssen sie in einem ersten Schritt geschätzt werden. Um eine einheitliche Vorgehensweise bei der Betaberechnung zu wählen, werden zur Portefeuillebildung die β-Werte mit dem Marktmodell (absolute Renditen, keine Überrenditen) berechnet, unabhängig davon, ob das Sharpe-Lintner-Modell oder das Black-Modell getestet wird. Obwohl die OLS-Schätzer erwartungstreu sind, stellen sie nicht die "wahren", sondern nur geschätzte Parameter dar und sind deshalb mit Schätzfehlern behaftet. Werden bei univariaten Regressionen diese geschätzten β-Werte als erklärende Variable verwendet, so tritt das Fehler in den Variablen Problem auf. Eine Möglichkeit, die Konsequenzen dieses Problems zu mindern, ist die Bildung von Portefeuilles.[230] Zieht man zur Konstruktion dieser Portefeuilles die β-Werte derselben Periode heran, so kann es zu Ergebnisverzerrungen kommen.[231] Gilt das Sharpe-Lintner-CAPM und verwendet man die β-Werte der Testperiode, so kumulieren sich Aktien mit einer Unterschätzung der β-Werte in den Portefeuilles mit den niedrigsten β-Werten. Analoges gilt für die Aktien mit überschätzten β-Werten. Unterstellt man weiter, daß die Mittelwerte der beobachteten Renditen repräsentativ für die Grund-

---

[230] Zu einem alternativ wählbaren Instrumentalvariablenansatz vgl. Stehle (1976) S. 59 ff., Huang/Litzenberger (1988) S. 334 f. und Johnston (1984) S. 330 ff.

[231] Auch bei Portefeuilles mit einer sehr großen Anzahl an Aktien konvergiert die Varianz der Meßfehler nicht gegen Null. Vgl. Huang/Litzenberger (1988) S. 331.

gesamtheit sind, so ist die geschätzte Wertpapierlinie tendenziell flacher als die tatsächliche und somit der y-Achsenabschnitt größer als R_f.[232]

Um diese Verzerrung zu vermeiden, können unter den Annahmen, daß die β-Werte im Zeitablauf stabil sind und die Random-Walk-Hypothese gilt, die β-Werte einer vorangehenden oder anschließenden Periode verwendet werden, da dann die Portefeuillebildung unabhängig von den aktuellen Meßfehlern ist. Nutzt man konsequent die β-Werte einer Vorperiode, so führt diese Methode zu einem kürzeren Untersuchungszeitraum (Datenverlust) bzw. zum Verlust einer Teilperiode. Werden zum Ausgleich für die erste Periode die β-Werte der Folgeperiode verwendet, so muß man diese Vorgehensweise spätestens bei der Untersuchung der Prognoseeignung des Modells aufgeben.[233]

Ein anderes Problem, welches bei der Verwendung von β-Werten aus umliegenden Perioden auftritt, ist der damit verbundene Effizienzverlust. Dieser drückt sich in der Tendenz der β-Werte in Richtung ihres Mittelwertes von Eins aus.[234] Verwendet man die β-Werte der Vorperiode zur Gruppierung der Aktien, so erreicht man nicht die maximal mögliche Spanne, die man bei Verwendung der aktuellen β-Werte erreichen würde, da diese im Zeitablauf variieren. Um den Sinn der Verwendung einer Vorperiode zu beurteilen, ist deshalb die Stabilität der β-Werte zu analysieren.[235]

Wird die Zusammensetzung eines Portefeuilles über die Gesamtperiode konstant gehalten, so sind die für unterschiedliche Teilperioden berechneten β-Werte im Zeitablauf bis auf die Anfangsperiode stark korreliert. Tabelle 3 zeigt dies für 10 Portefeuilles, die anhand der β-Werte einer Basisperiode strukturiert wurden.[236] Diese Tendenz der Stabilität wurde bei monatlichen Daten schon häufiger beobachtet, doch reicht sie für die Beurteilung des Effizienzverlustes nicht aus.[237] Betrachtet man darüber hinaus die Spannweite der β-Werte auf Basis der aktuellen Periode be-

---

[232] Lo/MacKinlay (1990) S. 456 ff. zeigen anhand des Sharpe-Lintner-CAPM, daß eine Verwendung von in-sample-Betas zu einer fälschlichen Ablehnung des CAPM führen kann. Black/Jensen/Scholes (1972) S. 84 f. stellen dieses Problem sehr anschaulich dar.

[233] Fama/French (1992) S. 430 ff. kommen bei ihren speziellen Tests mit den β-Werten einer Vorperiode, einer Nachperiode oder der gesamten Nachperiode zu ähnlichen Ergebnissen.

[234] Vgl. Blume (1975). Insbesondere Tabelle 3 auf S. 792 veranschaulicht diese Tendenz.

[235] Mit einem multivariaten Chow-Test stellen Huberman/Kandel (1987) S. 880 f. einen exakteren Test auf Stabilität der Regressionskoeffizienten vor.

[236] Zur Analyse der Stabilität der β-Werte wurde auf die 87 Gesellschaften zurückgegriffen, deren Renditen für den Gesamtzeitraum durchgehend verfügbar sind. Die daraus in einer Basisperiode gebildeten zehn Portefeuilles werden für den Gesamtzeitraum nicht mehr variiert. Die β-Werte der Portefeuilles in den verschiedenen Perioden und ihre Korrelation zur Basisperiode enthalten die Tabelle 3 und die Tabelle 24 S. 161 im Anhang.

[237] Vgl. zu den Ergebnissen für den deutschen Kapitalmarkt Frantzmann (1990) S. 74 ff., Lerbinger (1984) S. 291 f., Reiß/Mühlbradt (1979) S. 58-60 und Winkelmann (1984) S. 89-105.

Basisperiode: 1959-1963										
	Portefeuille									
Periode	1	2	3	4	5	6	7	8	9	10	ϱ
1954-58	1,17	1,10	1,20	1,27	1,13	1,24	1,05	1,26	1,10	1,13	-0,15
1959-63	0,44	0,78	0,88	0,97	1,10	1,26	1,35	1,48	1,58	1,87	
1964-68	1,10	0,93	1,11	1,00	1,08	1,11	1,22	1,06	1,29	1,24	0,64
1969-73	1,02	0,93	1,11	1,08	1,12	1,20	1,03	1,22	1,14	1,27	0,75
1974-79	1,07	0,93	0,61	0,90	1,07	0,82	1,01	1,51	1,02	1,13	0,40
1980-85	0,63	1,25	1,02	1,09	0,90	0,87	1,10	1,06	1,03	1,16	0,45
1986-91	0,81	0,89	0,65	0,80	0,81	0,92	0,90	1,14	1,12	1,21	0,81
Basisperiode: 1969-1973											
	Portefeuille									
Periode	1	2	3	4	5	6	7	8	9	10	ϱ
1954-58	0,87	1,09	1,13	1,15	1,21	1,23	1,23	1,10	1,41	1,21	0,75
1959-63	1,06	0,97	1,04	1,22	1,19	1,23	1,53	1,17	1,03	1,39	0,56
1964-68	0,64	0,82	1,03	0,91	1,12	1,45	1,26	1,21	1,29	1,35	0,88
1969-73	0,50	0,72	0,85	0,97	1,12	1,19	1,26	1,32	1,43	1,65	
1974-79	0,74	0,56	0,87	1,00	1,02	1,10	0,91	1,16	1,05	1,62	0,85
1980-85	0,79	0,55	0,79	0,81	1,01	1,39	1,19	1,13	1,15	1,21	0,79
1986-91	0,42	0,75	1,05	0,67	1,04	1,15	1,09	0,94	0,94	1,19	0,76
Basisperiode: 1980-1985											
	Portefeuille									
Periode	1	2	3	4	5	6	7	8	9	10	ϱ
1954-58	1,04	1,25	1,16	1,19	1,20	1,02	1,16	1,22	1,02	1,39	0,39
1959-63	0,91	1,03	1,19	1,05	1,25	1,30	1,29	1,38	1,12	1,32	0,70
1964-68	0,90	0,60	0,95	1,14	1,21	1,23	1,41	1,25	1,14	1,24	0,65
1969-73	0,88	0,94	0,87	0,95	1,25	1,18	1,32	1,29	1,08	1,31	0,76
1974-79	0,71	0,72	0,90	0,97	0,94	0,90	1,06	1,19	1,10	1,54	0,95
1980-85	0,28	0,49	0,62	0,77	0,86	1,00	1,16	1,33	1,47	1,96	
1986-91	0,62	0,45	0,67	1,07	0,97	0,93	1,04	1,27	0,98	1,18	0,78

Tabelle 3: Stabilität der β-Werte im Zeitablauf

ziehungsweise einer Vorperiode, so tritt eine durchschnittliche Reduktion der Betaspanne von 1,47 bei Verwendung der aktuellen Periode auf 0,66 bei Verwendung einer Vorperiode ein. Der Effizienzverlust scheint somit, anders als zumeist dargestellt, nicht unerheblich zu sein.

Nicht so offensichtlich ist dieses Problem des Effizienzverlustes bei multivariaten Tests, da bei diesen auf der ersten Stufe die Portefeuillerenditen gegen die Marktrenditen regressiert werden. Die dann mit Hilfe der diversen Testgrößen analysierten Parameterrestriktionen entsprechen einer Regression der geschätzten α-Werte gegen die β-Werte und beinhalten somit auch das Fehler in den Variablen Problem.[238] Dies wird durch einen Korrekturfaktor in den Testgrößen berücksichtigt. Trotzdem sollte eine Gruppierung keine systematischen Verzerrungen aufweisen.[239]

Aus diesen Gründen wird bei einer Portefeuillebildung nach β-Werten die erste Teilperiode zur Schätzung der β-Werte verwendet.[240] Diese stellen die Grundlage der Portefeuillebildung dar, die in der nächsten Teilperiode für alle Untersuchungen verwendet wird. Für jede Untersuchungsperiode wird so eine Vorperiode benötigt. Damit unterscheidet sich die Untersuchung der Teilperioden von der der Gesamtperiode. Bei dieser werden wegen der höheren Anzahl der Beobachtungen und den damit verbundenen präziseren Schätzungen zur Konstruktion der Portefeuilles die β-Werte der Gesamtperiode herangezogen. Für die univariaten und multivariaten Tests wird bei der Analyse der Gesamtperiode wegen der Anzahl an Beobachtungszeitpunkten keine Portefeuillebildung durchgeführt.

Motiviert durch die Existenz eines Size-Effekts in vielen Ländern bietet sich als weiteres Portefeuillebildungskriterium der Marktwert der Unternehmen an. Da nach dem Size-Effekt kleine Unternehmen tendenziell eine höhere risikobereinigte Rendite aufweisen als große, führt eine Gruppierung mittels der Marktwerte der Unternehmen nicht so leicht zu einer Verdeckung dieses Effekts. Außerdem ist das Sizekriterium aus statistischer Sicht weniger problematisch, obwohl auch hier Verzerrungen auftreten können.[241] Durch diese Methode gehen keine Daten verloren, da zur Portefeuillebildung die Marktwerte vom Beginn der Untersuchungsperiode

---

[238] Zu einem anderen Ergebnis kommt Gibbons (1982) S. 12, da er die Methode der Seemingly-Unrelated-Regressions in Verbindung mit a priori Restriktionen einsetzt und somit einen simultanen Ansatz wählt. Er argumentiert intuitiv, daß eine simultane Maximum Likelihood Schätzung das Fehler in den Variablen Problem eliminiert. Durch die Linearisierung der Restriktion entspricht sein Schätzer aber dem GLS-Schätzer auf der zweiten Stufe und unterliegt deshalb auch dem Fehler in den Variablen Problem. Vgl. Shanken (1992) S. 3.

[239] Vgl. hierzu auch Lo/MacKinlay (1990) S. 456 ff.

[240] Eine Gesellschaft wird bei der Portefeuillebildung nach dem Kriterium Beta berücksichtigt, wenn aus der Vorperiode für mindestens 3 Jahre durchgehend Renditedaten verfügbar sind.

[241] Vgl. Lo/MacKinlay (1990) S. 443 ff. zu den möglichen Verzerrungen bei Sortierungen nach Kriterien, die mit den Modellabweichungen korreliert sind.

herangezogen werden. Sie hat den Vorteil, daß keine Vorperiode zur Datenaufbereitung "verschwendet" wird.[242]

Als drittes Kriterium soll das Sharpe-Maß betrachtet werden. Diese Gruppierung bietet sich ebenso wie eine Differenzierung nach Renditen bei den multivariaten Verfahren an. Wie Jobson/Korkie (1982) zeigen, stellen diese Tests reine Performancetests dar. Die aggregierten Portefeuilles sollten deshalb so gebildet werden, daß sie ein maximales Performancepotential aufweisen.[243] Das Sharpe-Maß scheint somit geeignet zu sein, um Portefeuilles mit einer möglichst heterogenen Performance zu erhalten. Da es vom risikolosen Zinssatz beziehungsweise der Zero-Beta-Rendite abhängt, wird es für die Gruppierung leicht modifiziert, indem für diese Rendite ein Wert von Null unterstellt wird. Die Portefeuillebildung für eine Untersuchungsperiode erfolgt anhand der Sharpe-Maße der einzelnen Aktien der jeweiligen Vorperiode, um auch hier mögliche Verzerrungen zu vermeiden. Denn ebenso wie die β-Werte, sind die im Kriterium enthaltenen Standardabweichungen der Renditen mit möglichen Schätzfehlern verbunden.[244]

Zur Überprüfung der Eignung der multivariaten Verfahren bei einer vorliegenden Datensituation bietet sich ein multivariater Test auf Gleichheit der Portefeuillerenditen an.[245] Kann diese Gleichheit nicht abgelehnt werden, so stellt sich die Frage nach dem Sinn und Zweck dieser Tests in der betrachteten Datensituation. Eine Gruppierung nach dem Kriterium Rendite, bei dem der Gruppierungs- und Testzeitraum übereinstimmen, sollte zur Ablehnung der Gleichheit der Portefeuillerenditen führen, da hier die maximale Renditespanne erreicht wird. Stellt sich aber heraus, daß die Gleichheit nicht abgelehnt werden kann, so sollte man die spezielle Anwendung nochmals überdenken.

Neben der Wahl des Kriteriums spielt bei der Ermittlung der Markt- und Portefeuillerenditen die Auswahl der berücksichtigten Titel und die Art ihrer Gewichtung eine wesentliche Rolle. Auf die Stichprobenbildung wurde bereits eingegangen. Hinsichtlich der Gewichtung lassen sich prinzipiell zwei sinnvolle Gewichtungsarten unterscheiden. Bei der gleichgewichteten Renditeberechnung gehen alle Aktienrenditen unabhängig von ihrer ökonomischen Bedeutung mit dem gleichen Gewicht in die

---

[242] Daß bei einer Portefeuillebildung nach Marktwerten aus einer Ablehnung des CAPM nicht das Vorliegen eines Size-Effektes gefolgert werden kann, erläutert Shanken (1985) S. 340.

[243] Während eine Gruppierung nach β-Werten sinnvoll ist, um die asymptotische Standardabweichung der Schätzgrößen zu minimieren, maximiert sie nicht unbedingt die Abweichungen von der Nullhypothese. Vgl. Gibbons/Ross/Shanken (1989) S. 1137.

[244] Vgl. zu diesem Kriterium Jobson/Korkie (1982) S. 453 und Jobson (1991) S. 243 und Fußnote 6 sowie Lakonishok/Shapiro (1984) Anhang, S. 41.

[245] Vgl. hierzu Shanken (1985) S. 330 f.

Berechnung ein. Die sich so ergebende Portefeuillerendite eines Zeitpunktes entspricht dem arithmetischen Mittel der in ihm berücksichtigten Einzelrenditen.[246]

Alternativ hierzu kann eine Marktwertgewichtung durchgeführt werden. Diese ist der Gleichgewichtung aus theoretischer Sicht überlegen, da sich die Herleitung des CAPM, wie auch alle daraus abgeleiteten Aussagen, auf Marktwerte beziehen. Da es sich aber beim beobachteten Markt nicht um den Gesamtmarkt handelt, ist es fraglich, ob die auf diesem Partialmarkt ermittelten Gewichtungsverhältnisse denen des Gesamtmarktes entsprechen.[247] Auch ist eine Portefeuillegewichtung mit Marktanteilen ebenso wie die Gleichgewichtung nicht vollständig konsistent mit dem statischen Modell. Unterstellt man die Stabilität aller Einflußgrößen, wie beispielsweise die der β-Werte und der Renditen, so würde sich im Laufe der Zeit die Zusammensetzung des Marktportefeuilles ändern.[248] Dessen Konstanz wird aber nicht nur bei den multivariaten, sondern auch bei den univariaten Verfahren implizit vorausgesetzt.

Im Rahmen der Untersuchungen werden marktwertgewichtete wie auch gleichgewichtete Marktindizes und entsprechende Portefeuillerenditen parallel verwendet, da beide Alternativen typische Verhaltensweisen von Anlegern repräsentieren.[249] Ein Anleger, der die Performance des Gesamtmarktes anstrebt, investiert sein Kapital im gleichen Verhältnis wie im marktwertgewichteten Index. Der eher typische Anleger dürfte gleiche Beträge in unterschiedliche Gesellschaften investieren, so daß für ihn der gleichgewichtete Index repräsentativer zu sein scheint. Da im Rahmen dieser Arbeit auch Performancetests durchgeführt werden, ist auch wegen der möglichen Existenz eines Size-Effekts ein gleichgewichteter Marktindex interessant. Die Verwendung zweier Marktindizes ermöglicht zudem Aussagen bezüglich der Sensitivität der Testergebnisse auf die Wahl des Marktindex.

Daneben existieren weitere Gründe für die parallele Verwendung beider Indizes.

---

[246] Berechnungsformel: $R_p = \frac{1}{n_p} \sum_{i \in p} R_i$

[247] Auch stellt sich die Frage, ob zur Gewichtung die gesamten Marktwerte oder der um den Festbesitz korrigierte Free-Float heranzuziehen ist. Daß sich diese Gewichte stark unterscheiden, verdeutlichen die Übersichten in Richard (1990) im Anhang. Da aber die Bestimmung und Verwendung des Free-Float sehr problematisch ist und sein Einsatz keine eindeutigen Vorteile bietet, wird auf seine Betrachtung verzichtet.

[248] Vgl. Nielsen (1991) S. 3 f. Diese Inkonsistenz wird durch die Übertragung des statischen CAPM auf Zeitreihendaten hervorgerufen. Eine ähnliche Argumentation zugunsten des gleichgewichteten Index enthält Banz (1981) S. 10.

[249] Wie in der frühen Studien von Black/Jensen/Scholes (1972) S. 85 werden in einigen neueren Untersuchungen wie z. B. Shanken (1985) S. 339, MacKinlay (1987) S. 347 und Shanken (1987 b) S. 99 nur gleichgewichtete Indizes verwendet. Darüber hinaus setzen die meisten Autoren beide Indizes parallel ein. Vgl. Kandel/Stambaugh (1987) S 66, Gibbons/Ross/Shanken (1989) S. 1127 ff., MacKinlay/Richardson (1991) S. 521 und Fama/French (1992) S. 431.

Schon Roll (1977) stellt fest, daß eine Ablehnung des CAPM eventuell auf einen schlechten Maßstab für das Marktportefeuille zurückzuführen ist.[250] Es ist deshalb wichtig, einen geeigneten Maßstab für die Marktrendite zu identifizieren. Da der gleichgewichtete Index häufig effizienter ist als der marktwertgewichtete Index, liegt er in solchen Fällen näher am nicht beobachtbaren "wahren" Marktportefeuille und ist deshalb vorzuziehen. Bei der Berechnung der Marktindizes werden in jedem Monat alle verfügbaren Rendite- und Marktwertdaten verwendet.

Wie bei Gibbons/Ross/Shanken (1989) werden beim Einsatz des gleichgewichteten Index gleichgewichtete Portefeuilles und beim marktwertgewichteten Index marktwertgewichtete Portefeuilles verwendet. Die gleichgewichteten Portefeuilles bieten sich zum einen für die vergleichende Darstellung an, wie beispielsweise am Fehler in den Variablen Problem beim Übergang von Einzelaktien auf Portefeuilles. Zum anderen ist die mit der Aggregation verbundene Verminderung des Diversifikationspotentials tendenziell geringer.

Eine andere Vorgehensweise wird bei der Kalkulation der Portefeuillerenditen eingesetzt, damit die Erwartungskonsistenz gewährleistet ist. Diese hängt eng mit dem Umschichtungsproblem der Portefeuilles zusammen. Stände eine realisierbare Handelsstrategie im Vordergrund des Interesses, so wäre eine monatliche Anpassung der Portefeuilles angebracht. Diese Umstrukturierung ist aber schlecht vereinbar mit den impliziten Stabilitätsannahmen und den Erwartungen im Rahmen von CAPM-Tests. Während man vielleicht davon ausgehen kann, daß das Risiko einer Unternehmung in einem Testzeitraum von 5 bis 6 Jahren relativ stabil ist, ist diese Annahme für Portefeuilles, deren Zusammensetzung sich monatlich ändert, noch gewagter. Aus diesem Grund werden innerhalb der gesamten Untersuchungsperiode 1954-91[251] und den fünf- und sechsjährigen Teilperioden 1954-58, 1959-63, 1964-68, 1969-73, 1974-79, 1980-85, 1986-91 nur diejenigen Aktien berücksichtigt, die in der jeweiligen Periode durchgehend notiert waren.[252]

Ausgehend von diesen Aktien je Testzeitraum werden jeweils 20 Portefeuilles nach den Kriterien Beta, Marktwert, Sharpe-Maß und Durchschnittsrenditen gebildet. Alle Portefeuilles umfassen ungefähr dieselbe Anzahl an Gesellschaften.[253] Die Anzahl

---

[250] Vgl. Roll (1977) S. 132.

[251] Wegen der im Vergleich zur Anzahl der Beobachtungszeitpunkte geringen Anzahl an durchgehend notierten Aktien, ist eine Portefeuillebildung zur Untersuchung der Gesamtperiode nicht mehr erforderlich.

[252] Vgl. zu diesem Vorgehen Shanken (1985) S. 339 und Shanken (1987 b) S. 98. Wegen der geringen Anzahl an Konkursen in Deutschland dürfte ein möglicher ex-post-selection-bias geringer ausfallen als in den USA.

[253] Wegen der höheren Volatilität und Prognoseunsicherheit wird, falls sich die Aktien nicht gleichmäßig auf die Portefeuilles verteilen lassen, der Rest diesen, angefangen bei dem Portefeuille mit der höchsten Portefeuillenummer, in absteigender Folge zugeteilt.

der Portefeuilles wird auf 20 gesetzt, da Simulationen gezeigt haben, daß die Aussagekraft der betrachteten multivariaten Tests bei monatlichen Beobachtungen am größten ist, wenn das Verhältnis zwischen der Anzahl der Portefeuilles und der Anzahl der Beobachtungszeitpunkte ungefähr den Wert 1/3 annimmt.

4.1.3.2 Deskriptive Analyse der verwendeten alternativen Portefeuillerenditen

Obwohl die marktwertgewichteten wie auch die gleichgewichteten Marktportefeuillerenditen auf denselben Daten basieren, unterscheiden sie sich doch beträchtlich. Regressiert man beide Zeitreihen gegeneinander, so erklärt die eine Zeitreihe nur 85,5 % der Variation der anderen. Dies entspricht einem einfachen Korrelationskoeffizienten von 92,5 %. Darüber hinaus ist die Konstante signifikant von Null verschieden. Wegen dieser Unterschiede ist eine Beschränkung auf die Verwendung eines einzigen Index nicht zweckmäßig. Beide Indizes werden deshalb kurz analysiert und in den empirischen Untersuchungen parallel verwendet.[254] Deskriptive Maße der marktwertgewichteten Marktrenditen für die einzelnen Untersuchungsperioden enthält Tabelle 4; die gleichgewichteten Marktrenditen sind in Tabelle 5 beschrieben.

Die Mittelwerte der marktwertgewichteten Renditen variieren zwischen 0,041 % und 2,099 %. Die Spanne von 2,058 % ist dabei wesentlich größer als bei den gleichgewichteten Renditen, bei denen sie nur 1,776 % beträgt. Interessant ist auch, daß innerhalb der Teilperioden die Renditen des gleichgewichteten Marktportefeuilles wesentlich stabiler sind. Dies drückt sich in einer geringeren Standardabweichung des gleichgewichteten Index in jeder der sieben Teilperioden aus. Betrachtet man die Mittelwerte der verschiedenen Teilperioden, so fallen insbesondere die Abweichungen in 1969-73 und 1980-85 auf. Im ersten Zeitraum liegt die gleichgewichtete monatliche Indexrendite mit 0,778 % über der marktgewichteten Rendite. Dies scheint unter Vernachlässigung aller Risikoaspekte einen Size-Effekt anzudeuten. Anders sieht es in der Zeit von 1980-85 aus. Hier ist die gleichgewichtete Rendite um 0,429 % geringer als die marktwertgewichtete. Eine grobe Abschätzung mit Hilfe der T^2-Hotelling-Statistik führt zu dem Ergebnis, daß die Gleichheit der Mittelwerte über alle Perioden auf einem Signifikanzniveau von 10 % nicht abgelehnt wird. Die nominalen Mittelwerte der Marktrenditen scheinen somit im Zeitablauf

---

[254] Für beide Marktindizes sind die monatlichen wie auch die jährlichen Renditewerte in Tabelle 22 und Tabelle 23 im Anhang enthalten.

Zeitraum	Mittelwert	Standardabweichung	Autokorrelation 1. Ordnung	Schiefe	Exzess	P-Wert (NV)
1954-1958	2,099	4,323	0,128	0,757	1,856	0,395
1959-1963	1,447	6,805	0,280	0,582	0,095	0,182
1964-1968	0,634	3,737	0,256	0,122	-0,049	0,926
1969-1973	0,041	4,690	0,047	0,249	-0,140	0,716
1974-1979	0,681	3,491	0,007	0,275	0,628	0,352
1980-1985	1,931	4,100	0,001	0,307	0,073	0,564
1986-1991	0,452	6,422	0,118	-0,823	1,927	0,000

Tabelle 4: Deskriptive Analyse des marktwertgewichteten Marktindex

Zeitraum	Mittelwert	Standardabweichung	Autokorrelation 1. Ordnung	Schiefe	Exzess	P-Wert (NV)
1954-1958	2,409	3,455	0,350	-0,128	0,946	0,307
1959-1963	1,410	5,738	0,327	0,685	0,424	0,076
1964-1968	0,633	2,733	0,412	0,045	-0,642	0,591
1969-1973	0,819	4,037	0,237	0,057	-0,176	0,946
1974-1979	0,702	3,112	0,240	0,778	1,879	0,000
1980-1985	1,502	3,118	0,231	0,332	0,699	0,248
1986-1991	0,919	5,190	0,156	-0,892	1,982	0,000

Tabelle 5: Deskriptive Analyse des gleichgewichteten Marktindex

annähernd stabil zu sein. Diese Aussage steht im Widerspruch zu den univariaten t-Tests, die die Hypothese der Gleichheit des Periodenmittelwertes und des Gesamtmittelwertes bei jedem Index in drei von sieben Fällen ablehnen. Ebenso wie bei den Marktrenditen läßt sich bei den variierenden Standardabweichungen kein Trend im Zeitablauf feststellen.

Eine weitere Größe, die das Renditeverhalten im Zeitablauf beschreibt, ist der Autokorrelationskoeffizient erster Ordnung. Dieser zeigt, daß die Renditen keinem reinen Random-Walk folgen, sondern zeitlich aufeinanderfolgende Renditen leicht positiv korreliert sind. Die Autokorrelationen sind beim gleichgewichteten Marktindex in jeder Teilperiode höher als beim marktwertgewichteten. Der Unterschied drückt sich in einem mehr als doppelt so hohen Mittelwert von 0,279 beim gleichgewichteten Portefeuille im Vergleich zum marktwertgewichteten Portefeuille von 0,120 aus. Dieses Bild spiegelt sich auch in der Signifikanz der Autokorrelationen wider. Während beim marktwertgewichteten Index in zwei Teilperioden die Autokorrelation signifikant von Null verschieden ist, ist sie dies beim gleichgewichteten Index in jeder Periode. Bezüglich der Normalverteilung der Renditen, die sich in ihrer Schiefe und ihrem Exzess ausdrückt, unterscheiden sich wiederum beide Indizes. Für das marktwertgewichtete Portefeuille ist die Normalverteilung nur in der letzten Periode zu verwerfen. Dagegen erfolgt beim gleichgewichteten Portefeuille eine Verwerfung der Normalverteilung in drei Untersuchungsperioden. Obwohl bei den Portefeuillerenditen die Normalverteilungsannahme häufiger verletzt ist als bei den Marktindizes,[255] ist der Unterschied zwischen gleichgewichteten und marktwertgewichteten Portefeuillerenditen geringer. Während beispielsweise bei den marktwertgewichteten Size- und Betaportefeuilles die Normalverteilung in 47 % der Fälle abgelehnt wird, ist sie bei den entsprechenden gleichgewichteten Portefeuilles in 53 % beziehungsweise 55 % der Fälle zu verwerfen.

Um einen ersten Eindruck vom Diversifikationsgehalt des Marktes beim Übergang von Portefeuilles auf den Marktindex zu erhalten, kann die mittlere Standardabweichung der Portefeuillerenditen mit der Standardabweichung der Marktrenditen in den Teilperioden verglichen werden. Insbesondere bei der gleichgewichteten Betrachtung sind die Ergebnisse, die in Tabelle 6 zusammengefaßt sind, anschaulich interpretierbar. Während die mittlere Rendite des Marktportefeuilles der mittleren Rendite der Einzelportefeuilles entspricht,[256] ist das Risiko eines durchschnittlichen Portefeuilles, gemessen an seiner Standardabweichung, um 22 % größer als dasjenige des Marktindex. Der Unterschied ist geringer als bei den marktwertgewichteten Portefeuilles, da durch die Marktwertgewichtung das Risiko des Marktportefeuilles im wesentlichen dem Risiko der größten Gesellschaften entspricht. Dies führt auch dazu, daß bei den Sizeportefeuilles die beiden einzigen Fälle auftreten, bei denen die durchschnittliche Standardabweichung der Portefeuillerenditen geringer ist als die des Marktindex. Trotzdem ist die Standardabweichung der Einzelportefeuilles im Mittel um 11 % höher als die des marktwertgewichteten Marktindex. Man erkennt somit, daß durch die naive Diversifikation in das gleichgewichtete oder marktwertge-

---

[255] Dies ist in Anlehnung an den zentralen Grenzwertsatz auch zu erwarten.
[256] Kleine Unterschiede treten dann auf, wenn die Anzahl der berücksichtigten Gesellschaften in einer Untersuchungsperiode nicht durch die Anzahl der Portefeuilles teilbar ist.

Marktwertgewichtete Portefeuilles							
Portefeuille	1954-58	1959-63	1964-68	1969-73	1974-79	1980-85	1986-91
Beta		7,459	4,614	5,052	4,112	4,605	6,423
Size	5,485	6,921	3,305	4,794	4,216	4,167	6,018
Sharpe		7,521	4,439	5,168	4,148	4,732	6,844
Rendite	5,256	7,335	4,442	5,566	4,399	4,423	6,880
Marktindex	4,323	6,805	3,737	4,690	3,491	4,100	6,422
Gleichgewichtete Portefeuilles							
Portefeuille	1954-58	1959-63	1964-68	1969-73	1974-79	1980-85	1986-91
Beta		6,348	3,359	4,744	4,332	3,914	6,063
Size	4,247	6,423	3,402	4,695	4,377	4,030	6,031
Sharpe		6,453	3,323	4,563	4,166	3,942	5,937
Rendite	4,295	6,440	3,338	4,693	4,390	3,943	5,984
Marktindex	3,455	5,738	2,734	4,037	3,112	3,118	5,190

Tabelle 6: Durchschnittliche Standardabweichungen der Portefeuillerenditen

wichtete Marktportefeuille Diversifikationseffekte im Sinne der Risikominderung zu beobachten sind. Ob die Möglichkeiten der Diversifikation dabei annähernd ausgeschöpft werden, kann an dieser Stelle noch nicht beurteilt werden.

Die mittleren Portefeuillerenditen enthalten die Tabellen 25 und 26 auf den Seiten 162 und 163 im Anhang. Die Streuung dieser Mittelwerte bei allen Portefeuilles ist nahezu identisch. Nur bei den Renditeportefeuilles ist sie durch die spezielle Konstruktion in etwa doppelt so hoch. Ein erster multivariater Test auf Gleichheit der Portefeuillerenditen[257] mit der Marktrendite innerhalb der verschiedenen Teilperioden zeigt in Tabelle 7, daß die Gleichheit zumeist nicht abgelehnt werden kann. Nur bei einer Portefeuillebildung nach den tatsächlich realisierten Renditen ist diese Gleichheit im Regelfall abzulehnen. Bei allen anderen Portefeuilles ist dagegen nur in 5 von 38 Fällen überhaupt die Gleichheit der Mittelwerte der Renditen zu verwerfen.

---

[257] Dieser Test entspricht in etwa dem Test von Shanken (1985) S. 330 f., wobei aber zur Normierung das entsprechende Marktportefeuille als zusätzliches Wertpapier eingesetzt wurde.

Marktwertgewichtete Portefeuilles							
Portefeuille	1954-58	1959-63	1964-68	1969-73	1974-79	1980-85	1986-91
Beta		0,346	0,847	0,457	0,482	0,017	0,142
Size	0,666	0,233	0,478	0,070	0,127	0,425	0,422
Sharpe		0,250	0,722	0,538	0,064	0,013	0,655
Rendite	0,007	0,181	0,001	0,033	0,001	0,018	0,126
Gleichgewichtete Portefeuilles							
Portefeuille	1954-58	1959-63	1964-68	1969-73	1974-79	1980-85	1986-91
Beta		0,336	0,9395	0,514	0,917	0,233	0,850
Size	0,009	0,766	0,235	0,172	0,130	0,871	0,668
Sharpe		0,670	0,424	0,534	0,680	0,104	0,785
Rendite	0,000	0,097	0,007	0,004	0,000	0,000	0,001

Tabelle 7: P-Werte des Tests auf Gleichheit aller Portefeuillerenditen mit der Marktrendite

Tests des Black-CAPM, bei denen die gleiche Testprozedur eingesetzt wird,[258] können (im Regelfall) zu keiner Ablehnung des CAPM führen, wenn die Gleichheit der Portefeuillerenditen nicht abzulehnen ist. Sie sind trotzdem nicht überflüssig, da ein Vergleich der P-Werte der verschiedenen Modelle (Black-CAPM versus Gleichheit der Portefeuillerenditen) Aufschlüsse über den unterschiedlichen Erklärungsgehalt der Modelle liefern kann.

Eine weitere Analyse der Mittelwerte der Portefeuilles im Zusammenhang mit der vom CAPM postulierten positiven Rendite-Risiko-Beziehung und den Effizienzaussagen erfolgt in den weiteren Abschnitten.[259] Dazu werden univariate wie multivariate Methoden eingesetzt.

---

[258] Dies entspricht dem CSRT.
[259] Betrachtet man die Renditen der Sizeportefeuilles, so können unter Vernachlässigung von Risikoaspekten folgende Aussagen gemacht werden: Ordnet man das Portefeuille 20 in der Teilperiode 1974-79 wegen des untypischen Verhaltens der in ihm enthaltenen drei Restquotenaktien als Ausreißer ein, so scheint ein Size-Effekt nur in den Perioden 1969-73 und 1986-91 vorzuliegen.

4.2 Ergebnisse der univariaten und multivariaten Analysen

4.2.1 Univariate Analyseverfahren

Alle nun folgenden Auswertungsverfahren, ob univariat oder multivariat, stellen implizit zweistufige Analyseverfahren dar. Hierbei werden die auf der ersten Stufe geschätzten α- und β-Werte in einer zweiten Stufe analysiert. Während jedoch bei den univariaten Verfahren die geschätzten Koeffizienten getrennt ausgewertet werden, steht bei den multivariaten Verfahren der gemeinsame Test der Koeffizienten bezüglich der Modellrestriktionen im Vordergrund.

Da die multivariaten Verfahren ohne Gegenhypothese auskommen, werden auch die univariaten Verfahren ohne genau spezifizierte Gegenhypothesen eingesetzt. Trotzdem sind sie nicht als einfachere Vorstufe der multivariaten Verfahren zu verstehen. Im Gegensatz zu den multivariaten Verfahren, bei denen ohne graphische Interpretationen nur Ja-Nein-Entscheidungen erzielt werden, veranschaulichen die univariaten Verfahren neben den Rendite-Risiko-Relationen auch Modellabweichungen und geben bei weiteren Analysen Aufschluß über deren eventuelle Ursachen. Sie helfen auch, die unterschiedlichen Alternativen der Handhabung des Fehler in den Variablen Problems auf der Basis der tatsächlich verfügbaren Daten näher zu beurteilen. Dabei ist insbesondere ein Vergleich der asymptotischen Korrekturverfahren für $N \rightarrow \infty$ und $T \rightarrow \infty$ mit dem Portefeuillebildungsansatz aufschlußreich. Verbunden damit vermittelt ein solcher Vergleich eine Vorstellung vom Effizienzverlust beim Übergang der Betrachtung aller Einzelaktien, bei denen nur OLS- und WLS-Verfahren eingesetzt werden können, auf eine Analyse von Aktienportefeuilles, bei denen außerdem GLS-Auswertungen erfolgen.

Bei der Berechnung der auf der ersten Stufe ermittelten α- und β-Werte werden anders als bei der Portefeuillebildung zwei Fälle unterschieden. Für alle Tests des Black-CAPM wird das Marktmodell in seiner normalen Form herangezogen, wie es als Zeitreihenregression in Gleichung (36) beschrieben ist. Für einzelne Tests der Sharpe-Lintner-Version, bei denen man von einem bekannten risikolosen Zinssatz ausgeht, wird ebenfalls auf das Marktmodell zurückgegriffen. Anders als in Gleichung (36) dargestellt, werden die Zeitreihen der Marktrendite und der Aktienrenditen jedoch hier durch die Zeitreihen der entsprechenden Überrenditen ersetzt. Die sich bei beiden Verfahren ergebenden Betaschätzungen unterscheiden sich im Regelfall leicht. Würde man mit einem im Zeitablauf konstanten risikolosen Zinssatz arbeiten, so kämen beide Verfahren zur selben Betaschätzung. Da die hier verwendeten Renditen von Monatsgeld aber variieren, kommt es zu geringen Abweichungen.

4.2.1.1 Tests des Sharpe-Lintner-CAPM

Bei der Verwendung von Überrenditen und unter Gültigkeit des Sharpe-Lintner-CAPM müßte für jedes Wertpapier der Achsenabschnitt α einen theoretischen Wert von Null annehmen. Alle α-Werte lassen sich bei dieser Vorgehensweise als direkte Modellabweichungen interpretieren. Da bei der Verwendung von Überrenditen außerdem das Problem der nichtlinearen Hypothese entfällt, basieren die nun folgenden univariaten Tests des Sharpe-Lintner-Modells auf der Überrenditeversion. Im Mittelpunkt der dargestellten Ergebnisse steht weniger der Vergleich der verschiedenen Portefeuillegruppierungen, sondern eher der Vergleich der Testergebnissen bei Verwendung von Einzelaktien und bei Verwendung von Portefeuilles. Hierzu werden speziell die Ergebnisse der Einzelaktien bei Verwendung des gleichgewichteten Marktindex und der gleichgewichteten Betaportefeuilles herangezogen, die in den Tabellen 8 und 9 zusammengefaßt sind. Entsprechende Ergebnisse für alle anderen Gruppierungen enthalten die Tabellen 27 und 28 im Anhang auf den Seiten 164 und 165.

Univariate Auswertungen der α-Werte: $R_i - R_f = \alpha_i + \beta_i (R_m - R_f)$												
	$\bar{\alpha}_{OLS}$	$\hat{\sigma}_{\bar{\alpha}}$	α_{min}	α_{max}	$P_{\bar{\alpha}}^{OLS}$	$\bar{\alpha}_{WLS}$	$P_{\bar{\alpha}}^{WLS}$	Test: $\alpha_i=0$	β_{min}	β_{max}	$\hat{\sigma}_\beta$	$\bar{R}^2$
54-58	0,067	0,088	-4,560	4,548	0,224	-0,009	0,553	12|21	-0,027	2,668	0,416	0,273
59-63	0,023	0,059	-2,603	2,507	0,346	-0,072	0,933	3|11	-0,158	2,685	0,419	0,403
64-68	-0,005	0,048	-2,586	2,029	0,544	0,017	0,321	7|10	-0,235	1,919	0,461	0,263
69-73	-0,033	0,061	-1,715	2,730	0,706	-0,233	1,000	9|20	-0,239	2,019	0,394	0,334
74-79	0,004	0,084	-2,536	7,666	0,480	-0,109	0,992	4|20	0,105	4,849	0,606	0,247
80-85	0,053	0,060	-2,565	2,956	0,193	0,028	0,278	11|5	-0,049	3,431	0,505	0,218
86-91	0,065	0,070	-2,550	4,660	0,178	-0,000	0,506	12|8	0,058	1,879	0,381	0,366

Tabelle 8: Sharpe-Lintner-Test mit Einzelaktien und gleichgewichtetem Index

Bei Gültigkeit des Sharpe-Lintner-CAPM würden alle Wertpapiere auf der Wertpapiermarktlinie liegen. Ebenso wie für die einzelnen α-Werte müßte auch für den Mittelwert aller α-Werte, dessen Schätzung mit einer geringeren Standardabweichung verbunden ist, gelten, daß er sich nicht signifikant von Null unterscheidet.

	Univariate Auswertungen der α-Werte: $R_i - R_f = \alpha_i + \beta_i (R_m - R_f)$												
	$\bar{\alpha}_{OLS}$	$\hat{\sigma}_{\bar{\alpha}}$	α_{min}	α_{max}	$P^{OLS}_{\bar{\alpha}}$	$\bar{\alpha}_{WLS}$	$P^{WLS}_{\bar{\alpha}}$	$\bar{\alpha}_{GLS}$	$P^{GLS}_{\bar{\alpha}}$	Test $\alpha_i=0$	β_{min}	β_{max}	$\hat{\sigma}_{\beta}$	$\bar{R}^2$
54-58														
59-63	0,018	0,067	-0,636	0,622	0,397	-0,008	0,548	0,061	0,007	1|2	0,869	1,260	0,108	0,858
64-68	-0,011	0,064	-0,488	0,797	0,565	-0,016	0,624	0,015	0,289	1|1	0,605	1,290	0,181	0,699
69-73	-0,042	0,079	-0,641	0,543	0,698	-0,086	0,847	-0,026	0,889	1|2	0,664	1,304	0,187	0,750
74-79	0,011	0,097	-0,557	1,359	0,454	-0,091	0,954	0,025	0,223	0|1	0,579	2,125	0,324	0,629
80-85	0,054	0,067	-0,301	0,839	0,214	0,026	0,339	-0,003	0,528	2|0	0,616	1,410	0,194	0,658
86-91	0,055	0,075	-0,602	0,637	0,237	0,095	0,094	0,062	0,036	2|0	0,480	1,357	0,229	0,767

Tabelle 9: Tests des Sharpe-Lintner-Modells mit gleichgewichteten Betaportefeuilles

Von beiden analysierbaren Bedingungen konzentriert sich das Vorgehen hier auf die Analyse des mittleren Wertes. Bei diesem muß es sich nicht um den arithmetischen Mittelwert $\bar{\alpha}_{OLS}$ handeln. Unter Berücksichtigung der unterschiedlichen Präzision der Schätzungen der α-Werte auf der ersten Stufe können die gewichteten Mittelwerte herangezogen werden. Diese gewichten zum einen sicherere Schätzungen (gemessen an der Varianz der Residuen der ersten Stufe) stärker als unsichere. Solche WLS-Schätzer $\bar{\alpha}_{WLS}$ gewährleisten außerdem, daß Ausreißer nicht automatisch eine sehr hohe Bedeutung erhalten. Zum anderen sind bei Verwendung von Portefeuillegruppierungen GLS-Schätzungen $\bar{\alpha}_{GLS}$ möglich, bei denen die intratemporalen Interdependenzen der Modellabweichungen berücksichtigt werden. Ein Vergleich der verschiedenen in den Tabellen enthaltenen Schätzer und deren P-Werte[260] ermöglicht eine Abschätzung der Bedeutung der verschiedenen Verfahren. Weiterhin enthalten die Tabellen deskriptive Statistiken wie die Standardabweichung der β-Werte und des Mittelwertes von α, die Minimal- und Maximalwerte von α und β sowie das durchschnittliche Bestimmtheitsmaß der ersten Stufe. Der Test "$\alpha_i = 0$" gibt an, in wievielen Fällen sich bei den Regressionen der ersten Stufe ein Achsenabschnitt einstellt, der signifikant von Null verschieden ist. Die Zahl vor dem senkrechten Trennstrich | gibt die Anzahl der signifikanten positiven Abweichungen wieder, die zweite Zahl die der negativen.

Betrachtet man zunächst die einzelnen Aktien, so läßt sich feststellen, daß mit einem

---

[260] Da es sich hier um einen zweiseitigen t-Test handelt, sind bei einem Signifikanzniveau von 10 % alle Parameter, die mit einem P-Wert kleiner als 5 % oder größer als 95 % verbunden sind, signifikant von Null verschieden.

durchschnittlichen R^2 zwischen 21,8 % und 40,3 % in jeder Periode ein erheblicher Zusammenhang zwischen den individuellen Aktienrenditen und dem gleichgewichteten Marktindex besteht. An der Standardabweichung der β-Werte von 38,1 % bis 60,6 % und deren Minimal- und Maximalwerten erkennt man, daß die Art des speziellen Zusammenhangs von Wertpapier zu Wertpapier stark variiert. In fünf von sieben Teilperioden treten sogar negative β-Werte auf.

Ein erster Test des CAPM besteht in der Auswertung der Anzahl der signifikant von Null verschiedenen α-Werte. Dieser in Spalte 9 (Tabelle 8) angegebene Wert ist mit 14 in der Periode 1959-63 minimal und in der ersten Teilperiode mit 33 maximal. Bei ca. 200 in jeder Teilperiode berücksichtigten Aktien und einem Signifikanzniveau von 10 % wäre auch bei Gültigkeit des Sharpe-Lintner-CAPM mit ungefähr 20 Ablehnungen je Teilperiode zu rechnen.[261] Da sich die Anzahl der Ablehnungen mit ihrem Mittelwert von 22 um diesen Wert bewegt, kann hier keine Verletzung des Sharpe-Lintner-CAPM identifiziert werden.

Eine weitere Testmöglichkeit stellt die aggregierte Auswertung der α-Werte in Form von gewichteten und ungewichteten Mittelwerten dar. Ein Nachteil dieser Betrachtung besteht darin, daß sich individuelle Modellabweichungen in den Mittelwerten aufheben können. Der Vorteil liegt andererseits in einer höheren Präzision der Schätzung des Mittelwertes. Der einfache Mittelwert $\bar{\alpha}_{OLS}$ und damit die durchschnittliche Modellabweichung ist mit 0,067 % in der ersten Teilperiode am größten und mit -0,033 % in der Teilperiode 1969-73 am geringsten. Dies entspricht Gesamtabweichungen über die entsprechenden Teilperioden von 4 % beziehungsweise -2 %. Während die Variation der einzelnen α-Werte (vgl. Spalte 4 und 5) recht groß ist, liegt die Standardabweichung der Mittelwerte mit 0,048 bis 0,088 eher niedrig. Mit P-Werten zwischen 17,8 % und 70,6 % ist keiner der OLS-Schätzer signifikant von Null verschieden. Das Sharpe-Lintner-CAPM kann auf Basis dieses Schätzers in keinem Fall abgelehnt werden.

Obwohl die OLS-Schätzer erwartungstreu sind, wird die Standardabweichung des Mittelwertes bei einer Heteroskedastie der Störgrößen unterschätzt. Die aufgeführten WLS-Schätzer vermeiden dieses Problem. Tendenziell führen die WLS-Schätzer wegen der höheren Standardabweichung immer dann zur Beibehaltung der Nullhypothese, wenn sie auf Basis des OLS-Verfahrens nicht zu verwerfen war.[262] Dies ist aber nicht zwingend, da sich nicht nur die geschätzten Standardabweichungen der

---

[261] Die Anzahl der durchgehend notierten Einzelaktien beträgt in den sieben Teilperiode: 198, 230, 213, 208, 195, 181 und 191.

[262] Obwohl bei Verletzung der klassischen Annahmen die Varianz der Schätzfunktion des Verallgemeinerten Kleinste Quadrate Schätzers geringer ist als diejenige des OLS-Schätzers, kann sich dieses Verhältnis bei den geschätzten Varianzen umdrehen, da dann der geschätzte Standardfehler der OLS-Schätzer in der Regel nach unten verzerrt ist.

Schätzer, sondern auch die Schätzer selbst ändern. Anders als die OLS-Schätzer sind die WLS-Schätzer eher negativ.[263] Bis auf die Teilperiode 1969-73 sind alle P-Werte gestiegen. Im Gegensatz zum OLS-Verfahren wird das Sharpe-Lintner-Modell auf der Basis der WLS-Methode in zwei Untersuchungsperioden abgelehnt. Aus diesem Grund und wegen der im Durchschnitt stark abweichenden P-Werte scheint das OLS-Verfahren weniger geeignet zu sein. Im vorliegenden Zusammenhang ist das Problem der Heteroskedastie somit von besonderer Bedeutung und sollte durch entsprechende Schätzer berücksichtigt werden.

Es stellt sich nun die Frage, ob auch die intratemporalen Korrelationen eine solche Bedeutung für die Schätzergebnisse aufweisen wie die Varianzen der Störgrößen. Eine Antwort hierauf liefert eine Betrachtung der direkt vergleichbaren gleichgewichteten Betaportefeuilles (Tabelle 9). Würden beispielsweise alle Portefeuilles die gleiche Anzahl an Aktien enthalten, wären die OLS-Schätzer für $\bar{\alpha}$ bei Einzelaktien und den Betaportefeuilles identisch. Der Vergleich dieser beiden Gruppierungen ermöglicht darüber hinaus eine ungefähre Quantifizierung des Effizienzverlustes beim Übergang von Einzelaktien auf Portefeuilles. Geht man wiederum von den β-Werten aus, so fällt auf, daß die Spannen nur noch 14 % bis 48 % der ursprünglichen Spannen betragen. Auch die Standardabweichung der β-Werte sinkt um 40 % bis 74 %.

Wegen der geringeren Betaspannen und dem Abstand der Beobachtungspunkte von der y-Achse könnte man nun erwarten, daß insbesondere die Schätzung des mittleren Achsenabschnitts α unpräziser wird, zumal die Standardabweichung eines Mittelwertes im Normalfall mit der steigenden Anzahl bei unabhängigen Beobachtungen entsprechend dem Faktor $\sqrt{n}$ sinkt.[264] Der Informationsverlust durch die Portefeuillebildung fällt aber weitaus geringer als erwartet aus. Dies hat seine Ursache in der höheren Schätzpräzision der α-Werte der Portefeuilles. Die Standardabweichung von $\bar{\alpha}$ erhöht sich beim OLS-Verfahren auf Portefeuillebasis nur um durchschnittlich 18 % bei einem Minimalwert von 7 % und einem Maximalwert von 33 %. Bei nahezu identischen Mittelwerten, jedoch gestiegenen Standardabweichungen, kommt es wie bei den Einzeluntersuchungen zu keiner Ablehnung des Standard-CAPM. Die Tendenz, das Sharpe-Lintner-CAPM eher auf der Basis von Einzelaktien als mit Portefeuilles ablehnen zu können, gilt auch für die WLS- und GLS-Schätzer.[265] Dies verdeutlicht die einzige Modellablehnung mit der WLS-Methode in der Periode 1986-91.

---

[263] Da die Modellabweichungen zum größten Teil negativ sind, stellt das Black-CAPM bei diesen Ergebnissen keine sinnvolle Alternative zum Sharpe-Lintner-Modell dar.

[264] Unterstellt man beispielsweise, daß aus einer Grundgesamtheit von 200 Aktien nur 20 in Form einer Stichprobe ausgewählt würden, so wäre für den Mittelwert der Stichprobe eine etwa dreimal so hohe Standardabweichung wie bei der Grundgesamtheit zu erwarten.

[265] Für die multivariaten Tests gilt dieser Zusammenhang wieder uneingeschränkt.

Ob der Informationsverlust beim Übergang von Einzelaktien auf Portefeuilles durch die Auswertung der zusätzlichen Informationen über die Korrelationsstruktur kompensiert wird, oder ob die Korrelationen keine relevanten Zusatzinformationen beinhalten, läßt sich mit Hilfe der GLS-Schätzer beantworten. Unter der Annahme, daß die Korrelationen keinen signifikanten Einfluß ausüben, müßten die GLS- und WLS-Schätzer sowie die entsprechenden P-Werte nahezu übereinstimmen. Dies ist aber nicht der Fall. Zwar bewegen sich die Werte der Koeffizienten in derselben Bandbreite um Null, aber im Einzelfall unterscheiden sie sich doch erheblich. Dies drückt sich in ganz anderen P-Werten aus. So sanken diese Werte besonders stark in der Periode 1959-63 von 54,8 % auf 0,7 % sowie in der Periode 1974-79 von 95,4 % auf 22,3 %. An den Erhöhungen der P-Werte in der vierten und sechsten Teilperiode erkennt man, daß die Richtung nicht eindeutig ist. Insgesamt gesehen wird das Sharpe-Lintner-CAPM in den zwei Untersuchungsperioden 1959-63 und 1986-91 abgelehnt. Beide signifikanten Modellabweichungen treten bei positiven Mittelwerten auf. Dies könnte als kleines Indiz für das Black-CAPM gewertet werden.

Für den Methodenvergleich läßt sich festhalten, daß ein Übergang von Einzelaktien auf Portefeuilles zweckmäßig erscheint. Die intratemporalen Korrelationen der Residuen über die Portefeuilles scheinen einen großen Einfluß auf die Modellschätzungen auszuüben und den geringen Informationsverlust durch die Aggregation von Informationen zu kompensieren.[266]

Die Zusammenstellung der Ergebnisse in Tabelle 10 bei allen Untersuchungsszenarien rundet das Bild bezüglich des Sharpe-Lintner-CAPM ab.[267] Während die Spannen der β-Werte unabhängig von den gewählten Portefeuillekriterien und von der Gewichtungsart nicht stark variieren, haben die Art der Renditegewichtung in den Portefeuilles und die Wahl des Marktindex einen erheblichen Einfluß auf die erzielten Ergebnisse. Dies deutet schon das durchschnittliche Bestimmtheitsmaß an. Bei jeder Gruppierung und in jeder Untersuchungsperiode ist dieses bei Verwendung des gleichgewichteten Marktindex höher als bei Verwendung des marktwertgewichteten Marktindex. In der absoluten Anzahl der Ablehnungen des Sharpe-Lintner-CAPM zeichnen die gleichgewichtete und die marktwertgewichtete Betrachtung zwei

---

[266] Dabei ist ein eventueller Vorteil beim Fehler in den Variablen Problem noch nicht berücksichtigt.

[267] Den Anzahlen der Ablehnungen liegen bei den Kriterien Beta und Sharpe-Maß sechs Untersuchungsperioden, bei allen anderen Kriterien sieben Untersuchungsperioden zugrunde. Die letzte Spalte gibt die durchschnittliche Anzahl der Ablehnungen der Einzelregressionen über alle Teilperioden wieder, deren Wert zur Anzahl der untersuchten Portefeuilles beziehungsweise der Aktien ins Verhältnis zu setzen ist.

Marktwertgewichtete Portefeuilles				
Portefeuille	OLS	WLS	GLS	Test: $\alpha_i = 0$
Einzelaktien	5|0	5|0	-	25,43
Beta	2|0	1|0	5|0	1,33
Size	3|0	3|0	4|0	2,43
Sharpe	1|0	0|0	4|0	1,17
Rendite	3|0	1|0	3|0	7,57
Gleichgewichtete Portefeuilles				
Portefeuille	OLS	WLS	GLS	Test: $\alpha_i = 0$
Einzelaktien	0|0	0|2	-	21,86
Beta	0|0	0|1	2|0	2,17
Size	0|0	0|1	0|0	2,57
Sharpe	0|0	0|0	1|1	1,17
Rendite	0|0	0|0	0|0	10,57

Tabelle 10: Anzahl der Ablehnungen des Sharpe-Lintner-CAPM

total verschiedene Bilder. Die Ergebnisse der gleichgewichteten Betrachtung scheinen das Modell zu unterstützen. Von den insgesamt 8 Ablehnungen in 92 Fällen erfolgen 4 bei Anwendung der GLS-Methode. Die Probleme dieses Testansatzes zeigen sich, wenn die Tests der Mittelwerte mit denen der Einzelkoeffizienten verglichen werden. Während bei den Renditeportefeuilles die Einzelauswertungen (letzte Spalte) mit Abstand am häufigsten mit Modellverletzungen verbunden sind, sind die Modellverletzungen bei den aggregierten Auswertungen relativ gering.

Bei den marktwertgewichteten Untersuchungen ist die Anzahl der Ablehnungen mit den Einzelkoeffizienten bei Portefeuillebetrachtungen immer geringfügig niedriger. Die aggregierte Betrachtung kommt aber in mehr als 40 % der Fälle zu einer Ablehnung des Sharpe-Lintner-CAPM. Insbesondere bei Anwendung der GLS-Methode steigt dieser Anteil sogar auf über 60 %. Unter Verwendung der meisten Informationen führt die GLS-Methode bei jeder Portefeuillegruppierung am häufigsten zur Ablehnung. Alle Ablehnungen bei den marktwertgewichteten Betrachtungen sind mit positiven mittleren Alphakoeffizienten verbunden. Dies könnte einerseits als ein Indiz für das Black-CAPM verstanden werden, andererseits aber auch mit dem Fehler in den Variablen Problem in Verbindung stehen. Bei den Untersuchungen mit

Gleichgewichtung treten dagegen positive wie negative Abweichungen auf. Insgesamt sollten diese Ergebnisse nicht überbewertet werden. Eine genauere Auswertung der α-Werte in Verbindung mit den Modellabweichungen steht noch aus.

4.2.1.2 Tests der Linearitätsbeziehung im Black-CAPM

Anders als bei den Tests des Sharpe-Lintner-CAPM konzentriert sich die Auswertung bei Tests des Black-CAPM nicht nur auf die geschätzten α-Werte. Von besonderem Interesse sind bei dieser Modellversion die β-Werte. Da in diesem Fall die Parameter des Marktmodells (Gleichung (36)) mit absoluten Renditen und nicht mit Überrenditen geschätzt werden, sind die α-Werte aufgrund der nichtlinearen Hypothese nur bedingt interpretierbar. So konzentrieren sich die Tests entweder auf eine gemeinsame Auswertung der α- und β-Werte bezüglich der nichtlinearen Hypothese (Black-Spezifikation) oder allein auf die β-Werte, indem die Linearität der Rendite-Risiko-Relation (Fama/MacBeth-Spezifikation) untersucht wird. Die Rendite-Risiko-Relation gibt hierbei Auskunft über die Risikoprämie in den einzelnen Perioden. Würde man nur eine einzige Schätzmethode anwenden, so würde dies u. U. fälschlicherweise eine zu hohe Präzision der Schätzung vortäuschen. Durch die Anwendung verschiedenster Schätzmethoden zeigt sich dagegen der starke Einfluß des gewählten Verfahrens, was zu einer Relativierung der erzielten Ergebnisse führt. Anders als im vorherigen Abschnitt erfolgt neben dem generellen Methodenvergleich eine kurze Analyse des Fehler in den Variablen Problems. Hierzu werden der von Litzenberger/Ramaswamy (1979) vorgeschlagene korrigierte OLS- bzw. der korrigierte WLS-Schätzer verwendet.[268]

Die Tabellen 11 und 12 zeigen einen Vergleich der Ergebnisse von Einzelaktien und Betaportefeuilles.[269] Um einen Eindruck vom Ausmaß des Zusammenhangs zwischen Risiko und Rendite zu gewinnen, kann zunächst das Bestimmtheitsmaß herangezogen werden. Dieses ist im Regelfall relativ gering. Für die Einzelaktie (Tabelle 11) schwankt es zwischen 0 % und 31 % mit einem Mittelwert von 9,4 %. Über die Signifikanz der Erklärungskraft des Modells gibt darüber hinaus der P-Wert von γ_1 Aufschluß. Unter der Annahme, daß das Black-CAPM gilt, sollte sich eine signifikant von Null verschiedene, positive Risikoprämie ergeben. Unabhängig von der

---

[268] Vgl. zu diesem Schätzverfahren Litzenberger/Ramaswamy (1979) S. 177 ff., Shanken (1992) S. 20 ff., Huang/Litzenberger (1988) S. 337 ff. und Johnston (1984) S. 433 f.

[269] Die übrigen Ergebnisse, die komprimiert ausgewertet werden, sind im Anhang für Portefeuilles in den Tabellen 29 und 30 auf den Seiten 166 und 167 sowie für Einzelaktien in den Tabellen 33 und 34 auf den Seiten 170 und 171 enthalten.

Univariate Auswertungen der β-Werte: $R_i = \gamma_0 + \gamma_1 \beta_i$												
	γ_0^{OLS}	P_0^{OLS}	γ_1^{OLS}	P_1^{OLS}	R^2	γ_0^{WLS}	P_0^{WLS}	γ_1^{WLS}	P_1^{WLS}	γ_{0k}^{OLS}	γ_{1k}^{OLS}	γ_{0k}^{WLS}	γ_{1k}^{WLS}
54-58	2,17	0,00	0,33	0,03	0,02	1,90	0,00	0,46	0,00	1,83	0,58	1,72	0,64
59-63	0,24	0,06	1,19	0,00	0,24	0,37	0,00	0,95	0,00	-0,07	1,48	0,26	1,07
64-68	0,61	0,00	0,02	0,42	0,00	0,57	0,00	0,06	0,22	0,60	0,03	0,56	0,07
69-73	1,17	0,00	-0,38	1,00	0,03	0,82	0,00	-0,24	0,96	1,38	-0,56	0,89	-0,31
74-79	-0,48	1,00	1,14	0,00	0,31	0,40	0,00	0,19	0,04	-0,95	1,65	0,36	0,23
80-85	1,18	0,00	0,38	0,00	0,06	0,85	0,00	0,66	0,00	0,97	0,53	0,63	0,90
86-91	1,21	0,00	-0,22	0,89	0,00	0,95	0,00	-0,07	0,68	1,21	-0,29	0,96	-0,08

Tabelle 11: Univariate Linearitätstest für Einzelaktien (gleichgewichteter Index)

Univariate Auswertungen der β-Werte: $R_i = \gamma_0 + \gamma_1 \beta_i$																
	γ_0^{OLS}	P_0^{OLS}	γ_1^{OLS}	P_1^{OLS}	R^2	γ_0^{WLS}	P_0^{WLS}	γ_1^{WLS}	P_1^{WLS}	γ_0^{OLS}	P_0^{OLS}	γ_1^{OLS}	P_1^{OLS}	γ_{0k}^{OLS}	γ_{1k}^{OLS}	γ_{0k}^{WLS}	γ_{1k}^{WLS}
59-63	1,22	0,03	0,23	0,36	0,00	1,06	0,05	0,37	0,27	0,93	0,10	0,56	0,20	1,10	0,31	0,95	0,47
64-68	0,89	0,00	-0,26	0,78	0,03	0,92	0,00	-0,29	0,86	0,59	0,03	0,06	0,41	0,98	-0,34	1,01	-0,38
69-73	1,75	0,00	-0,96	1,00	0,34	1,74	0,00	-1,00	1,00	0,89	0,04	-0,09	0,58	1,97	-1,15	1,93	-1,19
74-79	-0,34	0,88	1,01	0,00	0,48	0,52	0,02	0,08	0,37	0,67	0,00	0,06	0,41	-0,50	1,20	0,51	0,10
80-85	1,04	0,00	0,52	0,07	0,12	0,82	0,02	0,70	0,03	0,97	0,01	0,53	0,09	0,83	0,67	0,62	0,91
86-91	1,52	0,00	-0,53	0,98	0,20	1,42	0,00	-0,44	0,96	0,82	0,01	0,16	0,32	1,50	-0,58	1,45	-0,48

Tabelle 12: Univariate Linearitätstest für Betaportefeuilles (gleichgewichtet)

Wahl der Methode (OLS oder WLS) zeigt sich in den zwei Teilperioden 1969-73 und 1986-91 eine negative Risikoprämie, in den übrigen fünf eine positive. Von diesen Prämien sind eine negative und vier positive signifikant von Null verschieden. Obwohl somit beide Methoden zu denselben Schlußfolgerungen führen, ist zu beachten, daß die Prämien wie auch ihre P-Werte zum Teil große Unterschiede aufweisen.[270] Wie erwartet ist die Risikoprämie im Regelfall positiv.

Ein ähnliches Bild liefert die isolierte Betrachtung der Betaportefeuilles (Tabelle 12). Bis auf die Teilperiode 1974-79 führen die OLS- und WLS-Methode wiederum zu ähnlichen Ergebnissen. Die geschätzten Risikoprämien sind zu gleichen Teilen positiv wie negativ, wobei jeweils eine positive und zwei negative Prämien signifi-

---

[270] Die Höhe der Prämien sagt dabei nichts darüber aus, ob die Renditen in den einzelnen Perioden hoch oder niedrig waren.

kant von Null abweichen. Dies scheint eher gegen einen positiven Zusammenhang zwischen Rendite und Risiko zu sprechen. Verwendet man aber die GLS-Schätzer, so treten in fünf der sechs Teilperioden positive Werte auf. Trotz der im einzelnen nicht signifikanten P-Werte, insbesondere nicht bei der negativen Prämie, scheinen die Ergebnisse eher für eine positive Rendite-Risiko-Beziehung zu sprechen. Da sich beim Übergang auf die GLS-Methode durch den Einfluß der Korrelationsstruktur die Schätzergebnisse beträchtlich ändern, sollte diese Methode auch eingesetzt werden.[271]

Vergleicht man die Ergebnisse auf Basis von Einzelaktien mit denen der Betaportefeuilles, so fällt zunächst das mit 19,5 % mehr als doppelt so hohe durchschnittliche Bestimmheitsmaß bei der Portefeuillebetrachtung auf. Dieses wird durch die Aggregation der Aktien in Portefeuilles hervorgerufen, da sich individuelle Modellabweichungen zum Teil ausgleichen.[272] Das hohe Bestimmtheitsmaß bei Einzelaktien in der Teilperiode 1959-63 ist dabei besonders prägnant. Auffallend ist, daß die ermittelten Risikoprämien bis auf einen Fall bei den Einzelaktien größer sind als bei der Portefeuillebetrachtung. Dies ist nicht zu erwarten, wenn man davon ausgeht, daß die Schätzungen mit Einzelaktien tendenziell mit höheren Fehlern in den Variablen verbunden sind und deshalb stärkere Verzerrungen in Richtung Null aufweisen. Zur Abschätzung der Verzerrungen wurde der von Litzenberger/Ramaswamy (1979) verwendeter Ansatz eingesetzt, der unter der Annahme der Gültigkeit des CAPM eine Abschätzung des Fehler in den Variablen Problems ermöglicht. Da es sich hier um eine asymptotische Abschätzung ($N \rightarrow \infty$) handelt, ist sie bei Portefeuillebetrachtungen unzuverlässiger als bei Einzelaktien. Deshalb werden zur Diskussion die gleichgewichteten und marktwertgewichteten Analysen mit Einzelaktien herangezogen. Die korrigierten Schätzer γ_{0k}^{OLS}, γ_{1k}^{OLS}, γ_{0k}^{WLS} und γ_{1k}^{WLS} sind in den Tabellen zu den univariaten Tests der Fama/MacBeth-Spezifikation enthalten. Verglichen mit den Korrekturen bei der OLS-Methode fallen die Korrekturen der geschätzten Risikoprämie bei der WLS-Methode eher moderat aus. Bei der OLS-Methode ergeben sich durchschnittliche Korrekturfaktoren von 1,495 und 1,585, bei der WLS-Methode liegen die Werte bei 1,081 und 1,186. Dies deutet darauf hin, daß das Fehler in den Variablen Problem bei Verwendung der WLS-Methode von geringerer Bedeutung ist als bei der OLS-Methode. Im Hinblick auf die GLS-Methode, für die diese Korrektur nicht durchführbar ist, kann dagegen nur vermutet werden, daß sie sich ähnlich verhält wie die WLS-Methode. Bei den gleich- und marktwertgewichteten Betaportefeuilles zeigt sich dasselbe Bild. Während die Unterschiede nicht so ausgeprägt sind, nehmen die Korrekturfaktoren bei Portefeuilles wie

---

[271] Hier deutet sich aber auch ein erstes Problem der Tests an. Durch die geringe Zahl an Beobachtungszeitpunkten können Nullhypothesen nur schwer verworfen werden.

[272] Vgl. hierzu Roll (1977) S. 131 f. und Haugen (1986) S. 195 f.

erwartet im Regelfall niedrigere Werte an. Da die multivariaten Tests auf ein anderes Korrekturverfahren für das Fehler in Variablen Problem abstellen, werden die korrigierten Schätzer an dieser Stelle nicht weiter ausgewertet.

Einen aggregierten Gesamtüberblick über alle durchgeführten Linearitätstests bietet Tabelle 13.[273] Anders als bei den Tests des Sharpe-Lintner-Modells beeinflussen bei

Marktwertgewichtete Portefeuilles			
Portefeuille	OLS	WLS	GLS
Einzelaktien	2|2	4|2	-
Beta	2|3	3|1	2|1
Size	1|2	3|2	3|0
Sharpe	2|2	3|1	3|0
Rendite	2|2	3|2	2|1
Gleichgewichtete Portefeuilles			
Portefeuille	OLS	WLS	GLS
Einzelaktien	4|1	4|1	-
Beta	1|2	1|2	0|0
Size	2|2	2|2	1|0
Sharpe	3|0	3|0	1|0
Rendite	4|1	2|0	2|0

Tabelle 13: Anzahlen signifikant von Null verschiedener Risikoprämien

den Linearitätstests nicht nur die Gewichtungsart, sondern auch das gewählte Portefeuillekriterium und besonders die angewendete Schätzmethode die erzielten Ergebnisse in erheblichem Maße. Definiert man alle signifikant negativen Risikoprämien als Modellverletzungen, so ist deren Anzahl bei den marktwertgewichteten Betrachtungen wiederum erheblich schlechter mit den Aussagen des Black-CAPM zu vereinbaren als bei den gleichgewichteten. Den 21 Ablehnungen stehen bei den gleichgewichteten Portefeuilles nur 11 gegenüber. Diese sind wiederum stark methodenabhängig. Während fast alle Ablehnungen bei Anwendung der OLS- und WLS-Methode erfolgen, wobei die OLS-Methode die WLS-Methode noch übertrifft, kommt es bei der GLS-Methode nur bei den marktwertgewichteten Betaportefeuilles

---

[273] Zu den exakten Koeffizienten und P-Werten siehe für Portefeuilles die Tabellen 27 und 28 sowie für Einzelaktien die Tabellen 33 und 34 im Anhang.

und den Renditeportefeuilles zu jeweils einer Ablehnung. Berücksichtigt man darüber hinaus, daß die GLS-Methode die meisten Informationen verarbeitet, so kann trotz der geringen Anzahl an signifikant positiven Überrenditen keine systematische Verletzung des Black-CAPM identifiziert werden. Gemessen an den Bestimmtheitsmaßen scheint die Rendite-Risiko-Relation aber relativ schwach ausgeprägt zu sein.

Über die langfristige Rendite-Risiko-Relation gibt der Test für den Gesamtzeitraum und alle Aktien mit durchgehend verfügbaren Renditen Auskunft. Trotz der auch hier gemessenen geringen Bestimmtheitsmaße von 14 % für den gleichgewichteten und 4 % für den marktwertgewichteten Test, sind alle Risikoprämien unabhängig von der verwendeten Methode positiv. Dabei weichen mit Ausnahme der WLS-Schätzer, bei denen die Signifikanz nur knapp verfehlt wird, alle Prämien signifikant von Null ab.[274]

Insgesamt zeigen die Ergebnisse, daß ein positiver Rendite-Risiko-Zusammenhang zu bestehen scheint. Dieser ist aber in den Teilperioden unterschiedlich ausgeprägt und zumeist relativ schwach. Mögliche Ursachen hierfür können die Verwendung eines ungeeigneten Stellvertreters für das Marktportefeuille, weitere renditebestimmende Faktoren oder das Vorliegen einer nichtlinearen Rendite-Risiko-Relation sein.

4.2.1.3 Univariate Schätzungen der Effizienzrestriktion im Black-CAPM

Die Effizienzrestriktion und somit die Black-Spezifikation des CAPM ist weitaus restriktiver als die Fama/MacBeth-Spezifikation. Während die Fama/MacBeth-Spezifikation nur eine allgemeine Linearität zwischen Risiko und Rendite postuliert, fordert die Black-Spezifikation einen genau spezifizierten linearen Zusammenhang. Dieser drückt sich in der nichtlinearen Hypothese aus und wird hier mit einer homogenen Regression der $(1-\beta)$-Werte gegen die α-Werte geschätzt. Anders als bei Tests der Fama/MacBeth-Spezifikation können bei diesen Tests wegen der fehlenden Konstanten sogar negative Bestimmtheitsmaße auftreten.[275]

Neben den bisherigen Schätzverfahren werden zum Vergleich auch die entsprechenden bedingten Maximum Likelihood Schätzer für die Rendite des Zero-Beta-Porte-

---

[274] Zum Fehler in den Variablen Problem kann angemerkt werden, daß durch die gestiegene Anzahl an Beobachtungszeitpunkten die Korrekturfaktoren nochmals beträchtlich sinken.

[275] Alternativ könnte man einen inhomogenen Regressionsansatz wählen und testen, ob die Konstante signifikant von Null verschieden ist.

feuilles herangezogen.[276] Während deren Auswertung im Rahmen der multivariaten Verfahren erfolgt, sind die OLS-, WLS- und GLS-Schätzer Grundlage für zwei univariate Tests. Zum einem wird getestet, ob die geschätzten Zero-Beta-Renditen signifikant von Null verschieden sind; zum anderen wird überprüft, ob die geschätzten Werte signifikant vom mittleren risikolosen Zinssatz abweichen. Der zweite Test stellt somit einen groben Test des Sharpe-Lintner-CAPM dar. Die Tabellen 14 und 15 enthaltenen die Ergebnisse für die gleichgewichteten Betrachtungen der Einzelaktien und Betaportefeuilles.[277]

Univariate Auswertungen der α- und β-Werte: $\alpha_i = \gamma_0 \cdot (1-\beta_i)$						
	γ_0^{OLS}	$P_{\gamma=0}$	$P_{\gamma=Rf}$	R^2	γ_0^{WLS}	$P_{\gamma=0}$	$P_{\gamma=Rf}$
54-58	2,077	0,000	0,000	0,431	1,941	0,000	0,000
59-63	0,220	0,058	0,690	0,010	0,420	0,000	0,125
64-68	0,612	0,000	0,004	0,149	0,573	0,000	0,000
69-73	1,201	0,000	0,000	0,250	1,049	0,000	0,000
74-79	-0,437	1,000	1,000	0,062	0,427	0,000	0,537
80-85	1,123	0,000	0,000	0,355	0,844	0,000	0,025
86-91	1,127	0,000	0,000	0,175	0,973	0,000	0,000

Tabelle 14: Schätzer und Tests für die Zero-Beta-Rendite: Einzelaktien (gleichgewichtet)

Zur Beurteilung der Schätzergebnisse für die Zero-Beta-Rendite ist zu beachten, in welcher Bandbreite sich diese Werte sinnvollerweise bewegen sollten. Als Untergrenze könnte eine Rendite von Null,[278] als Obergrenze die Rendite des Minimum-Varianz-Portefeuilles herangezogen werden. Da die Renditen des Minimum-Varianz-Portefeuilles in Rahmen der multivariaten Tests diskutiert werden und sie von Gruppierung zu Gruppierung variieren, werden an dieser Stelle nur die Abweichungen von der Untergrenze erörtert.[279]

Während für die Einzelaktien bei Verwendung des gleichgewichteten Marktindex die

---

[276] Shanken (1992) S. 18 f. zeigt, daß der zweistufige GLS-Schätzer (unter normalen Annahmen) asymptotisch äquivalent zum Maximum Likelihood Schätzer ist.

[277] Die Resultate für die übrigen Untersuchungsszenarien sind für Portefeuilles in den Tabellen 31 und 32 sowie für Einzelaktien in den Tabellen 33 und 34 im Anhang enthalten.

[278] Bei nominaler Betrachtung kann durch das Halten von Barmitteln die minimale Rendite von Null immer erzielt werden.

[279] Zur Diskussion der Rendite des Minimum-Varianz-Portefeuilles vgl. auch Abschnitt 5.2.

	Univariate Auswertungen der α- und β-Werte: $\alpha_i = \gamma_0 \cdot (1-\beta_i)$											
	γ_0^{OLS}	$P_{\gamma=0}$	$P_{\gamma=Rf}$	R^2	γ_0^{WLS}	$P_{\gamma=0}$	$P_{\gamma=Rf}$	γ_0^{OLS}	$P_{\gamma=0}$	$P_{\gamma=Rf}$	γ_0^{MLE}	$\gamma_0^{OLS/ML}$
54-58												
59-63	1,105	0,035	0,086	0,162	1,008	0,042	0,105	-0,262	0,669	0,819	0,810	-0,324
64-68	0,891	0,006	0,052	0,288	0,931	0,000	0,017	0,539	0,030	0,242	0,590	0,915
69-73	1,787	0,000	0,000	0,636	1,836	0,000	0,001	0,940	0,035	0,252	0,892	1,053
74-79	-0,291	0,882	0,997	0,072	0,558	0,024	0,326	0,609	0,012	0,246	0,686	0,888
80-85	0,968	0,005	0,160	0,290	0,804	0,016	0,307	0,962	0,009	0,186	0,731	1,317
86-91	1,415	0,000	0,000	0,621	1,414	0,000	0,000	0,820	0,016	0,184	0,833	0,985

Tabelle 15: Schätzer und Tests für die Zero-Beta-Rendite: Betaportefeuilles (gleichgewichtet)

von der WLS-Methode geschätzten Risikoprämien alle signifikant positiv sind, weichen die Ergebnisse der OLS-Methode zum Teil von den Erwartungen ab. Fünf signifikant positiven Schätzern steht bei dieser Methode für die Teilperiode 1974-79 eine signifikant negative Schätzung gegenüber. Schon ihr geringes Bestimmtheitsmaß läßt die Unzuverlässigkeit dieser negativen Schätzung vermuten. Die Bestimmtheitsmaße schwanken mit einem Minimum von 1 % und einem Maximum von 43,1 % um einen Mittelwert von 20,5 %. Für die gleichgewichteten Betaportefeuilles kommt man prinzipiell zu den gleichen Aussagen. Während wiederum bei derselben Teilperiode ein nicht signifikanter, negativer Wert auftritt, sind alle weiteren Schätzungen mit signifikant positiven Werten verbunden.

Vergleicht man die absoluten Werte bei beiden Gruppierungen, so sind die maximalen Abweichungen der monatlichen Renditen mit 0,885 % bei der OLS-Methode in der zweiten Teilperiode und 0,787 % bei der WLS-Methode in der vierten Teilperiode doch beträchtlich. Auch lassen maximale Schätzer um 2 %, die einer jährlichen Rendite von über 24 % entsprechen, vermuten, daß diese oberhalb der Rendite des Minimum-Varianz-Portefeuilles liegen. Den bedeutenden Einfluß der Korrelationen der Modellabweichungen auf Renditeschätzungen zeigen wiederum die Ergebnisse der GLS-Schätzung. Von den sechs ermittelten Risikoprämien ist eine nicht signifikant negativ, während alle anderen signifikant positiv sind. Besonders auffällig ist, daß die mit dieser Methode geschätzten Risikoprämien im Zeitablauf viel stabiler sind und die maximalen Werte unter 1 % liegen. Dies scheint eher mit einer erwarteten Zero-Beta-Rendite vereinbar zu sein.

Vergleicht man bei allen zehn Gruppierungen die geschätzten Renditen mit der durchschnittlichen Monatsgeldrendite und damit mit dem in Sharpe-Lintner-Tests verwendeten risikolosen Zins, so fällt die relativ hohe Variation der Schätzergebnisse im Zeitablauf auf.[280] Nur bei der GLS-Methode scheint die Variation merklich geringer zu sein. Dies spiegelt sich auch in den Anzahlen der signifikant von R_f verschiedenen Schätzer wider, die in Tabelle 16 aufgeführt sind. So sind bei gleichgewichteten Portefeuilles 58 % der OLS-Schätzer, 45 % der WLS-Schätzer und nur 15 % der GLS-Schätzer signifikant von R_f verschieden.[281] Diese Abweichungen sind überwiegend positiv. Während die Ergebnisse der OLS- und insbesondere der WLS-Methode als Indiz für das Black-CAPM gewertet werden können, unterstützen die Ergebnisse der GLS-Methode eher das Sharpe-Lintner-CAPM.[282]

Marktwertgewichtete Portefeuilles						
	H_0: $\gamma_0 = 0$			H_0: $\gamma_0 = R_f$		
Portefeuille	OLS	WLS	GLS	OLS	WLS	GLS
Einzelaktien	7|0	7|0	-	6|0	4|0	-
Beta	5|0	4|0	3|0	2|0	4|0	2|1
Size	7|0	6|0	5|0	5|0	4|1	1|0
Sharpe	2|0	2|1	1|1	2|2	1|2	0|4
Rendite	3|1	3|1	2|1	3|1	3|2	0|2

Gleichgewichtete Portefeuilles						
	H_0: $\gamma_0 = 0$			H_0: $\gamma_0 = R_f$		
Portefeuille	OLS	WLS	GLS	OLS	WLS	GLS
Einzelaktien	5|1	7|0	-	5|1	5|0	-
Beta	5|0	6|0	5|0	2|1	3|0	0|0
Size	6|1	6|0	4|0	4|1	4|0	3|0
Sharpe	3|0	3|0	0|0	0|1	0|0	0|0
Rendite	2|2	3|1	1|1	2|2	1|2	0|1

Tabelle 16: Auswertung alternativ geschätzter Risikoprämien

---

[280] Zur Vereinfachung wird der risikolose Zinssatz als fix gegeben unterstellt.
[281] Unter Abstraktion der Anzahl der Freiheitsgrade impliziert jeder Unterschied zwischen R_f und einem Schätzer für die Zero-Beta-Rendite Abweichungen der Ergebnisse zwischen den multivariaten Tests des Sharpe-Lintner-CAPM und des Black-CAPM.
[282] Das Black-CAPM impliziert für risikoarme Gesellschaften eine höhere, für risikoreiche eine geringere Rendite als das Sharpe-Lintner-CAPM. Dies ist zu berücksichtigen wenn beispielsweise der Size-Effekt untersucht wird.

Für die marktwertgewichteten Betrachtungen gelten dieselben Aussagen, wobei die Anzahl der signifikanten Unterschiede speziell bei der GLS-Methode höher ist. Für diese Gruppierungen scheinen die Ergebnisse aber unzuverlässiger zu sein. Dies drückt sich im Regelfall nicht nur durch ein höheres Bestimmtheitsmaß bei den gleichgewichteten Analysen aus, sondern auch durch die Anzahl der negativen Bestimmtheitsmaße. Bei den marktwertgewichteten Regressionen tritt dieser Fall achtmal, bei den gleichgewichteten Regressionen nur einmal auf. Im letzteren Fall ist der Wert mit -0,3 % sehr gering.[283] Wie auch bei den vorherigen Analysen erkennt man an den Ergebnissen bei Verwendung des gleichgewichteten Marktindex die bessere Vereinbarkeit mit den Aussagen des CAPM. Dies gilt auch für die Untersuchungen der Gesamtperiode. Bei diesen ergeben sich für den gleichgewichteten Index nicht nur die realistischeren Schätzwerte, sondern mit 19,7 % auch ein beachtliches Bestimmtheitsmaß. Beim marktwertgewichteten Index ist es dagegen mit -16,7 % deutlich negativ.

Zusammenfassend läßt sich festhalten, daß die Ergebnisse der univariaten Tests zumeist mit den Aussagen des CAPM vereinbar sind. Dabei ist aber die relativ geringe Aussagekraft der univariaten Tests ohne Gegenhypothese zu beachten. Eine Differenzierung zwischen dem Sharpe-Lintner-CAPM und dem Black-CAPM ist mit diesen Methoden nur schwer möglich. Dies hängt auch mit der nicht sehr hohen Präzision alternativer Schätzer der Zero-Beta-Rendite zusammen. Vernachlässigt man die Maximum Likelihood Schätzer, so scheinen im allgemeinen die GLS-Schätzer am geeignetsten zu sein. Eine Alternative zur Verwendung dieser Schätzer besteht darin, analog zu Tests des Sharpe-Lintner-CAPM mit fest vorgegebenen Zero-Beta-Renditen zu arbeiten. Diese könnten beispielsweise der Rendite von Monatsgeld plus einer Prämie entsprechen. Solche Tests könnten trotz falscher Zero-Beta-Renditen zu Ergebnissen führen, die der Realität und dem Modell eher gerecht werden als Tests auf Basis der verschiedenen Schätzer. Die nun folgenden multivariaten Tests sind prinzipiell zu zuverlässigeren Aussagen in der Lage als die univariaten Tests.

---

[283] Da in dieser homogenen Regression kein Absolutglied verwendet wurde, kann ein negatives Bestimmtheitsmaß auftreten. Dies bedeutet, daß eine Regressionsgerade durch die Punktewolke gelegt wird, die schlechter ist als gar kein Modell bzw. die Annahme, daß kein Zusammenhang besteht. Die bedingte Streuung der Modellabweichungen ist in diesem Fall größer als die unbedingte Streuung der α-Werte.

4.2.2 Alternative multivariate Analyseverfahren

Im Mittelpunkt der Auswertungen des Datenmaterials mittels multivariater Testverfahren steht der Vergleich und die Kritik von alternativen asymptotisch äquivalenten Tests. Dieses sind der Cross Sectional Regression Test (CSRT), der Likelihood Ratio Test (LRT), der für Kleinstichproben angepaßte Likelihood Ratio Test (LRTK) sowie der Lagrange Multiplier Test (LMT). Obwohl für diese Tests die verschiedenen Schätzer zur Bestimmung des Achsenabschnitts α und der Zero-Beta-Rendite des vorangegangenen Abschnitts alle in Frage kommen, wird an dieser Stelle den GLS-Schätzern aus Gründen der Übersichtlichkeit und wegen ihrer potentiellen Eignung in der Darstellung der Vorzug gegeben. Die zu den GLS-Schätzern asymptotisch äquivalenten effizienten Maximum Likelihood Schätzer[284] führen zu annähernd identischen Aussagen und werden deshalb hier nicht weiter berücksichtigt. Auf eine Untersuchung der Einzelaktien in den Teilperioden muß verzichtet werden, obwohl mit WLS- oder OLS-Schätzern die entsprechenden Testgrößen rechentechnisch bestimmbar sind. Dies würde aber zu negativen Werten der Teststatistiken und beim CSRT zu negativen Freiheitsgraden führen.[285]

Angefangen bei dem Modell, das die geringsten Anforderungen stellt, bis hin zum Modell mit den speziellsten Restriktionen, werden die Linearitätshypothese, die Effizienzhypothese im Black-CAPM und die Effizienzhypothese im Sharpe-Lintner-CAPM untersucht.[286] Da für das Sharpe-Lintner-CAPM mit dem CSRT unter Gültigkeit der Nullhypothese ein exakter Test vorliegt, beschränkt sich die entsprechende Darstellung auf diese Teststatistik. Die anschließende Kritik und Hinterfragung der Testergebnisse im Abschnitt 5 zeigt, daß eine "naive" Anwendung der Testverfahren häufig zu unangebrachten oder gar falschen Schlußfolgerungen führt.

---

[284] Vgl. hierzu Shanken (1992) S. 18 f.
[285] Vgl. zu diesem Problem und seiner Umgehung durch vereinfachende Annahmen Affleck-Graves/McDonald (1990) S. 168-171.
[286] Den Anzahlen der Ablehnungen liegen bei den Kriterien Beta und Sharpe-Maß sechs Untersuchungsperioden, bei allen anderen Kriterien sieben Untersuchungsperioden zugrunde.

4.2.2.1 Multivariate Tests der Fama/MacBeth-Spezifikation

Aufbauend auf den univariaten Verfahren, bei denen nur wenige negative Beziehungen identifizierbar waren, werden nun die eigentlichen Linearitätstests durchgeführt. Diese prüfen, ob die Abweichungen von den mit diesen Verfahren ermittelten Regressionsgeraden signifikant sind. Dazu werden die in Abschnitt 3.3 beschriebenen multivariaten Techniken eingesetzt. Aus mehreren Gründen steht hierbei der CSRT im Mittelpunkt des Interesses. Neben der Vergleichbarkeit der Ergebnisse mit den Tests des Sharpe-Lintner-CAPM haben Simulationen ergeben,[287] daß dieser Test einer der geeignetsten Tests des Black-CAPM ist. Des weiteren bieten seine graphischen Interpretationsmöglichkeiten und seine ausführliche Diskussion in der Literatur die Grundlage für eine kritische Analyse dieses Testverfahrens, dessen Ergebnisse auch auf die anderen Verfahren übertragbar sind. Die einzelnen Testergebnisse für die vier verschiedenen Testgrößen enthält für die gleichgewichteten Portefeuillegruppierungen die Tabelle 35 S. 172, für die marktwertgewichteten Gruppierungen die Tabelle 36 S. 173 im Anhang.[288] Bei der Interpretation der P-Werte ist zu beachten, daß durch die quadratische Form der Testgrößen anders als beim univariaten t-Test eine Modellablehnung dann erfolgt, wenn der P-Wert kleiner als 10 % ist.[289] Einen aggregierten Kurzüberblick der Testergebnisse enthält Tabelle 17.

Wegen des großen Einflusses der Gruppierungskriterien auf die Testergebnisse bietet sich eine differenzierte Betrachtung entsprechend der vier gewählten Kriterien an. Dabei erfolgt auch eine Analyse der Bedeutung der Gewichtungsart sowie eine Verknüpfung der Aussagen mit den Resultaten der univariaten Tests.

Für die klassischen Betaportefeuilles ist die Linearitätsbeziehung mit dem CSRT unabhängig von der Gewichtungsart in keiner der sechs Teilperioden abzulehnen. Die durchschnittlichen P-Werte liegen bei den gleichgewichteten Portefeuilles mit 66 % und bei den marktwertgewichteten Portefeuilles mit 58 % klar im "Annahmebereich". Diese Bestätigung der Linearitätsbeziehung wird durch die anderen Testverfahren weitestgehend bekräftigt. Nur der LRT und der LRTK führen in der Teilperiode 1980-85 zu einer Ablehnung der Linearitätsbeziehung. Vergleicht man die unterschiedlichen Testverfahren, so lassen sich bei dieser wie auch allen anderen

---

[287] Vgl. zu einer Zusammenfassung von Simulationsergebnissen Abschnitt 3.3.1.4.

[288] Ein zum CSRT analoger Test, der überprüft, ob alle Renditen mit der Rendite des Marktportefeuilles übereinstimmen, ist ebenfalls in den Tabellen enthalten und wird in Abschnitt 5.1 ausgewertet.

[289] Da es sich beim CSRT und beim Test auf Gleichheit der Renditen um F-Tests handelt, sind die absoluten Werte dieser Teststatistiken nicht direkt mit denen der anderen χ^2-verteilten Teststatistiken vergleichbar.

Marktwertgewichtete Portefeuilles				
Portefeuille	CSRT	LRTK	LRT	LMT
Beta	0	1	1	0
Size	1	1	1	1
Sharpe	0	1	1	0
Rendite	3	5	5	3
Gleichgewichtete Portefeuilles				
Portefeuille	CSRT	LRTK	LRT	LMT
Beta	0	1	1	0
Size	1	4	4	0
Sharpe	0	0	0	0
Rendite	6	6	6	6

Tabelle 17: Anzahl der Ablehnungen der Fama/MacBeth-Spezifikation

Portefeuillegruppierungen folgende Zusammenhänge identifizieren. Unter den χ^2-verteilten Testgrößen sind die Realisationen beim LRT am größten und beim LMT am geringsten. Wegen der gleichen Anzahl an Freiheitsgraden gilt für die P-Werte der umgekehrte Zusammenhang. Erfolgt also eine Ablehnung mit dem LMT, so führen auch der LRTK und der LRT zu einer Ablehnung der Linearität.[290] Ist der LRTK mit einer Ablehnung verbunden, so gilt dies automatisch auch für den LRT. Zum CSRT besteht dagegen keine entsprechende direkte Relation. Obwohl bei den Betaportefeuilles die P-Werte des CSRT immer höher sind als die des LMT, zeigen andere Portefeuillegruppierungen, daß dieser Zusammenhang nicht immer gilt. Bei einem Vergleich der P-Werte fällt jedoch auf, daß die Ergebnisse des CSRT am ehesten mit denen des LMT vergleichbar sind. Anders als bei den univariaten Verfahren scheint die Linearitätsbeziehung bei den marktwertgewichteten Betaportefeuilles noch besser erfüllt zu sein als bei den gleichgewichteten, obwohl beide Gewichtungsarten die Rendite-Risiko-Relation nahezu vollkommen zu bestätigen scheinen.

Eine ebenso eindrucksvolle Bestätigung der Linearitätsbeziehung zeigt sich auch bei den Sharpeportefeuilles. Bei noch höheren durchschnittlichen P-Werten von 55 %

---

[290] Dieser Zusammenhang gilt für den LMT und LRT auch analytisch. Vgl. Shanken (1985) S. 333.

beziehungsweise 61 % ist der CSRT auch hier mit keiner einzigen Ablehnung verbunden. Dies gilt unabhängig von der Teststatistik bei allen gleichgewichteten Betrachtungen. Nur bei der marktwertgewichteten Vorgehensweise lehnen der LRT und der LRTK die Gültigkeit der Fama/MacBeth-Spezifikation in der Teilperiode 1974-79 ab. Vergleicht man die Ablehnung mit der bei den Betaportefeuilles, so fällt auf, daß es sich hier um eine andere Teilperiode handelt. Der Portefeuillebildungsmechanismus hat trotz der scheinbar so ähnlichen Folgerungen einen erheblichen Einfluß. Dies verdeutlicht der CSRT in der Teilperiode 1974-79 mit P-Werten von 10 % bei den Sharpeportefeuilles und 85 % bei den Betaportefeuilles.

Für Portefeuilles, die nicht auf der Basis eines Vorperiodenkriteriums gebildet wurden, ist die Linearitätsbeziehung nicht immer eindeutig erfüllt. So führt der CSRT mit jeweils einer Ablehnung bei den Sizeportefeuilles zum ersten Mal zur Ablehnung. Während bei den gleichgewichteten Portefeuilles alle Teststatistiken mit demselben Fazit verbunden sind, zeigt sich bei den marktwertgewichteten Portefeuilles, daß die verschiedenen Tests zu stark voneinander abweichenden Schlußfolgerungen führen können. Die Ergebnisse des LMT, bei dem keine Ablehnung erfolgt, und die des CSRT sind wiederum mit der Linearitätshypothese sehr gut vereinbar. Dagegen verwerfen der LRTK und der LRT die Linearität in vier der sieben Teilperioden. Das Bild, welches die Teststatistiken auf Basis der identischen Ausgangsdaten und Schätzer zeichnen, ist somit recht unterschiedlich. Dies überrascht, da der CSRT und der LRTK nach den Simulationsergebnissen von Amsler/ Schmidt (1985) nicht nur am geeignetsten sind, sondern sich von den Simulationsergebnissen zumeist nicht stark unterscheiden. Auch hier zeigt sich wiederum, insbesondere in der Teilperiode 1954-58, die sehr hohe Bedeutung der Gewichtung.

Die Ergebnisse für die Renditeportefeuilles stehen im starken Widerspruch zu den bisherigen Resultaten. Bei dieser Gruppierung ist die Linearität sehr häufig verletzt. Bei den gleichgewichteten Portefeuilles wird sie unabhängig von der speziellen Teststatistik nur in der Teilperiode 1959-63 nicht verworfen. Bei den marktwertgewichteten Portefeuilles erfolgen dagegen abhängig von der angewendeten Teststatistik drei bis fünf Ablehnungen. Dieser Unterschied drückt sich auch im durchschnittlichen P-Wert beim CSRT von 24 % gegenüber einem Wert von 6 % aus. Dies ist für alle Portefeuillegruppierungen mit Abstand der geringste Wert.

Greift man für ein Gesamturteil auf den als Haupttest gewählten CSRT zurück, so läßt sich festhalten, daß bei den üblichen Portefeuillebildungkriterien Beta, Size und Sharpe-Maß die Linearitätsbeziehung im Black-CAPM nahezu nie verwerfbar ist. Nur für die mit einer Handlungsstrategie nicht nachvollziehbaren Renditeportefeuilles fallen die Ergebnisse aus dem Rahmen. Im großen und ganzen sind die Ergebnisse mit den Aussagen des CAPM vereinbar. Dies bestätigen auch die Ergebnisse für Wertpapiere mit im Gesamtzeitraum durchgehend verfügbaren Renditen. Unabhängig vom verwendeten Marktindex ergeben sich für die verschiedenen Teststatistiken P-Werte zwischen 96 % und 99 %. Wegen der Verletzung der Stabilitätsannahmen bei der Gesamtperiodenbetrachtung sollten diese Ergebnisse jedoch nicht überinterpretiert werden.

Abschließend seien die Testergebnisse auf Basis der OLS- und WLS-Schätzer nochmals kurz erwähnt. Die mit ihnen verbundenen P-Werte sind im allgemeinen höher doch treten in einzelnen Teilperioden erhebliche Abweichungen auf. Da sich hierdurch die allgemeinen Aussagen nicht ändern und die Schätzer nicht alle verfügbaren Informationen ausnutzen, wird auf ihre explizite Auswertung für die Portefeuillegruppierungen verzichtet.

4.2.2.2 Multivariate Tests der Black-Spezifikation

Die in diesem Abschnitt betrachteten Effizienztests stehen im engen Zusammenhang zu den bisher betrachteten Linearitätstests. Sie fordern über die allgemeine Linearitätsbedingung hinaus den in Gleichung (40) spezifizierten Zusammenhang. Da die Anforderungen an das Datenmaterial somit restriktiver sind als bei der gewöhnlichen Linearitätsbeziehung, ergibt sich für die Testgröße der Black-Spezifikation ein mindestens so hoher Wert wie für die Testgröße der Fama/MacBeth-Spezifikation. Dieser Unterschied in den Testgrößen führt in fast allen Fällen zu einem geringeren P-Wert bei der Black-Spezifikation. Durch den Verlust nur eines Freiheitsgrades für $\bar{\alpha}$ kann der individuelle P-Wert, trotz höherer Teststatistik, geringfügig größer sein.[291] Dies zeigt sich beispielsweise bei den gleichgewichteten Betaportefeuilles in der Teilperiode 1980-85. Während die allgemeine Linearitätshypothese mit dem LRTK bei einem P-Wert von 9 % abgelehnt wird, ist die Effizienzrestriktion mit einem P-Wert von 11 % nicht zu verwerfen. Das ist aber der einzige Grenzfall. Bei allen anderen Datenkonstellationen, für die die Linearitätshypothese abgelehnt wird, ist auch der Test der Black-Spezifikation mit einer Ablehnung verbunden. Darüber hinaus kommen weitere Ablehnungen zustande. Eine aggregierte Übersicht der Ergebnisse enthält Tabelle 18.[292]

Für die drei Standardgruppierungen Beta, Size und Sharpe-Maß, in Verbindung mit dem CSRT, scheinen die Ergebnisse mit den Aussagen der CAPM kompatibel zu sein. Bei leicht gesunkenen durchschnittlichen P-Werten ist die Effizienz des gleich-

---

[291] Dies ist aber nur dann der Fall, wenn die zusätzliche Restriktion von geringer Bedeutung ist.
[292] Die genauen Werte der Teststatistiken und die P-Werte enthalten die Tabellen 37 S. 174 und 38 S. 175 im Anhang.

Marktwertgewichtete Portefeuilles				
Portefeuille	CSRT	LRTK	LRT	LMT
Beta	1	2	2	1
Size	1	3	3	1
Sharpe	1	2	2	0
Rendite	5	6	6	4
Gleichgewichtete Portefeuilles				
Portefeuille	CSRT	LRTK	LRT	LMT
Beta	0	0	1	0
Size	1	4	4	1
Sharpe	0	1	1	0
Rendite	6	7	7	6

Tabelle 18: Anzahl der Ablehnungen der Black-Spezifikation

gewichteten Marktindex nur in der ersten Teilperiode bei den Sizegruppierungen verletzt. In allen anderen Perioden liegen die Teststatistiken dagegen zumeist weit im Annahmebereich. Die Effizienz des marktwertgewichteten Index ist ebenfalls nur selten zu verwerfen. Obwohl dies bei jeder Gruppierung nur einmal der Fall ist, fällt auf, daß es sich jeweils um eine andere Teilperiode handelt. Auch dieser Umstand deutet zunächst auf eine Zufälligkeit hin. Bei den drei gewählten Gruppierungen unterstreicht der CSRT die Effizienz beider Marktindizes und damit die Gültigkeit des CAPM. Dies gilt auch für den LMT. Dieser weist außerdem nur zwei Ablehnungen der Effizienz des marktwertgewichteten Index auf.

Daß die Effizienz der verwendeten Indizes vielleicht doch nicht immer erfüllt ist, deuten die Ergebnisse des LRTK und des LRT an. Unabhängig von der Gewichtung wird bei den Sizeportefeuilles in nahezu der Hälfte der untersuchten Perioden die Effizienz abgelehnt. Dies könnte ein kleines Indiz für das Vorliegen eines Size-Effektes sein, da sich bei den Beta- und bei den Sharpeportefeuilles die Ablehnungen auch mit diesen Testverfahren wiederum in Grenzen halten.

Wie schon bei der Überprüfung der Linearitätshypothese fallen für die Renditeportefeuilles die Ergebnisse bei den Tests der Effizienzhypothese aus der Reihe. So führt nicht nur der CSRT zu fünf Ablehnungen der Effizienz des gleichgewichteten Marktindex, sondern auch zu sechs Ablehnungen bei Verwendung des marktwertgewichteten Index. Zu ähnlich starken Ablehnungen führen alle anderen Teststatistiken. Da es sich bei diesen Tests um einen Performancevergleich zwischen dem Marktportefeuille und dem Efficient Set handelt, scheint die Gruppierung der Portefeuilles nach Renditen ein besonders hohes Diversifikationspotential gegenüber anderen Gruppierungen aufzuweisen. Ob bei den anderen Kriterien ein Großteil der möglichen Diversifikationseffekte durch die Gruppierungsart vernichtet wird oder ob die Ergebnisse im wesentlichen durch die unterschiedlichen Schätzergebnisse auf der ersten Stufe hervorgerufen werden, soll im Rahmen der allgemeinen Kritik in Abschnitt 5 geklärt werden.[293]

Insgesamt läßt sich festhalten, daß bei den Gruppierungen, bei denen die Ausprägungen der Konstruktionskriterien schon zum Untersuchungsbeginn bekannt sind, die Effizienz des verwendeten Marktindex zumeist nicht zu widerlegen ist. Diese Ergebnisse hängen im Einzelfall aber stark von der geschätzten Zero-Beta-Rendite ab. Die Verwendung eines risikolosen Zinssatzes bei Tests des Black-Modells, die nicht wie die geschätzten Zero-Beta-Renditen in unrealistische Bereiche hineinschwanken, könnte unter Umständen zuverlässigere Ergebnisse liefern. Da R_f die nichtlineare Restriktion nie besser erfüllt als die geschätzte Zero-Beta-Rendite, sind unter Vernachlässigung der Anzahl der Freiheitsgrade geringere P-Werte zu erwarten.

4.2.2.3 Tests des Sharpe-Lintner-CAPM

Da das Sharpe-Lintner-CAPM im Vergleich zum Black-CAPM im allgemeinen als restriktiver angesehen werden kann, könnte man erwarten, daß Effizienztests mit einem risikolosen Wertpapier und damit die Tests des Sharpe-Lintner-CAPM immer mit geringeren P-Werten verbunden sind als die entsprechenden Tests des Black-CAPM.[294] Dies wäre dann der Fall, wenn die Tests des Sharpe-Lintner-CAPM mit exakt derselben Methode durchgeführt würden wie die Tests in Abschnitt 4.2.2.2.[295] Für die Tests des Sharpe-Lintner-CAPM steht aber mit dem CSRT auf Basis von Überrenditen ein leicht modifiziertes Verfahren zur Verfügung, das zwei Vorzüge aufweist. Zum einen reduziert sich die übliche nichtlineare Hypothese auf eine lineare Hypothese. Zum anderen ist damit die Kenntnis über die Kleinstichprobeneigenschaften verbunden.

---

[293] Eine mögliche Überprüfung der Ergebnisursachen könnte durch die Verwendung von $\bar{R}_f$ an Stelle der geschätzten Zero-Beta-Renditen für alle Portefeuillegruppierungen erfolgen.

[294] Für einen korrekten Vergleich sind die P-Werte des CSRT heranzuziehen. Da die Zero-Beta-Rendite nicht mehr zu schätzen ist, ändert sich die Anzahl der Freiheitsgrade.

[295] Die geschätzte Zero-Beta-Rendite würde durch die mittlere Rendite von Monatsgeld ersetzt.

Die Ergebnisse des CSRT sind in Tabelle 19 dargestellt. Sie zeigen, daß die P-Werte für das Sharpe-Lintner-Modell im Regelfall höher sind als bei Tests des Black-CAPM. Nur in 5 der untersuchten 52 Datensituationen ist der P-Wert gesunken. Diese Steigerung gilt auch für die durchschnittlichen P-Werte. Die einzige Ausnahme stellen die gleichgewichteten Renditeportefeuilles dar. Während man mit leicht steigenden P-Werten rechnen konnte, fallen die Steigerungen mit Spitzenwerten von 30 % bis 60 % teilweise sehr hoch aus.[296]

Portefeuille	Marktwertgewichtete Portefeuilles						
	1954-58	1959-63	1964-68	1969-73	1974-79	1980-85	1986-91
Beta		0,970	0,671	0,535	0,893	0,130	0,156
Size	0,797	0,791	0,390	0,085	0,299	0,644	0,655
Sharpe		0,965	0,654	0,761	0,092	0,126	0,631
Rendite	0,008	0,720	0,001	<0,100	0,004	0,201	0,156
Portefeuille	Gleichgewichtete Portefeuilles						
	1954-58	1959-63	1964-68	1969-73	1974-79	1980-85	1986-91
Beta		0,711	0,919	0,545	0,894	0,274	0,882
Size	0,131	0,696	0,149	0,187	0,136	0,791	0,662
Sharpe		0,705	0,403	0,806	0,665	0,349	0,793
Rendite	0,001	0,056	0,004	0,004	0,000	0,001	0,001

Tabelle 19: Tests des Sharpe-Lintner-Modells mit dem multivariaten CSRT

Solche starken Änderungen treten speziell bei den Betaportefeuilles auf. Im Gegensatz zu den Tests des Black-CAPM ist deshalb das Sharpe-Lintner-CAPM für diese unabhängig von der gewählten Gewichtung in keiner Teilperiode zu verwerfen. Die potentielle Performance auf Basis der 20 Betaportefeuilles unterscheidet sich somit nie signifikant von der Performance des verwendeten Marktindex. Fast ebenso eindrucksvoll wird das Sharpe-Lintner-CAPM für die Gruppierungskriterien Size und Sharpe-Maß bestätigt. Lediglich die Effizienz des marktwertgewichteten Marktportefeuilles ist in jeweils einer Teilperiode knapp zu verwerfen.

Für die Renditeportefeuilles, die nur mit a posteriori Informationen konstruiert

---

[296] Diese Steigerungen sind nicht nur auf geänderte Freiheitsgrade, sondern auch auf eine leichte Modifikation der Methode zurückzuführen. Vgl. hierzu Abschnitt 3.3.2.

werden konnten, ist zu berücksichtigen, daß deren Performancepotential nur im nachhinein erreicht werden konnte. Wie aufgrund der bisherigen Ergebnisse zu erwarten war, wird auch hier die Effizienz des Marktportefeuilles im Regelfall verworfen. Gerade bei 3 von 14 Untersuchungsszenarien ist dies nicht der Fall.

Während die Portefeuillerendite somit das einzige Gruppierungskriterium ist, das zu keiner Unterstützung der Aussagen der unterschiedlichen CAPM-Versionen führt, scheint sich bei den übrigen Gruppierungen die Realität zumeist gut durch die Modelle erklären zu lassen. Daß es viele Gründe gibt, warum dieser Schein trügen kann, wird im nächsten Abschnitt gezeigt. Dabei ist es das Ziel, die Ergebnisse der multivariaten Tests kritisch zu hinterfragen und daraus ein abschließendes Gesamturteil zu formulieren.

5 Problembereiche und Perspektiven der durchgeführten Tests

Um die Einzelergebnisse zu einem Gesamtbild zusammenzufassen und eine Beurteilung über das CAPM abzugeben, ist es unumgänglich, den Aussagegehalt der multivariaten Tests genauer zu beleuchten. Dazu wird die Wirkungsweise der Tests in Verbindung mit den postulierten Ergebnissen genauer betrachtet und dort kritisiert, wo die Folgerungen mit den Grundvorstellungen kollidieren. In den verschiedenen Abschnitten wird speziell auf die folgenden Fragen eingegangen:

- Entspricht eine Nichtverwerfung der Linearitätshypothese einer positiven Rendite-Risiko-Relation?
- Wie ist es um die Erklärungskraft des CAPM bestellt?
- Sind alle Portefeuilles, deren Effizienz nicht abzulehnen ist, wirklich effizient im Sinne der μ-σ-Theorie?
- Kommt es häufig vor, daß es kein Portefeuille bzw. keine Kombination aus den verwendeten Portefeuilles gibt, die als ineffizient identifiziert werden kann?
- Ist ein Performancevergleich zwischen einem Efficient Set, der Leerverkäufe zuläßt, und einem beobachtbaren Marktportefeuille angebracht?
- Gibt es in jeder Situation beobachtbare Aktien oder Portefeuilles, die effizient sind?
- Wie lassen sich Ergebnisse über Teilperioden sinnvollerweise aggregieren und zu einem Gesamturteil zusammenfassen?
- Sind fundierte Aussagen über die Realität ableitbar?

Wie diese Fragen zeigen, handelt es sich bei der kritischen Betrachtung nicht um eine Analyse der mathematischen Eigenschaften und Annahmen der verwendeten Verfahren[297] sondern um eine ökonomische Hinterfragung der Resultate. Zur Veranschaulichung der Teilprobleme werden die angestellten Überlegungen mit graphischen Darstellungen auf der Basis des verwendeten Datenmaterials verdeutlicht. Obwohl dies für alle Tests möglich wäre, bieten sich graphische Analysen insbesondere bei den Effizienztests an.

---

[297] Diese könnten mit Tests der Modellannahmen und Simulationen zur Ermittlung der Güteeigenschaften analysiert werden.

5.1 Der Aussagegehalt der univariaten und multivariaten Linearitätstests

Univariate und multivariate Tests kommen nicht immer zum gleichen Ergebnis, weshalb sie nicht getrennt betrachtet, sondern gemeinsam ausgewertet werden sollten. Eine positive Risikoprämie und damit ein positiver Rendite-Risiko-Zusammenhang impliziert nicht automatisch eine lineare Beziehung. Darüber hinaus folgt aus einer Nichtverwerfung der Linearität nicht zwingend ein hoher Erklärungsgehalt des überprüften Modells für die tatsächlichen Renditen am Kapitalmarkt. Eine kombinierte Analyse beider Aspekte führt zu einer Identifizierung von Situationen, in denen einzelne Testverfahren die Realität falsch oder verzerrt wiedergeben. Für diese sind nur vorsichtige Interpretationen unter Berücksichtigung aller relevanten Teilaspekte möglich.

Anders als bei den univariaten Linearitätstests hat es bei den multivariaten Linearitätstests keinerlei Einfluß, ob die Risikoprämie in einer Untersuchungsperiode negativ oder positiv ist. Auch bei extrem negativen Risikoprämien wird nur überprüft, ob die Linearitätsrestriktion noch erfüllt ist. Es lassen sich zwei Fälle unterscheiden, bei denen univariate und multivariate Verfahren mit verschiedenen Schlußfolgerungen verbunden sind. Zum einen ist es denkbar, daß trotz einer signifikant negativen Risikoprämie die Linearität nicht verworfen wird. Zum anderen kann eine signifikant positive Risikoprämie mit einer Verletzung der Linearitätsrestriktion verbunden sein. In beiden Fällen wird durch den einen Test der Eindruck der Gültigkeit des CAPM wieder in Frage gestellt, den der andere Test aufbaut. Der zweite Fall deutet auf eine Fehlspezifizierung des Modells hin, wobei eventuell relevante Variablen ausgelassen wurden oder ein nichtlinearer Rendite-Risiko-Zusammenhang vorliegt. In beiden Fällen muß die Gültigkeit des CAPM angezweifelt werden.[298]

Eine Linearität bei gleichzeitig signifikant negativer Risikoprämie ist nur in zwei der durchgeführten Untersuchungen gegeben. Diese geringe Zahl überrascht nicht, da die GLS-Methode nur in zwei Fällen signifikant negative Risikoprämien identifiziert. Unwesentlich häufiger tritt der zweite Fall mit drei Ereignissen ein. Die geringe Zahl dieser Fälle beeinflußt noch nicht das Gesamtbild zum CAPM. Trotzdem stellt sich die Frage, ob diese Fälle wegen der Güte des CAPM so selten eintreten oder ob die Tests nicht in der Lage sind, Modellverletzungen zu identifizieren.

Gemessen an der Anzahl der kritischen Fälle ist die Frage nach der Erklärungskraft

---

[298] Da es sich hier um tatsächliche und nicht um erwartete Renditen handelt, dürften in kurzen Zeitperioden eher negative Risikoprämien auftreten als in langen Zeitperioden.

des Modells, auch wenn die Linearität nicht verworfen wird, von größerer Bedeutung. Die Nichtverwerfung der Linearitätsrestriktion gewährleistet noch kein "gutes" Modell. Um den Erklärungsgehalt des Modells abzuschätzen, bieten sich zwei nahezu entsprechende Vorgehensweisen an. Mit einer Art multiplem Bestimmtheitsmaß für den multivariaten Fall kann ein nicht ganz unumstrittenes Maß für die Güte der Anpassung des Systems verwendet werden. Dies ist eng verbunden mit dem Test der Hypothese, daß alle Steigungskoeffizienten im Modell einen Wert von Null annehmen.[299] Um den Erklärungsgehalt der Linearitätshypothese im CAPM abzuschätzen, werden hier die P-Werte zweier Modelle verglichen. Dem CAPM wird ein naives Modell gegenübergestellt, das die Gleichheit aller Wertpapierrenditen mit der Marktrendite unterstellt.[300] Ein Indiz für das CAPM liegt dann vor, wenn der P-Wert der Linearitätshypothese nicht nur marginal höher ist als der beim naiven Modell. Da das naive Modell nur einen Spezialfall der Linearitätshypothese ($\alpha_i = 0$ und $\beta_i = 1$) darstellt, ist die Testgröße dieses Modells immer geringer. Die unterschiedliche Anzahl an Freiheitsgraden ermöglicht dagegen wegen der geringeren Anzahl an zu schätzenden Parametern in Einzelfällen höhere P-Werte. Die hohe Anzahl von 18 Teiluntersuchungen, in denen dieser theoretisch seltene Fall auftritt, läßt einen relativ geringen Erklärungsgehalt vermuten. Führt man als zusätzlichen Filter[301] die Forderung nach einer Mindeststeigerung des P-Wertes um 5% ein, so ist diese in nur 20 der 52 Fälle gewährleistet. Der eigentlich wünschenswerte Fall, bei dem bei gleichzeitiger Verwerfung der Renditegleichheit die Linearität nicht verworfen werden kann, ist mit 6 Ereignissen sehr selten vertreten. Anders als bei den Einzelbetrachtungen entsprechen bei allen Teilaspekten die marktwertgewichteten Portefeuilles eher den Erwartungen.

Insgesamt scheint bei den Standardgruppierungen eine positive, lineare Rendite-Risiko-Relation die Realität nicht viel besser zu beschreiben als die Behauptung, daß alle Renditen gleich sind. Dies gilt auch für die Renditeportefeuilles, bei denen sich die Renditen häufig signifikant unterscheiden.[302] Aber auch bei diesen läßt sich der ermittelte Renditeunterschied nur selten durch die postulierte Linearität erklären. Die Linearität als solche impliziert somit noch lange keine positive Rendite-Risiko-Beziehung und noch weniger einen hohen Erklärungsgehalt des Modells. Mit exakt spezifizierten Alternativhypothesen könnte sie unter Umständen noch genauer untersucht werden.

---

[299] Vgl. hierzu Greene S. 513 f.
[300] Vergleiche zur Teststatistik, die in ihrer Grundform dem CSRT von Shanken entspricht, Shanken (1985) S. 330 f.
[301] Dieser ist relativ willkürlich gewählt.
[302] Ein Plot der durchschnittlichen Renditen gegen die β-Werte und das einfache Bestimmtheitsmaß bestätigen diesen Eindruck in den meisten Fällen.

5.2 Fehlschlüsse bei Performancetests

Wie die Linearitätstests der Fama/MacBeth-Spezifikation lassen sich auch die Tests des Sharpe-Lintner-CAPM als Performancetests interpretieren. Dies ermöglicht neben einer reinen Betrachtung der numerischen Auswertungen graphische Analysen, die nicht nur die speziellen Problembereiche der multivariaten Tests aufdecken.[303] Sie vermitteln darüber hinaus weitere Aspekte des tatsächlichen Diversifikations- und Performancepotentials, der Rendite-Risiko-Relation und der Wirkungsweise der durchgeführten Tests. Während die Darstellung der Sharpe-Lintner-Tests wegen der anschaulicheren Performanceinterpretation im μ-σ-Raum erfolgt, bietet sich aufgrund der besseren Darstellung der Zero-Beta-Schätzer und der Bedeutung des Minimum-Varianz-Portefeuilles bei den Linearitätstests eine Darstellung im μ-σ^2-Raum an.

Spricht man von Performancetests, so stellt sich die Frage nach dem verwendeten impliziten Performancemaß. Dieses ist bei den betrachteten multivariaten Tests das Sharpe-Maß, welches für ein spezifiziertes Portefeuille dem Quotienten aus seiner Überrendite und seiner Standardabweichung entspricht. Da dies auch die Steigung der Verbindungsgeraden des Portefeuilles mit dem risikolosen Wertpapier (bzw. dem Zero-Beta-Portefeuille) im μ-σ-Raum ist, kann die unterschiedliche Performance von Portefeuilles in der μ-σ-Darstellung direkt abgelesen werden.

In den vier verschiedenen Teilabbildungen zu Tests des Sharpe-Lintner-Modells in Abbildung 10 spiegeln sich in den beobachteten Daten[304] die möglichen Testszenarien wider. Innerhalb dieser Abbildungen repräsentiert die erste die Normalsituation bei Gültigkeit des CAPM. Da die übrigen Szenarien Problemsituationen darstellen, erfolgt die allgemeine Erklärung anhand dieser Abbildung, die auf den Daten der marktwertgewichteten Renditeportefeuilles der Periode 1980-85 basiert. Jede Abbildung enthält die Position der in dieser Teilperiode untersuchten zwanzig Portefeuilles im μ-σ-Raum und die durch diese Aktien aufgespannte Portfolio Frontier. Diese Parabel umhüllt alle möglichen Rendite-Risiko-Kombinationen unter der in den Tests verwendeten Annahme, daß Leerverkäufe in beliebigem Umfang getätigt werden können. Die Position des Marktportefeuilles ist durch ein größeres Kreuz ohne Portefeuillenummer gekennzeichnet. Die gepunktete Gerade, die durch

---

[303] Da es sich bei der Black-Spezifikation um einen Spezialfall der Fama/MacBeth-Spezifikation handelt, gelten die dargestellten Kritikpunkte analog.

[304] Teilabbildung 1: Marktwertgewichtete Renditeportefeuilles (1980-85)
Teilabbildung 2: Gleichgewichtete Renditeportefeuilles (1954-58)
Teilabbildung 3: Marktwertgewichtete Renditeportefeuilles (1969-73)
Teilabbildung 4: Marktwertgewichtete Betaportefeuilles (1959-63)

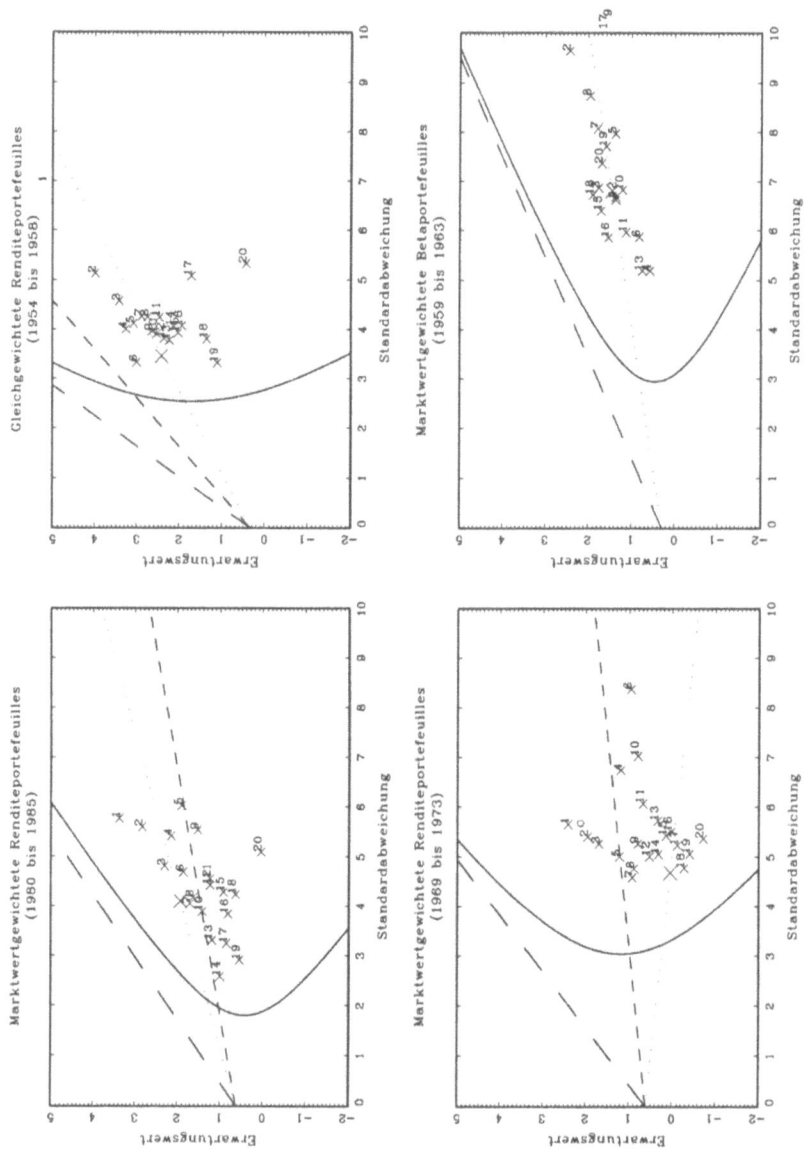

Abbildung 10: Performancetests des Sharpe-Lintner-CAPM

den risikolosen Zinssatz und das Marktportefeuille geht, repräsentiert die Performance des Marktes. Die potentielle Performance aller Aktien entspricht der Steigung der langgestrichelten Geraden, die durch den risikolosen Zinssatz geht und den Effizient Set tangiert. Um zu einer Entscheidung zu kommen, ob das Marktportefeuille relativ zum Effizient Set als effizient oder ineffizient einzustufen ist, wird außerdem ein kritischer Bereich benötigt. Dieser auf Basis des CSRT ermittelte Ablehnungsbereich wird durch die kurzgestrichelte Linie begrenzt. Liegt ein Portefeuille wie im vorliegenden Fall oberhalb dieser Geraden, so kann seine Effizienz nicht verworfen werden.[305] Liegt sie dagegen unterhalb dieser Geraden, so ist seine Effizienz abzulehnen. Zu beachten ist, daß nicht jeder Plot die Gerade enthält, die den Ablehnungsbereich vom Annahmebereich trennt, da die Datensituation häufig keinen Ablehnungsbereich zuläßt. Der in der ersten Abbildung vorliegende wünschenswerte Fall, bei dem trotz eines Ablehnungsbereichs die Effizienz des Marktindex nicht verworfen wird, kennzeichnet bei weitem nicht den Regelfall. In den 52 untersuchten Datensituationen tritt er nur viermal auf.

Der anhand der gleichgewichteten Renditeportefeuilles (1954-58) in der zweiten Abbildung dargestellte Fall der Ablehnung der Effizienz des verwendeten Marktportefeuilles liegt, wie der CSR-Test schon gezeigt hat, in 13 Teiluntersuchungen häufiger vor.[306] Er ist aber, genauso wie die mit der Testgröße erzielten Annahmen der Effizienz eines Marktindex, nicht so unproblematisch, wie er auf den ersten Blick erscheint.

Zum einen entspricht das tatsächliche Niveau der Effizienztests nicht unbedingt dem vorher gewählten Signifikanzniveau, zum anderen kann eine alleinige Betrachtung der Testgröße zu falschen Aussagen führen. Diese Gefahr besteht immer dann, wenn die Rendite des Marktportefeuilles geringer ist als die des risikolosen Wertpapiers. Sie wird hervorgerufen durch die quadratische Struktur der Testgröße. Diese differenziert nicht zwischen dem Efficient Set und dem Rest der Portfolio-Frontier. So existiert neben dem in den Graphiken eingezeichneten Annahmebereich bei geeignetem Niveau ein zweiter Annahmebereich, der am ineffizienten Rand der Portfolio-Frontier liegt. Dieser ist um so größer, je höher die Rendite des risikolosen Wertpapiers im Vergleich zur Rendite des Minimum-Varianz-Portefeuilles der übrigen Wertpapiere ist. Da der Annahmebereich aus zwei Teilbereichen besteht, die zusammen dem Signifikanzniveau von 10 % entsprechen, ist das Niveau der Effizienztests, für den nur der obere Annahmebereich interessant ist, in der Regel größer als 10 %.

---

[305] Da der Test die quadrierten Sharpe-Maße vergleicht, kann unter Umständen ein zusätzlicher Annahmebereich existieren, der im weiteren noch diskutiert wird.
[306] Vgl. hierzu Tabelle 19.

Daß ein Portefeuille nahezu so ineffizient ist, daß der CSRT es als effizient identifiziert, verdeutlicht die dritte Teilabbildung, der die Daten der marktwertgewichteten Renditeportefeuilles der Periode 1969-73 zugrundeliegen. Hier ist das Marktportefeuille weit unterhalb der kritischen Linie positioniert und deshalb als ineffizient zu beurteilen. Der P-Wert des CSRT von 9,99 % führt zum selben Ergebnis. Da dieser Wert nahezu dem Signifikanzniveau von 10 % entspricht und der Abstand zur kritischen Linie relativ groß ist, kann geschlossen werden, daß das Marktportefeuille fast exakt auf der unteren kritischen Linie liegt.[307] Eine etwas niedrigere Rendite des Marktportefeuilles wäre daher mit der Schlußfolgerung verbunden, daß das Marktportefeuille effizient ist. Solche widersprüchlichen Aussagen zwischen den Auswertungen der Testgrößen und den Graphiken treten in den betrachteten Datensituationen jedoch nicht auf.[308]

Die Ergebnisse haben somit ihre Ursache nicht allein in der hohen Effizienz der verwendeten Indizes, sondern auch in der Schwäche der Tests, überhaupt ineffiziente Portefeuilles zu identifizieren. So existieren in 36 der untersuchten Perioden keine Ablehnungsbereiche. Die vierte Teilabbildung, die auf den marktwertgewichteten Betaportefeuilles für die Teilperiode 1959-63 beruht, illustriert diese Situation. Ebenso wie das Marktportefeuille, ist keines der anderen Portefeuilles oder irgendeine Kombination dieser Portefeuilles nach den Testergebnissen ineffizient. Eine mögliche Ursache hierfür könnten geringe Rendite- bzw. Performanceunterschiede sein. Da aber in die Tests nicht die Performance der Einzelportefeuilles, sondern die potentielle Performance aller Portefeuilles eingeht, scheint der Performanceunterschied doch recht groß zu sein. Betrachtet man Portefeuilles mit dem identischen Risiko wie das Marktportefeuille (gemessen an der Standardabweichung der Renditen), dessen monatliche Rendite 1,45 % beträgt, so existieren in dieser Situation sowohl Portefeuilles mit negativen Renditen als auch Portefeuilles mit Renditen um 3,5 %. Daß bei gleichem Risiko wie der Markt ein kumulierter Renditeunterschied von über 200 % für den Gesamtzeitraum von fünf Jahren nicht als signifikant verschieden identifiziert werden kann, scheint nicht für die Effizienztests zu sprechen.[309] Damit verstärken die multivariaten Tests den Eindruck, daß die häufige Beibehaltung des Sharpe-Lintner-CAPM eventuell durch die Schwäche der verfügbaren Testverfahren hervorgerufen wird, Modellabweichungen zu erkennen.

Bei den Tests des Black-CAPM ergeben sich ähnliche Probleme wie bei den Tests

---

[307] Zur übersichtlicheren Gestaltung wurde auf die Darstellung der unteren kritischen Linie in den Graphiken verzichtet. Eine Darstellung mit zwei Ablehnungsbereichen enthält Kandel/Stambaugh (1989) S. 139.

[308] Von größerer Bedeutung ist die quadratische Testgröße bei Tests der Fama/MacBeth-Spezifikation sowie der Black-Spezifikation im Black-CAPM.

[309] Eine weitere Diskussion der Performance im Zusammenhang mit Leerverkäufen erfolgt in Abschnitt 5.3.

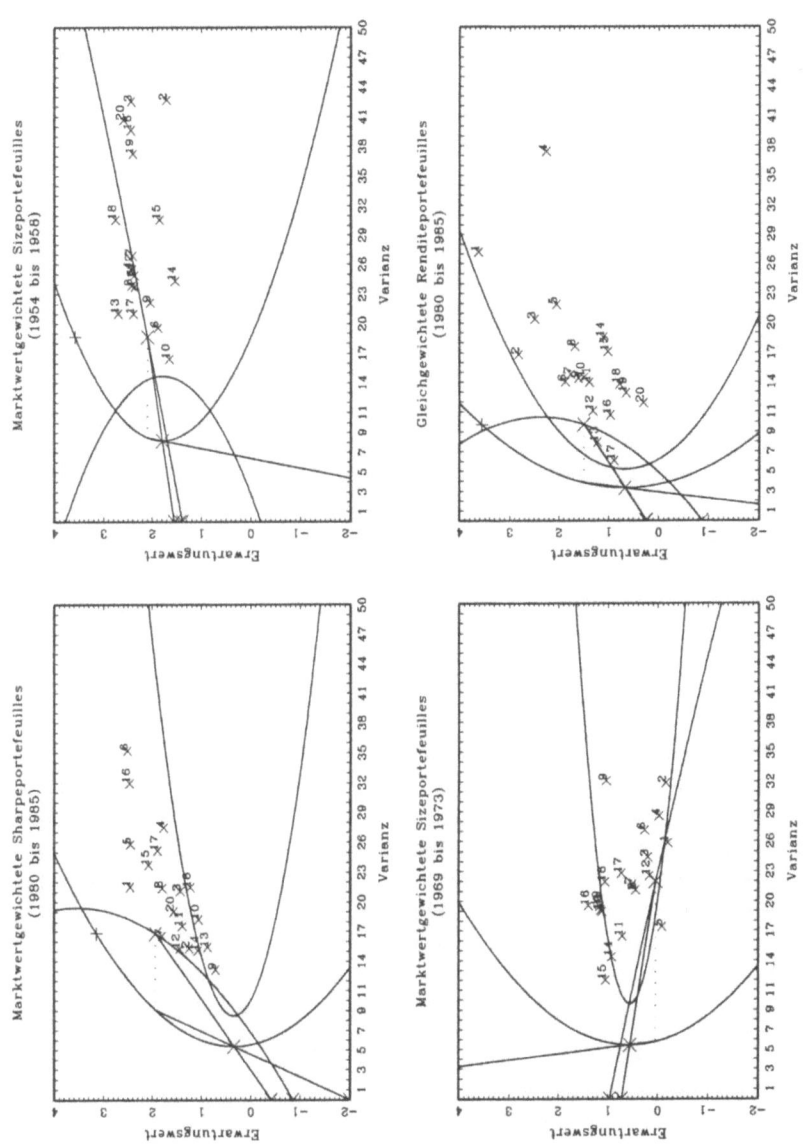

Abbildung 11: Performancetests des Black-CAPM

des Sharpe-Lintner-Modells. Diese werden zusätzlich verstärkt durch die Schätzung der Zero-Beta-Rendite. Abbildung 11 veranschaulicht anhand von vier ausgewählten exemplarischen Situationen die multivariaten Tests der Fama/MacBeth-Spezifikation. Anders als beim Sharpe-Lintner-Modell sind das Marktportefeuille, die Einzelportefeuilles und der Efficient Set hier im μ-σ^2-Raum dargestellt. Darüber hinaus enthalten die Abbildungen verschiedene Schätzer für die Zero-Beta-Rendite und einen Konfidenzbereich. Der im betrachteten Zusammenhang wichtigste und in den bisherigen Tests verwendete GLS-Schätzer der zweiten Stufe ist geometrisch bestimmbar durch die Gerade, die durch das Marktportefeuille und das Minimum-Varianz-Portefeuille geht.[310] Der eingezeichnete Konfidenzbereich, der auf dem CSRT basiert, nimmt ebenso wie der Efficient Set die Form einer Parabel an. Anders als beim dargestellten CSRT verwertet dieser Konfidenzbereich[311] keinen speziellen Schätzwert für die Zero-Beta-Rendite. Vielmehr werden alle möglichen Schätzer berücksichtigt. Dies führt zu Aussagen, die relativ unabhängig von den verschiedenen Schätzungen der Zero-Beta-Rendite sind. Portefeuilles, die innerhalb der Konfidenzparabel positioniert sind, werden vom CSRT, unabhängig von der verwendeten Zero-Beta-Rendite, soweit sich diese im angegebenen Bereich bewegt, als ineffizient identifiziert. Portefeuilles, die außerhalb der Parabel liegen, werden auch bei Tests mit spezifizierten Zero-Beta-Renditen im allgemeinen als effizient eingestuft.[312]

Bei Gültigkeit des CAPM sollte im Idealfall die Risikoprämie signifikant positiv und die Effizienz des Marktportefeuilles nicht zu verwerfen sein. Beides ist bei den marktwertgewichteten Sharpeportefeuilles in der Periode 1980-85 erfüllt. Neben effizienten Portefeuilles existieren auch vier Portefeuilles, die als eindeutig ineffizient beurteilt werden. Diese Konstellation ist sehr selten, da es häufig keinen Ablehnungsbereich gibt. Bei gleichzeitiger Präsenz eines allgemeinen Verwerfungsbereichs wird das Black-CAPM mit dem CSRT in nur vier Fällen angenommen. Die verschiedenen Schätzverfahren mit ihren negativen Schätzwerten der Zero-Beta-Rendite veranschaulichen außerdem, daß sich diese nicht immer im "normalen" Bereich bewegen müssen. Unterschiede in den Schätzern beeinflussen die Testergebnisse im allgemeinen aber nur gering. Dies Ergebnis bestätigen auch die hier nicht weiter aufgeführten Auswertungen mit den bedingten Maximum-Likelihood-Schätzern.

---

[310] Vgl. Abschnitt 3.2.4 zur ebenfalls eingezeichneten Untergrenze und zum Maximum-Likelihood-Schätzer, welcher durch einen der Schnittpunkte der Parabel, die durch das Marktportefeuille geht, mit der Renditeachse determiniert ist.

[311] Vgl. zu diesem Verfahren Jobson (1991) S. 252 f., aber auch Kandel/Stambaugh (1989) S. 140 ff.

[312] In den untersuchten Datensituationen tritt nur bei den gleichgewichteten Sizeportefeuilles (1954-58) der Sachverhalt auf, daß der spezielle CSRT die Effizienz des Marktindex verwirft, während die allgemeine Ablehnung unabhängig von der verwendeten Zero-Beta-Rendite nicht möglich ist.

Einen Eindruck von der üblichen Testsituation und der Schwäche der Testverfahren vermittelt die zweite Teilabbildung. Anhand der marktwertgewichteten Sizeportefeuilles (1954-58) wird der Sachverhalt der Nichtexistenz eines allgemeinen Ablehnungsbereichs dargestellt. Rein rechnerisch degeneriert die Parabel, die den Ablehnungsbereich markiert, indem sie sich nach links öffnet. Dies entspricht einer Annahme der Effizienz für jede beliebige Portefeuillekombination. Auch hier können sehr hohe Renditedifferenzen von mehr als 2 % pro Monat nicht durch den Test differenziert werden.

Aber auch in Situationen, in denen ein Ablehnungsbereich existiert, sind die Effizienzaussagen der Teststatistiken nicht immer zuverlässig. Dies ist wiederum die Folge der quadratischen Testfunktion. Da die Schätzung der Zero-Beta-Rendite von der relativen Lage des Marktportefeuilles zum Minimum-Varianz-Portefeuille abhängt, ergibt sich bei einer geringeren Rendite des Marktportefeuilles eine Schätzung für die Zero-Beta-Rendite, welche die der beiden anderen Portefeuilles übersteigt. Somit sind die Effizienztests, anders als beim Sharpe-Lintner-Modell immer dann ungeeignet, wenn das Marktportefeuille in der unteren Hälfte des Efficient Set liegt, da in dieser Situation von zwei Portefeuilles mit identischem Risiko dasjenige mit der geringeren Rendite als effizienter ausgewiesen wird. Der Performancevergleich erfolgt dann mit dem ineffizienten Teil der Portfolio Frontier. Die marktwertgewichteten Sizeportefeuilles (1969-73) machen diese Problematik sichtbar. Die Effizienz des Marktportefeuilles wird von der Teststatistik wie auch vom allgemeinen, durch den Ablehnungsbereich eingezeichneten Test abgelehnt. Diese Ablehnung ist aber nur knapp. Wäre die Rendite nur etwas geringer, würden die Tests die Effizienz des Marktportefeuilles nicht mehr verwerfen. Dieses paradoxe Ergebnis verdeutlicht das Portefeuille 1. Obwohl es ein höheres Risiko und eine geringere Rendite als das Marktportefeuille aufweist, existieren für dieses Portefeuille Zero-Beta-Schätzer, bei deren Verwendung die Effizienz nicht verworfen wird. Da in den Fällen, in denen die Rendite des Marktportefeuilles geringer ist als die des Minimum-Varianz-Portefeuilles, die mittels der GLS-Methode geschätzte Risikoprämie negativ ist, entspricht sich die Anzahl der Fälle. Mit insgesamt 17 Ereignissen neigen die Ergebnisse damit häufig zur verfälschten Darstellung der Realität.

Bei den in der vierten Teilabbildung illustrierten gleichgewichteten Renditeportefeuilles 1980-85 wird dagegen die Effizienz des Marktportefeuilles "regulär" abgelehnt. Die geschätzte Risikoprämie ist positiv und die Zero-Beta-Rendite liegt im gewünschten Bereich. Das Marktportefeuille ist im allgemeinen Ablehnungsbereich positioniert und wird somit unabhängig von der speziellen Zero-Beta-Rendite als ineffizient beurteilt. Dies gilt aber nicht nur für das Marktportefeuille, sondern auch für alle zwanzig Einzelportefeuilles. Diese Konstellation wirft die Fragen auf, inwieweit ein Vergleich von beobachtbaren Portefeuilles mit Portefeuilles, bei denen unbeschränkt Leerverkäufe zugelassen sind, angebracht ist und ob es Situationen gibt, in denen überhaupt keine beobachtbare Kombination der verwendeten Portefeuilles im Sinne der Tests effizient ist.

5.3 Die Problematik von Leerverkaufsbeschränkungen

Die dargestellten Effizienztests basieren ebenso wie die Herleitung des CAPM auf der Annahme, daß Leerverkäufe in beliebigem Umfang durchführbar sind.[313] In der Realität sind solche Leerverkäufe aber nicht ohne weiteres möglich, auch wenn sie für einzelne Titel über Optionen konstruierbar sind. Während ein Anleger unter Umständen individuelle Leerverkaufspositionen eingehen kann, sind solche für den Gesamtmarkt nicht beobachtbar. Es stellt sich deshalb die Frage, ob ein Performancevergleich zwischen einem beobachtbaren Portefeuille, in dem jedes Wertpapier nur mit positiven Anteilen vertreten sein kann, mit allen nicht durch Leerverkaufsrestriktionen beschränkten Kombinationen angemessen ist. Die Bedeutung der Leerverkäufe verdeutlichen die Zusammensetzungen der effizienten Portefeuilles, die das gleiche Risiko wie das Marktportefeuille aufweisen. Gemessen am Gesamtmarktwert aller einbezogenen Aktien schwanken die Leerverkaufspositionen mit einem Minimalwert von 189 % und einem Maximalwert von 849 % um ihren Mittelwert von 384 %.[314]

Diese Problematik tritt in jeder Teiluntersuchung mehr oder weniger ausgeprägt auf. Von besonderem Interesse für weitere Analysen sind diejenigen Situationen, bei denen ein Ablehnungsbereich existiert. Bei einer Ablehnung der Effizienz des Marktindex ist zu prüfen, ob es bei der gegebenen Datensituation überhaupt ein Portefeuille ohne Leerverkaufspositionen gibt, welches als effizient eingestuft werden kann. Insgesamt tritt bei den Tests des Sharpe-Lintner-Modells achtmal die Situation ein, daß neben dem Marktportefeuille auch kein anderes der zwanzig Einzelportefeuilles die kritische Performance erreicht.[315] Da für die anderen Gruppierungen zumeist keine Ablehnungsbereiche existieren, sind diese Situationen nur

---

[313] Zu Änderungen der Implikationen des CAPM beim Ausschluß von Leerverkäufen vgl. Sharpe (1991) S. 505.

[314] Vgl. Best/Grauer (1991) zur hohen Sensitivität der Zusammensetzung effizienter Portefeuilles auf kleine Änderungen in den Mittelwerten der Renditen.

[315] Wegen der anschaulicheren Interpretationen beschränkt sich hier die Darstellung auf den Sharpe-Lintner-Fall. Die abgeleiteten Aussagen gelten analog für das Black-CAPM.

bei den Renditeportefeuilles beobachtbar. Dies ist bei den gleichgewichteten Renditeportefeuilles bis auf den Untersuchungszeitraum 1959-63 in jeder Teilperiode und bei den marktwertgewichteten Renditeportefeuilles in den Perioden 1964-68 und 1974-79 der Fall.

Um die Leerverkaufsproblematik näher zu untersuchen, muß ein zweiter Efficient Set berechnet werden. Dies ist der Efficient Set, der sich ergibt, wenn keine Leerverkäufe zugelassen sind. Das im Gleichungssystem (3) dargestellte Minimierungsproblem wird durch die zusätzliche Restriktion erweitert, daß alle Portefeuilleanteile positiv sind. Das quadratische Minimierungsproblem ist dann nicht mehr über die Differentiation der Zielfunktion mit Nebenbedingungen zu lösen. Zwei alternative, sehr viel aufwendigere Lösungsansätze stehen zur Verfügung. Dies ist zum einen die Critical Line Method[316] von Markowitz (1956), mit der die Corner-Portefeuilles bestimmt werden können und zum anderen das auf den Kuhn-Tucker-Bedingungen beruhende Verfahren von Wolfe (1959),[317] bei dem zusätzliche künstliche Variablen eingeführt werden, um dann die Simplexmethode anwenden zu können. Wegen der aufwendigen Programmierung dieser Lösungsalgorithmen wird zur Berechnung der Corner-Portefeuilles auf eine von Nawrocki (1991) hierfür speziell entwickelte Software zurückgegriffen.[318] Die Zusammensetzungen der Corner-Portefeuilles werden dann in die allgemeine Datenbasis aufgenommen und ausgewertet.

Einen ersten Eindruck vom tatsächlichen Performancepotential beim Ausschluß von Leerverkäufen vermittelt Abbildung 12, die den Efficient Set mit und ohne Leerverkäufe für die marktwertgewichteten Renditeportefeuilles (1964-68) darstellt.[319] Es zeigt sich, daß die realisierbaren Renditen bei Leerverkaufsrestriktionen weitaus niedriger sind als im Fall der unbeschränkten Leerverkäufe. Auch scheint die Bedeutung der Diversifikation wesentlich geringer zu sein als ursprünglich vermutet. Der Efficient Set wird hauptsächlich durch die renditestärksten Portefeuilles determiniert und bietet, verglichen mit den bisherigen Renditedifferenzen, keine wesentlich höheren Renditen als entsprechende Einzelportefeuilles.

Bei der eigentlichen hier zu beantwortenden Frage nach dem Sinn und Zweck der Effizienztests spielt die Position des Efficient Set eine besondere Rolle. Nicht nur alle Portefeuilles, sondern auch der gesamte Efficient Set ohne Leerverkäufe liegen

---

[316] Vgl. zur exakten Critical Line Method Markowitz (1956) S. 111-133 und Markowitz (1991) S. 316-336. Einen kleinen Einblick in die Wirkungsweise vermittelt auch Haugen (1986) S. 88-92.

[317] Darstellungen des Wolfe-Verfahrens enthalten Wolfe (1959) S. 382-398, Markowitz (1991) S. 337 ff. und Ellinger (1990) S. 212-218.

[318] Hierbei handelt es sich um das Portfolio Management Software Package Professional - Advanced Edition von David Nawrocki aus dem Jahr 1991.

[319] Das erste Corner-Portefeuille ist immer das mit der höchsten Rendite und entspricht bei den Renditebetrachtungen dem Portefeuille 1.

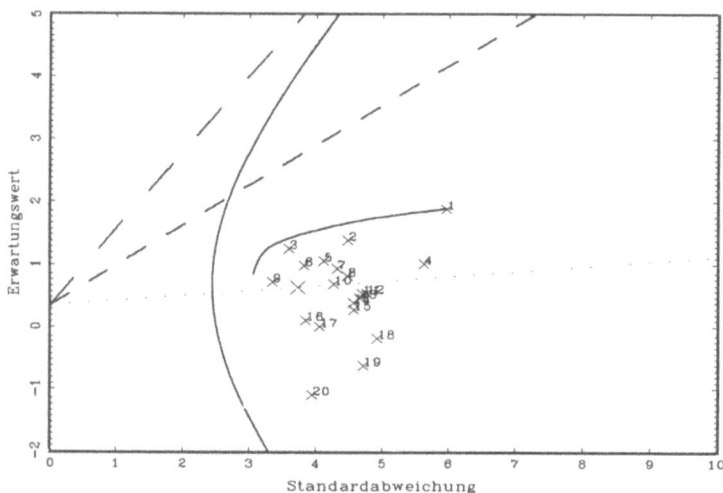

Abbildung 12: Efficient Set mit und ohne Leerverkäufe

unterhalb der Linie, welche die kritische Performance symbolisiert. Man erkennt, daß es kein beobachtbares Portefeuille gibt, welches die Effizienzanforderungen erfüllt. Der Vergleich zwischen der Performance eines Efficient Set, der Leerverkäufe zuläßt und den beobachtbaren Portefeuilles erscheint somit unangebracht.

Da dieses Ergebnis zufällig sein kann und unter Umständen eine Ausnahmesituation darstellt, ist es erforderlich, auch die anderen sieben Untersuchungsszenarien auszuwerten. Die dafür relevanten Sharpe-Maße enthält Tabelle 20. In allen untersuchten Perioden übersteigt die Rendite des Marktportefeuilles die des risikolosen Wertpapiers. Das Performancepotential ist auch bei Ausschluß von Leerverkäufen zumeist wesentlich höher als die Marktperformance, doch liegt es in allen Fällen unter dem kritischen Sharpe-Maß. Damit existiert in keiner der acht Untersuchungssituationen ein im Vergleich zum Efficient Set mit Leerverkäufen beobachtbares effizientes Portefeuille.

Die multivariaten Tests sind somit durch zwei Tatbestände gekennzeichnet. Zum einen sind sie auch bei sehr hohen Performanceunterschieden häufig nicht in der Lage, diese zu identifizieren. Zum anderen vergleichen sie ein Portefeuille mit einem Efficient Set, der auf ganz anderen Voraussetzungen beruht. Eine Möglichkeit, die Tests sinnvoller anzuwenden, bestünde in einem Vergleich der Performance des Marktes mit dem Efficient Set ohne Leerverkäufe. Neben statistischen Problemen wird dieser Ansatz hier nicht weiter verfolgt, da mit dem dargestellten Testinstrumentarium die sinkenden Performancedifferenzen wohl kaum noch differenziert werden könnten. Einen Eindruck von den geringeren Differenzen vermittelt der Performancevergleich der beiden Efficient Sets.

Portefeuille	Marktportefeuille	Efficient Set ohne Leerverkäufe	Kritisches Sharpe-Maß ($\alpha = 10\%$)	Efficient Set mit Leerverkäufen
Rendite (gg) 54-58	0,5991	0,8941	1,0208	1,6288
Rendite (gg) 64-68	0,1047	0,4078	0,5598	1,1492
Rendite (gg) 69-73	0,0528	0,4554	0,5424	1,1344
Rendite (gg) 74-79	0,0854	0,3682	0,7369	1,1956
Rendite (gg) 80-85	0,2810	0,6192	0,6789	1,1401
Rendite (gg) 86-91	0,0817	0,3526	0,5872	1,0570
Rendite (mg) 64-68	0,0077	0,2994	0,6390	1,2200
Rendite (mg) 74-79	0,0702	0,2683	0,4884	0,9747

Tabelle 20: Alternative Sharpe-Maße im Sharpe-Lintner-Fall

5.4 Aggregierte Auswertung der Periodenergebnisse

Die bisherigen Testergebnisse beziehen sich fast ausschließlich auf fünf- und sechsjährige Teilperioden. Darüber hinaus wären aber auch Tests wünschenswert, die für einzelne Gruppierungen Informationen über das Modellverhalten im Gesamtzeitraum liefern. Der Untersuchungszeitraum kann aber wegen der hohen Stabilitätsanforderungen nicht beliebig verlängert werden. Schon die Gruppierung nach Kriterien der Vorperiode setzt eine Stabilität des Rendite-Risiko-Zusammenhangs von 10 bis 12 Jahren voraus. Eine Alternative zur Verlängerung der Untersuchungsperioden bildet die aggregierte Auswertung der Periodenergebnisse, die zu einem aggregierten P-Wert führt. Eine solche Verdichtung der Ergebnisse bietet außerdem den Vorteil einer höheren Güte im Vergleich zu den Einzelergebnissen. Einen Einfluß auf die spezielle Erhöhung des Aussagegehalts hat dabei die Art der gewählten Aggregation.

Schon seit den frühen multivariaten Studien von Gibbons (1982), der den LRT verwendete, und den Auswertungen von Stambaugh (1982) mit dem LMT werden die verschiedenen χ^2-verteilten Testgrößen teilweise zu einem Gesamtwert aggregiert. Dabei ergibt sich die neue Testgröße als Summe der Realisationen der einzelnen Testgrößen über alle Teilperioden. Unter Berücksichtigung der geänderten Zahl an Freiheitsgraden, die sich aus dem Produkt der Freiheitsgrade bei den Einzeluntersuchungen und der Anzahl der betrachteten Teilperioden ergibt, läßt sich der P-Wert einfach ermitteln. Diese Art der Berechnung ist, wie MacKinlay (1987) zeigt, analog für den F-verteilten CSRT möglich, indem die F-Verteilung durch eine χ^2-Verteilung approximiert wird. Für diesen exakten Test hat Shanken (1985) als Alternative eine Aggregation mit Hilfe der Normalverteilung beschrieben. Bei dieser wird für jede Teilperiode der Wert der standardnormalverteilten Zufallsvariablen bestimmt, die dem P-Wert der Teilperiode entspricht. Anschließend werden diese Werte addiert und durch die Wurzel der Anzahl der Teilperioden dividiert. Der P-Wert der Gesamtperiode entspricht dem P-Wert dieser standardnormalverteilten Zufallsvariablen. Bei Simulationen zum Vergleich der verschiedenen Aggregationsmethoden kamen Gibbons/Shanken (1987) für den CSRT zu dem Ergebnis, daß die Güte der aggregierten Tests wesentlich höher ist als bei Einzeltests und die Aggregation mittels der Normalverteilung vorzuziehen ist.

Unterstellt man zur Verdeutlichung der Wirkungsweise und Ableitung der zu erwartenden Testergebnisse, daß die P-Werte in jeder Teilperiode identisch sind, so verstärkt die Methode tendenziell die abgeleiteten Aussagen, indem hohe P-Werte über 50 % noch größer werden und P-Werte, die unter 50 % liegen, sinken. Die aggregierte Testgröße unterscheidet sich in diesem Fall von den Einzeltestgrößen um den Faktor $\sqrt{n}$. Bei positiven Testgrößen steigen die P-Werte, bei negativen Testgrößen fallen sie. Eine ähnliche Entwicklung sollte auch gelten, wenn die P-Werte in den Einzelperioden variieren und der Mittelwert zur ersten Information herangezogen wird. Für die geringen P-Werte von Gibbons (1982) und Shanken (1985) in den Einzelperioden ergeben sich noch geringere aggregierte P-Werte, während die ohnehin hohen P-Werte in einzelnen Untersuchungsszenarien von Stambaugh (1982) noch steigen.[320] In allen Fällen spiegelt sich die Verstärkungstendenz wider.

Aufgrund dieser Resultate ist zu erwarten, daß die aggregierten P-Werte bei den betrachteten Datensituationen nahezu zu denselben Ergebnissen wie die durchschnittlichen P-Werte führen, da sich bei den Beta- und Sharpeportefeuilles und bei den marktwertgewichteten Sizeportefeuilles durchschnittliche P-Werte über 50 % ergeben. Diese dürften sich somit noch erhöhen. Bei den gleichgewichteten Renditeportefeuilles liegt der Wert bei 1 % und bewegt sich wohl noch weiter nach unten. Offen sind die Ergebnisse nur bei den marktwertgewichteten Size- und Renditeportefeuilles, für welche die durchschnittlichen P-Werte zwischen dem Signifikanzniveau von 10 % und dem Wert von 50 % liegen. Bei diesen stellt sich deshalb die Frage, ob eine so starke Reduktion der Wahrscheinlichkeit eintritt, daß der aggregierte Test zu einer Ablehnung des Sharpe-Lintner-CAPM führt. Tabelle 21 enthält die aggre-

---

[320] Vgl. Gibbons (1982) Tabelle 1, Shanken (1985) Tabelle 2 und Stambaugh (1982) Tabelle 8.

gierten P-Werte für jede Gruppierung und die durchschnittlichen P-Werte der Einzelperioden in Klammern.

Betaportefeuilles		Sizeportefeuilles		Sharpeportefeuilles		Renditeportefeuilles	
gg	mg	gg	mg	gg	mg	gg	mg
0,944	0,728	0,181	0,535	0,795	0,623	0,000	0,000
(0,70)	(0,56)	(0,39)	(0,52)	(0,62)	(0,54)	(0,01)	(0,17)

Tabelle 21: Aggregierte und durchschnittliche P-Werte des CSRT beim Sharpe-Lintner-Modell

Die erzielten Ergebnisse entsprechen voll den Erwartungen. Während die Reduktion beim Übergang vom Mittelwert auf den aggregierten P-Wert bei den gleichgewichteten Sharpeportefeuilles nicht zu einer Ablehnung des CAPM führt, gilt für die aggregierte Betrachtung der marktwertgewichteten Renditeportefeuilles, daß hier die Effizienz klar zu verwerfen ist. Somit werden die Ergebnisse der Einzeltests durch die Aggregation für die Gesamtperiode im wesentlichen bestätigt. Allein bei den Renditeportefeuilles läßt sich eine Ineffizienz des Marktindex eindeutig identifizieren. Für alle anderen Gruppierungen ist das Sharpe-Lintner-CAPM nicht verwerfbar. Die Ineffizienz tritt somit lediglich bei der problematischsten Gruppierungsart auf, die nur als ex post Konstruktion möglich war.

5.5 Generierung eines Gesamturteils

Auf Basis der Resultate der empirischen Untersuchungen und der theoretischen Überlegungen soll in diesem Abschnitt der Versuch unternommen werden, ein Gesamturteil zu den CAPM-Tests abzugeben. Dabei besteht das Ziel in der Modellierung eines realistischen Bildes zur Bedeutung, Überprüfbarkeit und Gültigkeit des CAPM. Die Aussagen befassen sich dabei zum einen mit den verfügbaren Testverfahren und zum anderen mit den Implikationen des CAPM. Um die Folgerungen soweit wie möglich zu fundieren und die Perspektiven für das CAPM und seine Tests zu veranschaulichen, werden die Ergebnisse bei alternativen Szenarien, aber auch die Probleme der nicht durchgeführten alternativen Testverfahren im Vergleich erläutert.

Die eingesetzten Schätz- und Testverfahren leiden unter dem Tatbestand, daß durch die hohe Streuung der Renditen im Zeitablauf und die eingeschränkte Anzahl der

Beobachtungszeitpunkte eine hohe Präzision der Parameterschätzungen nicht möglich ist. Durch die damit verbundenen hohen geschätzten Varianzen der Parameter bei den univariaten Verfahren und den Varianz-Kovarianz-Matrizen bei den multivariaten Verfahren sind Modellabweichungen nahezu nie als signifikant zu identifizieren. Nur bei den aus didaktischen Gründen gewählten Renditeportefeuilles treten im allgemeinen signifikante Modellabweichungen auf. Durch die Art der speziellen Gruppierung dieser Portefeuilles, die im Regelfall die Ergebnisse in Richtung einer zu häufigen Ablehnung des getesteten Modells verzerren, kann man jedoch das Grundmodell nicht verwerfen.

Die Schwäche, signifikante Abweichungen zu finden, kennzeichnet alle eingesetzten Verfahren und tritt auch bei einer Vielzahl weiterer Untersuchungsszenarien auf. So hat die Wahl der nominalen Renditen nahezu keinen Einfluß auf die Untersuchungsergebnisse. Dies drückt sich in einer Bestätigung der Ergebnisse bei Verwendung von realen Renditen und Renditen nach Steuern aus, bei denen ein Steuersatz von 36 % unterstellt wurde. Unter den alternativ eingesetzten Schätzmethoden erwies sich die GLS-Methode als die geeignetste, da sie die auftretenden Interdependenzen und Varianzunterschiede am besten erfaßt und auch bei der notwendigen Aggregation von Aktien in Portefeuilles zu tolerierbaren Informationsverlusten führt. Der bedingte Maximum Likelihood Schätzer, der nach Shanken (1992) dieselben asymptotischen Eigenschaften aufweist wie der zweistufige GLS-Schätzer, erscheint hier ungeeigneter.[321]

Durch die häufige, statistisch nicht signifikante, Verletzung der Bedingung der Effizienz führt die bedingte Maximum Likelihood Methode zu extremen Streuungen, die des öfteren in absolut unrealistischen Schätzern für die Zero-Beta-Rendite enden. Der maximale Schätzer für monatliche Renditen von 27,5 % tritt für dieses Verfahren bei den marktwertgewichteten Renditeportefeuilles 1964-68 auf. Die GLS-Schätzer bewegen sich dagegen in weitaus realistischeren Bereichen. Trotzdem bietet sich aufgrund der geringen Präzision der Schätzer zum Test des Black-CAPM auch der Ansatz für das Sharpe-Lintner-Modell an, indem beim Alternativmodell eine Prämie zum gewählten risikolosen Maßstab hinzuaddiert wird. Auch stellt sich die Frage, ob das Sharpe-Lintner-Modell als Testansatz wegen der Vermeidung nichtlinearer Hypothesen und damit der Möglichkeit der Durchführung exakter Tests den ohnehin asymptotischen Tests des Black-CAPM vorzuziehen ist.

Die parallel zu den eingesetzten Testverfahren diskutierte Verallgemeinerte Momente Methode bildet für die gewählten Testansätze des Sharpe-Lintner- oder des Black-CAPM keine Alternative, solange Annahmen wie beispielsweise die der Normalver-

---

[321] Vgl. Shanken (1992) S. 18 f. und die Simulationsergebnisse von Amsler/Schmidt (1985) S. 372, nach denen beide Schätzer die gleiche Zuverlässigkeit aufweisen.

teilung der Renditen nicht durch andere Annahmen wie die der t-Verteilung der Renditen ersetzt werden. Dabei treten neben dem Problem der asymptotischen Eigenschaften im Sharpe-Lintner-Fall weitere annahmenspezifische Probleme sowie alle in diesem Kapitel beschriebenen Widersprüche auf. Auch diese Methode ist aufgrund ihrer asymptotischen Äquivalenz zu den durchgeführten Verfahren durch die Schwäche gekennzeichnet, große Performanceunterschiede zu differenzieren. Dieses Manko sollte bei allen zukünftigen CAPM-Tests, insbesonders denen des Bedingten-CAPM, beachtet werden, da bei letzteren dieser Mangel wegen der häufig fehlenden graphischen Interpretationsmöglichkeiten nicht so offensichtlich ist. Die dargestellten Schwächen der Testverfahren können bei allen Anwendungen auftreten und gelten nicht nur für die im Rahmen dieser Arbeit durchgeführten Tests.

Auf Basis der Testergebnisse und der dargestellten Kritikpunkte lassen sich subjektive Aussagen über die getesteten Hypothesen ableiten, die unabhängig von der analysierten Spezifikation sind. Betrachtet man allein die Ergebnisse der univariaten und multivariaten Tests, so ergibt sich durch die seltenen Ablehnungen eine scheinbare Übereinstimmung der Realität mit den analysierten Hypothesen. Diese Beibehaltung läßt sich zumeist nicht auf die nötigen Korrekturen im Hinblick auf das Fehler in den Variablen Problem zurückführen. Auch bei Ignorierung dieses Problems in den multivariaten Tests des Black-CAPM häufen sich die Ablehnungen nicht wesentlich, obwohl die Teststatistiken zu oft zu Ablehnungen führen sollten. Somit ist auch in diesen Fällen eine Beibehaltung der Nullhypothese ohne den Rückgriff auf asymptotische Eigenschaften der Verfahren möglich.

Daß die Resultate der Tests ein zu positives Bild der getesteten Modelle zeichnen, verdeutlichte die Diskussion der potentiellen Verfahrensprobleme. So existieren in den meisten Situationen keine ineffizienten Portefeuilles oder Portefeuillekombinationen und ermöglichen daher keine Ablehnung der Tests. Dagegen sind in den wenigen Situationen, in denen die Effizienz beziehungsweise Linearität zu verwerfen ist, in der Regel keine beobachtbaren Marktportefeuilles gegeben, die die theoretischen Bedingungen erfüllen. Diese Aspekte in Verbindung mit zusätzlichen graphischen Analysen resultieren in subjektiven Folgerungen für die Linearitäts- und Effizienztests, die den ökonometrischen Ergebnissen widersprechen. Wie die Effizienz der verwendeten Indizes wird auch die positive Linearität zwischen den beobachteten Renditen und den geschätzten Risikomaßen abgelehnt. Die Ablehnungen erfolgen, da die eingesetzten Testverfahren anscheinend nicht in der Lage sind, signifikante Modellabweichungen zu identifizieren. Dieser Eindruck wird bei den Effizienztests durch die ökonomisch sehr hohen Renditeunterschiede von mehr als 2 % monatlich bekräftigt, welche die verwendeten Tests nicht differenzieren können. Auch die nur unwesentlich abweichenden P-Werte beim Test auf Gleichheit aller Renditen sprechen gegen einen Einfluß der β-Werte.

Da sich aus der Theorie der Betafaktor als einzige, alles erklärende Größe für die Renditen ergibt, sollte der Erklärungsgehalt univariater Querschnittsregressionen der Fama/MacBeth-Spezifikation sehr hoch und signifikant von Null verschieden sein. Bei gleichzeitig positiver Risikoprämie ist dies, wie die Bestimmtheitsmaße und P-Werte in den Tabellen 29 und 30 zeigen, nur selten der Fall. Wenn somit überhaupt ein linearer Zusammenhang zwischen dem gemessenen β-Wert und der Rendite einer Aktie besteht, so ist dieser nur sehr schwach.[322] Eine Ursache für die geringe Differenzierungskraft der aus statistischer Sicht besten Verfahren könnte in der Wahl der aus Stabilitätsgesichtspunkten geringen Anzahl an Beobachtungszeitpunkten bestehen.[323] Dieser Kritikpunkt läßt sich durch die Ergebnisse aller durchgehend notierten Einzelaktien für die Gesamtperiode widerlegen. Auch hier können bei einem schwachen linearen Zusammenhang keine ineffizienten Portefeuilles identifiziert werden. Einen wesentlichen Grund für diese Ergebnisse stellt dabei die Verletzung der impliziten Stabilitätsannahmen dar, die sich in der längerfristigen Betrachtung in einem relativ geringen Renditespektrum der Aktien äußert.[324]

Die Ablehnung der Effizienz der eingesetzten Marktindizes und die Ablehnung einer starken linearen Rendite-Risiko-Relation bedeutet jedoch noch keine Verwerfung des CAPM, da sich dieses in seinen Aussagen nicht auf die tatsächlich realisierten, sondern auf die erwarteten Renditen bezieht. Konzipiert als ein statisches Modell wird es erst durch zusätzliche Stabilitätsannahmen Tests zugänglich gemacht. Da dieses Modell in der praktischen Wertpapieranalyse seinen Einsatz auf Basis tatsächlicher Daten findet, ist es nur legitim, seine Gültigkeit anhand dieser Daten zu überprüfen. Solche Tests haben einen Informationswert, auch wenn zwischen der Effizienz des Marktportefeuilles und der Linearität, wie Roll (1977) erläutert, eine Tautologie besteht. Diese besagt nur, daß bei der Verwendung eines effizienten Portefeuilles als Stellvertreter für das Marktportefeuille die Linearität automatisch folgt. Die Testergebnisse demonstrieren jedoch, daß ein gewählter Marktindex nicht selbstverständlich effizient ist. Der Sachverhalt, daß es Situationen gibt, in denen keine effizienten beobachtbaren Portefeuilles existieren, ist weitaus problematischer. Er verdeutlicht aber, daß nicht nur "falsche" im Sinne von "ungeeigneten" Marktindizes die Ergebnisse bestimmen. Da zwischen dem Efficient Set mit und ohne Leerverkäufe zum Teil sehr große Unterschiede bestehen, wäre ein CAPM wünschenswert, welches ohne Leerverkäufe auskommt. Der Nachteil eines solchen Modells besteht in der sehr schlechten Testbarkeit, denn in diesem Fall muß das Marktporte-

---

[322] Vgl. Fama/French (1992) S. 438.
[323] Daß eine spezifizierte Alternativhypothese nicht unbedingt häufiger zur Ablehnung der Nullhypothese führt, diskutieren Kandel/Stambaugh (1989) S. 142 ff.
[324] Die Ergebnisse für die Gesamtperiode enthalten die Tabellen 39 und 40 auf Seite 176 im Anhang.

feuille nicht mehr effizient sein, die Two-Fund-Separation nicht mehr gelten und keine Linearität zwischen den erwarteten Renditen und den β-Werten bestehen.[325] Deshalb erfolgt für Tests der Rückgriff auf Modelle, die Leerverkäufe zulassen.

Diese Vereinfachung ist bei Modellen legitim, da ihr Zweck darin besteht, durch eine vereinfachte Abbildung der Realität Probleme einer Lösung zugänglich zu machen. Die Güte eines Modells beweist sich nicht in der Realitätsnähe ihrer Annahmen, sondern in der Richtigkeit der abgeleiteten Aussagen. Die im Rahmen diese Arbeit getesteten Aussagen der Linearität und Effizienz konnten auf Basis tatsächlicher Daten nicht unterstützt werden. Bei den Tests handelt es sich aber nicht um zweifelsfreie Tests des CAPM, da ihr Einsatz zusätzliche restriktive Annahmen erfordert. Im Gegensatz zu den getesteten Hypothesen, die wegen ihres geringen Erklärungsgehalts abgelehnt werden, ist eine Ablehnung des CAPM aus den dargestellten Gründen nicht möglich. Da es auch in Zukunft keine zweifelsfreien Tests für das CAPM geben kann, ist es unabhängig von den gewählten Testansätzen nicht zu widerlegen. Jedes Einzelergebnis führt aber zu konkreten Aussagen bezüglich der Anwendbarkeit und Gültigkeit einzelner Implikationen (unter bestimmten Annahmen) und hilft, die Realität besser zu verstehen.

Die vielfältigen Perspektiven und Einsatzmöglichkeiten des CAPM lassen auch für die Zukunft eine Vielzahl an Tests und Anwendungen dieses Modells auf reale Datensituationen erwarten. Der Erfolg dieser Ansätze erscheint aber nahezu unabhängig vom gewählten Einsatzgebiet fraglich. Für Studien, die den Einfluß von speziellen Sonderereignissen wie Dividendenankündigungen und Kapitalstrukturveränderungen untersuchen, bietet sich der CAPM-Ansatz zur Bereinigung von Markteinflüssen wegen des geringen linearen Zusammenhangs zwischen den β-Werten und den Wertpapierrenditen weniger an, obwohl sich bei den Regressionen des Marktmodells in seiner Überrenditeform gezeigt hat, daß die Aktienrenditen mit den Marktrenditen im Zeitablauf stark korreliert sind. Die durchschnittlichen Bestimmtheitsmaße liegen zwischen 54 % und 86 %.[326] Die mit dem Marktmodell in seinen unterschiedlichen Versionen ermittelten β-Werte drücken die Reagibilität einer jeden Aktie in Abhängigkeit von der Marktentwicklung aus und bieten sich deshalb eher zur Bereinigung an als die absoluten Marktrenditen. Da ein hohes β aber noch keine hohe Rendite impliziert und somit nicht das bewertete Risikomaß darstellt, sind zur Bestimmung von Überrenditen auch die α-Werte des Marktmodells heranzuziehen, so daß sich die Vorgehensweise von der Verwendung des CAPM unterscheidet.

Das CAPM spielt außerdem eine wichtige Rolle bei der Weiterentwicklung von

---

[325] Vgl. zu den Implikationen des CAPM bei einem Ausschluß von Leerverkäufen Sharpe (1991) S. 503 ff.
[326] Vgl. die Tabellen 27 S. 164 und 28 S. 165 im Anhang.

Bepreisungsmodellen. Es dient als Basismodell, welches als Vergleichsmaßstab herangezogen und auf dem aufgebaut wird. Diese Untersuchungen, die zumeist spezielle Anomalien des CAPM wie beispielsweise einen Size-Effekt oder einen Price-Earning-Effekt zu identifizieren versuchen, weisen zwei Probleme auf. Zum einen bauen sie auf einem Basismodell mit sehr geringem Erklärungsgehalt auf. Dies kann schon bei marginalen Einflüssen der "Anomalie" in einer Befürwortung des Effekts resultieren. Solange kein eindeutig besseres Modell als Referenzmodell zur Verfügung steht, ist dieser Versuch der schrittweisen Modellverbesserung legitim. Zum anderen besteht bei dieser Vorgehensweise aber die Gefahr, durch ein einfaches Ausprobieren nahezu beliebiger potentieller Einflußgrößen ohne größere theoretische Fundierung Effekte zu identifizieren, die nur temporärer Natur sind. Betrachtet man beispielsweise die Renditen der Sizeportefeuilles und vernachlässigt man eine zweifelhafte Risikokorrektur, so ist der Size-Effekt in den Teilperioden sehr unterschiedlich ausgeprägt.[327] Ob es sich bei solchen Effekten tatsächlich um permanente Effekte handelt, ist nur schwer zu klären.

Mit den möglichen Weiterentwicklungen des CAPM in der Form alternativer Varianten des Bedingten-CAPM oder der Konstruktion dynamischer Varianten existieren interessante Perspektiven, die über das statische Modell hinausgehen. Wie bei den Anomalien ist hier ebenfalls vor einem naiven Empirismus zu warnen, bei dem alle verfügbaren Daten gegen die Aktienrenditen regressiert werden. Auf Basis der hier durchgeführten Tests muß für alle potentiellen Ansätze insbesondere auf das Problem der geringen Differenzierung der Testverfahren hingewiesen werden. Das Problem, ein einmal spezifiziertes Modell mit den bestehenden Testverfahren auch bei größeren Modellabweichungen nur sehr schwer verwerfen zu können, dürfte bei allen Modellansätzen bestehen. Dies sollte bei allen Tests in der Art und Weise Berücksichtigung finden, daß speziell bei multivariaten Tests nicht nur die Teststatistik, sondern alle darüber hinausgehenden verfügbaren Informationen zur Ableitung eines Gesamturteils herangezogen werden. Wie in dieser Arbeit gezeigt, führen Einzelanalysen häufig zu Ergebnissen, die offensichtlich ein verzerrtes und zu undifferenziertes Bild von der Realität vermitteln.

---

[327] Vgl. Tabelle 25 S. 162.

6 Zusammenfassung

Das Ziel der vorliegenden Arbeit besteht in der Überprüfung des CAPM auf der Grundlage einer breiten Datenbasis für den deutschen Kapitalmarkt sowie in der Analyse der hierfür in der Literatur dargestellten mathematischen Verfahren. Insbesondere werden die Schwächen der alternativen Untersuchungsverfahren und die Bedeutung der Wahl der Untersuchungsmethode für die erzielten Ergebnisse herausgearbeitet. Dazu stehen als Daten die monatlichen Renditen aller im amtlichen Handel an der Frankfurter Wertpapierbörse vom Februar 1954 bis zum Dezember 1991 notierten Aktien zur Verfügung.

Bei den betrachteten Varianten des Kapitalmarktgleichgewichtsmodells handelt es sich schwerpunktmäßig um das Sharpe-Lintner-CAPM und das Black-CAPM. Die theoretische Darstellung des Bedingten-CAPM vervollständigt die Ausführungen. Modelle mit zusätzlichen Einflußgrößen sowie die Anomalien des CAPM werden hier nicht untersucht. Es erfolgt vielmehr eine Konzentration auf den Aussagegehalt des Modells in seinen Grundversionen.

Die theoretisch dargestellten und in den empirischen Untersuchungen verwendeten univariaten und multivariaten Verfahren umfassen ein weites Spektrum. Dies dient zum einen der ausführlichen Diskussion der auftretenden ökonometrischen Probleme wie dem Fehler in den Variablen Problem, den zumeist asymptotischen Testeigenschaften und der notwendigen Datenaggregation. Zum anderen verdeutlicht der Einsatz verschiedenster Methoden die Abhängigkeit der Testergebnisse vom gewählten Verfahren. Als Schätzmethode wird neben zweistufigen OLS-, WLS- und GLS-Schätzern auch die Maximum Likelihood Methode eingesetzt. Eine Auswertung dieser Schätzer erfolgt mittels univariater t-Tests und multivariater Verfahren, wie beispielsweise dem Likelihood Ratio Test und dem Lagrange Multiplier Test.

Zur Analyse der Sensitivität der Testergebnisse auf die Art der Datenaufbereitung werden Einzelaktien mit gleichgewichteten und marktwertgewichteten Marktindizes, aber auch Portefeuillerenditen untersucht. Die Wahl der verwendeten Portefeuillebildungskriterien Beta, Unternehmensgröße, Sharpe-Maß und Rendite ermöglicht nicht nur eine Betrachtung des Einflusses der Datenaufbereitung. Gerade der Vergleich zwischen den Renditeportefeuilles und den anderen Gruppierungen verdeutlicht die Schwächen der eingesetzten Verfahren, obwohl diese in ihrer Klasse die besten sind. Zur Identifizierung dieser Problembereiche werden die Tests soweit wie möglich auch graphisch interpretiert.

Die eigenen Untersuchungen, die sich an die ausführliche theoretische Darstellung und Diskussion der Modellvarianten anschließen, führt zu starken Zweifeln an der

Gültigkeit der untersuchten Modellimplikationen, obwohl eine unkritische Anwendung der verschiedenen Testverfahren im Hinblick auf die Theorie nur selten mit signifikanten Widersprüchen verbunden ist. Dies dürfte jedoch auf die Eigenschaften der verwendeten ökonometrischen Verfahren und nicht auf den hohen Erklärungsgehalt der getesteten Modelle zurückzuführen sein.

Folgende Einzelergebnisse lassen sich festhalten:

- Negative lineare Beziehungen zwischen den Renditen der Aktien und ihrem Risikomaß β treten seltener auf als positive Zusammenhänge. Bezogen auf ihre Signifikanz dominieren speziell bei der GLS-Methode die signifikant positiven Risikoprämien. Trotzdem erscheint der am Bestimmtheitsmaß gemessene Erklärungsgehalt des Modells relativ gering zu sein. Dies gilt verstärkt für die Tests der Effizienzrestriktion.

- Mit den eingesetzten multivariaten Linearitätstests, die gleichzeitig Performancetests darstellen, wird die relative Effizienz der eingesetzten Marktindizes analysiert. Insbesondere der am geeignetsten erscheinende Cross Sectional Regression Test führt nur selten zu einer Ablehnung der Effizienz der beiden Marktindizes. Dies scheint die Gültigkeit des CAPM zu unterstützen. Es kann aber mit graphischen Analysen und Plausibilitätsüberlegungen gezeigt werden, daß gerade die Ergebnisse der multivariaten Verfahren ein zu positives Bild von der Realitätsnähe des CAPM liefern.

- Bedingt durch ihre quadratischen Testgrößen differenzieren die multivariaten Linearitätstests nicht zwischen einem positiven und einem negativen Zusammenhang. Darüber hinaus werden die P-Werte dieser Tests in der Literatur zumeist als Tests der Effizienz des verwendeten Marktindex interpretiert. Es kann gezeigt werden, daß ab einer gewissen Ineffizienz eines Index eine Vielzahl dominierter Portefeuilles existiert, die die multivariaten Testverfahren als effizienter einstuft. Dieser Fall tritt auch bei den analysierten Datensituationen auf.

- Anhand von Performancevergleichen wird die Schwäche der multivariaten Tests verdeutlicht, Modellabweichungen in den betrachteten Datensituationen als signifikant zu identifizieren. So existieren bei den meisten Untersuchungsszenarien keine Portefeuilles im μ-σ-Raum, die zu einer Ablehnung der Effizienz führen würden. Dieser Tatbestand tritt auch bei Portefeuilles mit sehr hohen Renditeunterschieden und gleichen Risiken auf.

- Auch in den wenigen Situationen, in denen die Effizienz der verwendeten Marktindizes abgelehnt wird, erweisen sich die multivariaten Performancetests bezüglich ihrer Wirkungsweise als äußerst fragwürdig. Diese Tests vergleichen die Performance des Marktindex mit der des Efficient Set bei Leerverkäufen mit Hilfe des Sharpe-Maßes. Dieser Vergleich erscheint unangebracht, da ein beobachtbares Marktportefeuille keine Leerverkaufspositionen enthalten kann. Die empirischen Ergebnisse bei der Analyse des Efficient Set ohne Leerverkäufe bestätigen dieses Manko. Immer dann, wenn der betrachtete Marktindex und alle Einzelportefeuilles ineffizient sind, existiert kein beobachtbares Portefeuille, welches mit einer Annahme der Effizienz verbunden wäre.

Für den deutschen Kapitalmarkt kann die Gültigkeit des CAPM, in den hier getesteten Formen, aus statistischer Sicht nicht eindeutig abgelehnt werden. Dies ist jedoch im wesentlichen auf die Schwäche der verfügbaren statistischen Verfahren zurückzuführen, die nicht in der Lage sind, ökonomisch signifikante Modellabweichungen zu identifizieren. Da auch der Erklärungsgehalt bei den univariaten Analysen sehr gering ist und von Periode zu Periode stark variiert, wird im Rahmen dieser Arbeit die Gültigkeit des CAPM für den deutschen Kapitalmarkt abgelehnt.

Anhang

Monatliche und jährliche Renditen des marktwertgewichteten Marktportefeuilles												
Jahr	Jan.	Feb.	März	April	Mai	Juni	Juli	Aug.	Sept.	Okto.	Nov.	Dez.	Jährl.
1954	-	2,81	1,08	-0,39	3,88	9,38	6,52	4,15	4,71	9,56	0,58	10,80	66,81
1955	-1,47	2,04	7,49	9,93	-2,57	1,93	3,55	2,48	-2,40	-12,42	2,40	6,26	16,46
1956	-2,34	-0,89	1,71	0,40	-3,80	-0,68	-1,98	-2,47	5,79	-2,81	-1,18	3,13	-5,40
1957	-2,33	-0,42	2,39	0,52	-0,89	-3,08	8,44	2,19	1,27	-1,99	2,56	0,43	8,92
1958	6,53	-2,86	2,83	5,93	-0,46	6,69	3,71	8,54	9,03	5,36	0,66	3,63	61,47
1959	4,59	-0,61	4,31	5,18	11,89	12,02	11,82	10,77	-7,30	-3,12	4,88	7,21	78,77
1960	1,78	-1,41	0,39	3,63	13,73	15,68	1,74	17,45	-7,60	-3,75	-0,74	-0,13	44,69
1961	-1,76	0,30	-0,98	2,05	6,37	-2,88	-6,45	-8,55	-0,26	5,67	3,79	-3,04	-6,66
1962	-2,17	-0,64	-1,32	-3,06	-13,95	-7,99	-5,39	5,13	-6,56	-1,89	18,24	-2,75	-22,81
1963	-4,05	-5,07	4,09	3,07	14,08	-2,41	2,40	4,73	-0,70	-4,32	-2,31	3,00	11,53
1964	5,73	2,11	3,98	-2,56	-2,71	0,31	2,75	2,60	-1,38	-3,53	-1,32	1,26	7,00
1965	0,87	-2,98	-3,57	0,55	0,90	-5,57	3,96	1,09	-0,00	-4,39	-3,18	-0,31	-12,33
1966	5,18	2,24	-3,70	-3,53	-2,19	-7,89	-4,53	5,31	3,37	-6,63	0,45	-1,56	-13,65
1967	6,31	3,35	3,04	-4,37	1,32	-1,36	7,19	11,28	3,07	3,91	4,01	3,79	49,21
1968	3,98	0,12	2,60	4,07	-0,68	6,67	0,25	1,16	-2,35	2,11	-1,75	-0,76	16,10
1969	5,32	-1,75	1,37	0,09	7,51	-2,22	-2,70	6,85	-1,48	4,83	5,00	-5,27	17,88
1970	-5,66	-1,67	0,72	-4,51	-8,38	-3,51	6,54	0,32	-2,13	-1,64	-3,09	-2,24	-23,12
1971	13,17	3,75	1,30	-5,59	1,85	-0,71	4,27	-3,55	-3,81	-5,98	0,13	6,12	9,77
1972	4,60	7,54	4,20	-2,17	2,87	-1,23	6,33	-0,99	-3,12	-2,37	1,21	-1,05	16,19
1973	5,27	-1,54	5,72	-4,18	-9,23	-0,41	-6,35	1,23	-1,54	6,29	-10,16	-1,74	-16,88
1974	6,28	-6,18	1,16	3,99	-3,07	-2,46	0,00	0,49	-5,08	1,53	5,19	1,07	2,11
1975	8,19	10,82	0,74	2,77	-6,73	1,22	8,84	-4,20	-1,31	7,17	4,86	0,59	36,31
1976	0,92	0,32	2,72	-5,49	-0,71	1,18	-1,01	-0,68	0,95	-7,17	4,58	0,54	-4,34
1977	0,92	-1,98	2,83	6,53	-1,20	-1,41	2,00	2,23	0,61	2,28	0,85	-1,08	13,01
1978	1,13	0,96	-0,04	-2,53	2,55	3,99	3,96	1,64	2,29	-2,03	-1,12	0,10	11,18
1979	1,52	-2,63	-1,36	0,24	-4,05	-0,72	4,01	1,76	-0,04	-4,40	0,58	-1,35	-6,57
1980	0,60	2,65	-7,02	3,14	3,62	3,91	3,94	-1,58	-0,03	-1,84	1,08	-1,81	6,24
1981	-1,76	0,14	3,12	4,23	-1,81	6,83	2,42	-1,98	-5,53	-0,66	2,76	-2,26	4,95
1982	1,98	2,14	2,46	-0,33	-0,97	-0,91	1,26	-0,72	5,30	-0,55	2,53	6,12	19,56
1983	-0,73	6,95	11,64	6,43	-4,69	5,08	3,68	-5,26	2,40	7,43	1,48	1,11	40,09
1984	3,93	-4,09	0,31	1,04	-2,61	3,37	-5,11	5,48	6,56	1,44	0,49	1,98	12,76
1985	4,37	1,49	1,91	3,45	8,97	6,58	-3,45	8,64	6,14	12,76	-1,96	11,34	77,73
1986	0,22	-1,78	8,56	5,28	-8,58	-0,93	-4,50	14,64	-5,32	0,92	3,22	-1,33	8,57
1987	-10,95	-5,20	3,42	0,40	-0,99	6,94	6,95	1,39	-2,53	-22,10	-12,80	-1,31	-34,25
1988	-6,50	14,77	0,31	-1,00	1,93	5,49	3,53	0,24	6,23	3,72	-2,95	4,53	32,91
1989	2,08	-1,84	1,88	3,83	2,15	6,18	5,20	3,64	0,88	-6,47	5,25	10,84	37,95
1990	2,42	-0,80	9,40	-6,87	2,08	3,09	4,12	-14,69	-16,74	7,97	0,47	-3,34	-15,52
1991	0,03	8,80	-0,70	3,43	5,06	-3,24	-0,52	1,21	-2,62	-1,77	-1,33	-0,40	7,53

Tabelle 22: Renditen des marktwertgewichteten Marktindex

Monatliche und jährliche Renditen des gleichgewichteten Marktportefeuilles												
Jahr	Jan.	Feb.	März	April	Mai	Juni	Juli	Aug.	Sept.	Okto.	Nov.	Dez.	Jährl.
1954	-	4,31	3,00	0,36	2,46	4,25	5,18	4,62	6,63	11,34	1,53	7,28	63,89
1955	4,02	1,46	8,04	8,38	-0,90	4,53	4,85	4,31	0,18	-9,07	-1,03	3,47	30,62
1956	0,93	-1,24	0,63	0,60	-2,51	-0,70	-0,59	-2,03	3,49	-0,64	-1,04	2,48	-0,79
1957	-0,75	-0,08	1,57	1,00	-0,99	-1,50	5,23	2,40	2,23	-0,40	2,32	0,89	12,37
1958	6,32	-0,31	4,03	5,18	0,50	5,81	5,49	8,31	6,95	6,20	1,02	2,10	65,07
1959	4,70	2,51	1,71	3,40	9,01	13,79	11,75	10,83	-5,82	-3,93	4,18	5,70	72,79
1960	2,51	0,96	-0,34	2,73	9,72	15,24	-0,55	12,88	-3,05	-3,10	-2,53	-0,84	36,54
1961	-0,98	-0,03	-2,10	1,94	5,33	-1,57	-5,90	-6,53	-1,89	6,45	5,66	-2,57	-3,14
1962	0,00	-0,60	-1,04	-2,28	-12,16	-5,85	-3,31	0,86	-4,36	-4,63	16,65	-0,59	-17,98
1963	-2,91	-3,46	1,44	2,07	7,61	-0,36	3,87	4,10	2,58	-2,46	-2,15	2,30	12,70
1964	5,01	2,27	3,49	-1,30	-1,81	-0,90	2,35	3,92	0,31	-3,08	-1,52	-0,18	8,51
1965	-0,34	-2,11	-1,75	-0,81	-0,86	-3,57	1,41	1,96	-0,63	-2,88	-3,17	0,26	-11,95
1966	2,92	2,95	-2,30	-2,39	-2,22	-5,18	-2,84	3,18	1,89	-4,94	-1,29	1,52	-8,85
1967	3,81	3,96	2,02	-2,37	1,00	-0,65	4,91	7,24	3,06	2,96	4,36	2,40	37,59
1968	5,14	0,20	1,21	3,49	-0,69	3,53	0,45	3,47	-0,04	0,71	-0,37	0,78	19,20
1969	5,15	1,41	0,64	-0,45	5,46	0,09	-1,31	6,29	2,80	9,38	7,35	-4,52	36,33
1970	-3,45	-0,63	0,57	-3,06	-8,56	-1,30	4,41	2,44	-1,81	-1,94	-2,89	-0,91	-16,34
1971	10,29	3,78	2,54	-2,93	-0,17	-0,45	3,79	-1,11	-3,15	-3,61	-0,84	3,82	11,70
1972	4,65	6,95	4,18	1,19	3,80	0,03	4,32	1,53	-1,81	-2,02	3,39	0,96	30,32
1973	7,06	0,79	6,44	-1,60	-7,96	-0,26	-6,56	0,86	-1,56	4,47	-5,89	-0,94	-6,27
1974	3,93	-1,87	0,07	0,79	-2,53	-2,96	-3,32	-1,15	-4,64	-1,95	6,38	2,24	-5,44
1975	4,63	12,90	0,27	1,54	-5,52	0,11	4,62	-2,27	-1,61	4,29	2,85	-0,44	22,20
1976	0,34	-0,39	1,79	-3,28	-2,26	0,41	-0,67	-1,25	0,81	-4,97	1,82	1,39	-6,33
1977	0,51	-1,16	1,66	5,37	1,11	0,47	2,33	3,02	5,01	2,38	6,06	-1,67	27,77
1978	3,00	2,24	0,78	-1,36	1,06	4,48	5,59	3,10	3,05	-1,80	0,20	0,83	23,03
1979	3,00	-2,27	-1,79	-0,34	-3,93	-1,14	3,63	2,05	0,54	-3,18	-1,33	-1,02	-5,94
1980	0,97	1,65	-6,68	1,57	2,58	3,81	4,78	0,40	-0,68	-0,51	0,26	-1,26	6,62
1981	-0,91	-0,15	2,83	3,42	-1,68	2,88	1,72	-2,01	-4,29	-1,03	0,58	0,11	1,19
1982	1,41	3,98	2,30	-0,73	-1,01	-1,19	0,84	-0,99	4,76	1,13	2,62	3,42	17,57
1983	1,63	9,26	10,13	6,30	-3,32	3,48	1,52	-3,52	1,36	3,53	-0,73	2,39	35,86
1984	6,13	-2,06	0,21	-0,28	-1,28	2,81	-4,65	3,58	4,24	1,32	0,01	1,00	11,09
1985	2,34	0,95	1,34	1,79	4,14	5,05	-0,40	6,27	6,78	9,07	-0,22	3,02	47,74
1986	3,19	0,59	7,81	6,68	-7,92	-1,24	-2,50	11,83	-2,57	0,56	1,62	-1,48	16,12
1987	-5,49	-2,79	1,11	0,05	-1,31	3,33	6,29	2,58	-1,42	-17,86	-8,28	-0,75	-23,83
1988	-4,91	10,88	5,60	2,18	1,52	4,12	1,54	1,75	3,98	3,21	-1,45	4,52	37,34
1989	8,64	-0,14	3,32	3,94	2,98	5,28	2,71	4,90	5,10	-4,63	4,39	4,14	48,27
1990	1,73	1,86	9,11	-2,59	2,61	2,88	5,72	-11,53	-13,32	6,93	0,11	-1,73	-0,84
1991	-4,65	8,61	1,29	2,22	2,01	-0,83	-0,64	1,02	-2,21	-2,35	-2,80	-2,90	-1,87

Tabelle 23: Renditen des gleichgewichteten Marktindex

Basisperiode: 1954-1958										
	Portefeuille									
Periode	1	2	3	4	5	6	7	8	9	10	ϱ
1954-1958	0,70	0,86	0,94	1,04	1,08	1,14	1,22	1,31	1,43	1,84	
1959-1963	1,33	1,07	1,36	1,07	0,99	1,38	1,18	1,15	1,18	1,20	-0,12
1964-1968	1,08	0,91	1,10	1,29	1,11	0,91	1,23	1,06	1,10	1,36	0,53
1969-1973	0,96	0,99	1,15	1,15	0,97	1,18	1,08	1,10	1,14	1,40	0,81
1974-1979	0,73	1,05	1,16	0,97	0,97	1,06	0,95	0,94	0,87	1,42	0,60
1980-1985	0,97	0,97	1,04	0,90	0,77	0,85	1,18	0,94	1,00	1,50	0,66
1986-1991	0,89	0,75	0,90	0,88	1,03	1,05	1,08	0,79	0,81	1,09	0,38

Basisperiode: 1964-1968										
	Portefeuille									
Periode	1	2	3	4	5	6	7	8	9	10	ϱ
1954-1958	1,05	1,07	1,08	1,19	1,08	1,32	1,20	1,27	1,28	1,10	0,56
1959-1963	0,91	1,29	1,13	1,22	1,24	1,33	1,10	1,15	1,06	1,43	0,45
1964-1968	0,32	0,60	0,84	0,96	1,09	1,22	1,28	1,41	1,54	1,73	
1969-1973	0,77	0,93	0,88	1,12	1,18	1,20	1,28	1,07	1,27	1,37	0,90
1974-1979	0,79	0,84	0,71	1,30	1,09	0,90	1,17	1,00	1,17	1,07	0,56
1980-1985	0,75	0,84	0,54	1,02	1,04	1,11	1,24	1,03	1,20	1,25	0,79
1986-1991	0,48	0,68	0,63	0,96	0,77	1,24	1,02	1,08	1,01	1,32	0,88

Basisperiode: 1974-1979										
	Portefeuille									
Periode	1	2	3	4	5	6	7	8	9	10	ϱ
1954-1958	1,31	1,07	1,06	1,17	1,32	1,14	1,18	0,99	1,13	1,29	0,06
1959-1963	0,95	1,07	1,30	1,02	1,29	1,03	1,34	1,34	1,27	1,24	0,53
1964-1968	0,89	0,89	0,97	1,01	1,25	1,22	1,28	1,25	1,14	1,21	0,68
1969-1973	0,92	0,98	0,83	1,05	1,08	1,24	1,20	1,19	1,14	1,45	0,86
1974-1979	0,27	0,54	0,71	0,83	0,90	0,98	1,09	1,21	1,41	2,04	
1980-1985	0,52	1,09	0,79	0,87	0,94	1,00	1,06	1,26	1,04	1,48	0,85
1986-1991	0,60	0,67	0,79	0,93	0,93	1,09	1,14	1,03	0,87	1,17	0,78

Basisperiode: 1986-1991										
	Portefeuille									
Periode	1	2	3	4	5	6	7	8	9	10	ϱ
1954-1958	1,06	0,99	1,10	1,29	1,19	1,13	1,23	1,17	1,19	1,27	0,67
1959-1963	1,14	0,92	1,13	0,87	1,05	1,28	1,28	1,39	1,38	1,40	0,76
1964-1968	0,72	0,98	0,70	0,93	1,29	1,20	1,06	1,38	1,35	1,46	0,88
1969-1973	0,81	0,90	1,04	1,02	1,05	1,22	1,22	1,36	1,25	1,21	0,90
1974-1979	0,88	0,83	0,73	0,70	1,14	0,93	1,02	1,17	1,18	1,49	0,81
1980-1985	0,66	0,62	0,82	0,81	1,12	1,05	0,99	1,32	1,38	1,25	0,92
1986-1991	0,19	0,43	0,57	0,71	0,88	1,03	1,14	1,25	1,36	1,57	

Tabelle 24: Stabilität der β-Werte im Zeitablauf (Fortsetzung)

Renditen marktwertgewichteter Betaportefeuilles																				
	1	2	3	4	5	6	7	8	9	10	11	12	13	14	15	16	17	18	19	20
59-63	1,4	2,4	1,8	0,6	1,4	0,8	1,8	2,0	1,5	1,2	1,1	1,4	0,7	2,4	1,7	1,5	1,6	1,9	1,6	1,7
64-68	0,5	0,6	0,0	0,7	0,5	0,7	1,0	0,7	0,8	0,9	0,6	0,8	0,4	1,0	0,3	0,3	1,0	0,9	1,6	0,5
69-73	0,2	0,1	-0,3	0,4	-0,2	-0,3	0,1	0,2	0,4	0,6	0,3	0,3	0,3	0,5	0,1	0,3	1,0	0,3	1,0	-0,1
74-79	0,6	0,5	0,5	0,6	0,8	0,7	0,7	0,8	0,7	1,0	1,1	0,2	0,4	0,7	0,7	0,9	0,6	-0,0	0,2	0,3
80-85	1,8	1,6	1,8	2,3	1,9	1,8	2,3	2,3	1,4	1,5	1,0	2,4	3,8	2,3	1,4	1,0	1,2	1,7	0,8	1,5
86-91	0,4	0,2	0,4	0,6	0,3	0,5	-0,2	0,8	0,7	1,4	1,6	1,0	0,6	0,8	1,0	0,7	1,5	1,0	0,7	-0,1

Renditen gleichgewichteter Betaportefeuilles																				
	1	2	3	4	5	6	7	8	9	10	11	12	13	14	15	16	17	18	19	20
59-63	1,5	1,5	1,4	1,5	1,9	1,2	0,9	1,2	1,5	1,2	1,2	1,6	1,7	1,2	1,7	1,7	1,2	1,9	1,7	1,6
64-68	0,4	0,2	0,6	0,6	0,7	0,4	0,7	0,7	0,3	0,6	0,8	0,7	0,8	0,6	0,2	0,7	0,8	0,8	1,4	0,5
69-73	0,9	0,5	0,4	0,3	0,4	1,0	0,2	0,6	0,7	1,0	0,7	1,0	1,0	0,7	0,5	0,8	1,3	1,1	1,3	1,0
74-79	2,4	1,5	0,6	0,4	0,7	0,8	0,7	0,6	0,5	0,7	1,0	0,6	0,6	0,7	0,6	0,9	0,7	0,3	0,1	0,3
80-85	1,9	1,4	1,7	1,6	1,5	1,5	1,4	2,3	1,4	1,3	1,8	2,0	1,7	1,4	1,4	1,8	1,1	1,8	1,2	1,2
86-91	1,1	0,7	0,7	0,9	0,5	0,7	0,9	1,0	1,1	1,0	1,2	1,2	1,5	0,9	1,1	1,0	1,4	1,1	0,6	1,3

Renditen marktwertgewichteter Sizeportefeuilles																				
	1	2	3	4	5	6	7	8	9	10	11	12	13	14	15	16	17	18	19	20
54-58	3,1	1,7	2,4	2,4	2,4	1,9	2,4	2,4	2,0	1,7	2,4	2,4	2,7	1,5	1,9	2,4	2,4	2,8	2,4	2,6
59-63	1,9	1,3	1,1	1,4	0,9	1,4	1,2	1,4	1,3	2,2	0,9	1,7	1,5	1,7	1,3	1,3	1,3	1,8	1,1	1,8
64-68	0,7	0,7	0,4	0,6	0,3	0,5	0,6	0,7	0,9	0,8	0,9	0,4	0,6	0,5	0,6	0,6	0,8	0,7	0,7	0,3
69-73	-0,2	-0,2	0,2	-0,0	-0,0	0,3	0,5	0,4	1,0	1,1	0,7	0,2	1,1	0,9	1,0	1,4	0,7	1,1	1,2	1,0
74-79	0,9	0,4	0,9	0,4	0,7	0,6	0,9	0,9	0,7	0,3	0,5	0,7	0,6	0,3	0,4	0,5	0,7	0,3	0,8	-0,0	2,7
80-85	2,2	2,0	2,3	1,2	1,3	1,8	1,4	1,9	1,3	1,5	1,8	1,4	1,3	1,6	1,2	1,5	1,1	1,3	2,2	1,8
86-91	0,3	0,5	0,6	0,4	0,6	0,8	0,7	0,5	0,7	1,0	1,1	1,2	0,4	1,5	1,3	1,7	1,2	1,2	0,8	1,2

Renditen gleichgewichteter Sizeportefeuilles																				
	1	2	3	4	5	6	7	8	9	10	11	12	13	14	15	16	17	18	19	20
54-58	3,6	2,4	3,3	2,6	2,3	2,4	2,5	2,8	1,7	1,6	2,3	2,6	2,5	2,2	2,1	3,1	2,5	2,3	2,3	2,8
59-63	1,7	1,4	1,2	1,5	0,7	1,4	1,3	1,3	1,5	2,0	0,9	1,7	1,5	1,8	1,2	1,3	1,5	1,9	1,4	2,0
64-68	0,8	0,7	0,5	0,7	0,4	0,5	0,5	0,9	0,9	0,8	1,0	0,4	0,6	0,4	0,6	0,7	0,7	0,7	0,7	0,2
69-73	-0,2	-0,0	0,3	-0,0	0,0	0,4	0,5	0,5	1,1	1,1	0,9	0,5	1,2	1,0	1,2	1,5	1,2	1,2	1,4	1,8
74-79	1,0	0,4	0,8	0,4	0,6	0,7	0,8	0,6	0,3	0,5	0,8	0,7	0,1	0,4	0,5	0,7	0,3	0,9	0,1	3,7
80-85	2,0	1,9	2,0	1,2	1,3	1,7	1,4	1,8	1,3	1,5	1,6	1,4	1,4	1,5	1,3	1,7	1,4	1,5	1,5	1,8
86-91	0,4	0,6	0,7	0,4	0,6	0,9	0,8	0,5	0,8	0,9	1,1	1,2	0,5	1,6	1,3	1,7	1,4	1,2	0,9	1,9

Tabelle 25: Mittelwerte der Renditen der Beta- und Sizeportefeuilles

Renditen marktwertgewichteter Sharpeportefeuilles																			
	1	2	3	4	5	6	7	8	9	10	11	12	13	14	15	16	17	18	19	20
59-63	1,7	2,0	1,6	2,8	1,5	1,6	0,6	1,4	1,5	1,5	1,5	1,2	1,4	1,8	1,1	1,3	0,7	0,6	0,2	1,7
64-68	0,9	0,5	0,8	0,2	0,7	0,9	0,7	1,2	0,4	0,2	0,5	0,9	0,5	0,3	0,6	0,3	0,1	0,5	1,3	0,5
69-73	0,0	0,3	0,1	-0,3	-0,0	0,6	0,2	-0,4	-0,3	-0,0	-0,1	0,4	-0,3	0,8	0,5	0,4	0,6	0,3	0,3	-0,0
74-79	0,6	-0,2	0,4	0,4	0,5	0,9	0,2	0,7	0,8	0,5	1,0	0,4	0,2	0,7	0,8	0,8	0,8	0,8	1,0	-0,4
80-85	2,5	1,2	1,4	1,8	2,5	2,5	1,8	1,8	0,7	1,1	1,4	1,4	0,9	1,1	2,1	2,5	1,9	1,2	2,0	1,6
86-91	0,1	0,4	0,7	0,5	0,5	0,6	0,2	0,4	1,0	1,1	0,5	0,7	0,9	1,4	0,8	0,2	1,2	0,4	1,3	0,2

Renditen gleichgewichteter Sharpeportefeuilles																			
	1	2	3	4	5	6	7	8	9	10	11	12	13	14	15	16	17	18	19	20
59-63	1,8	1,7	1,7	1,7	1,7	2,1	1,4	1,5	1,6	1,3	1,4	1,4	1,7	1,4	1,4	1,4	1,4	0,4	0,7	1,6
64-68	0,5	0,5	0,5	0,4	0,3	0,7	0,6	1,1	0,6	0,7	0,4	1,0	0,6	0,4	0,6	0,7	0,3	0,8	1,1	0,8
69-73	0,4	0,6	0,8	0,9	0,7	1,1	0,5	0,6	0,8	0,8	0,6	0,6	0,3	1,0	0,9	1,0	0,8	1,0	0,9	1,4
74-79	0,2	0,2	0,8	0,3	0,3	0,6	0,1	0,6	0,7	0,6	1,8	1,3	1,5	0,5	0,7	0,9	0,8	0,6	1,2	0,3
80-85	1,6	1,3	1,5	1,6	2,0	1,7	2,0	1,8	1,0	1,2	1,5	1,8	1,4	1,3	1,7	1,8	1,4	1,3	2,1	1,2
86-91	0,7	0,6	0,6	0,9	0,7	0,9	0,6	1,0	0,9	0,7	1,1	0,8	1,4	1,5	1,3	1,1	1,7	0,8	1,2	0,9

Renditen marktwertgewichteter Renditeportefeuilles																			
	1	2	3	4	5	6	7	8	9	10	11	12	13	14	15	16	17	18	19	20
54-58	4,6	3,7	3,3	3,2	2,9	2,9	2,9	2,6	2,5	2,5	2,4	2,3	2,1	2,0	1,9	1,7	1,5	1,2	1,0	0,3
59-63	3,8	2,6	2,4	2,1	2,1	1,9	1,8	1,7	1,6	1,5	1,4	1,2	1,1	0,9	0,7	0,6	0,5	0,2	-0,0	-0,5
64-68	1,9	1,4	1,2	1,0	1,1	1,0	0,9	0,8	0,7	0,7	0,5	0,5	0,5	0,4	0,3	0,1	0,0	-0,2	-0,6	-1,1
69-73	2,4	2,0	1,7	1,2	1,2	1,0	0,9	0,9	0,8	0,8	0,7	0,5	0,3	0,3	0,1	0,0	-0,1	-0,3	-0,4	-0,7
74-79	1,8	1,6	1,3	1,3	1,1	1,1	0,9	0,9	0,8	0,6	0,5	0,4	0,4	0,3	0,2	0,0	-0,1	-0,3	-0,6	-1,2
80-85	3,4	2,8	2,3	2,1	1,9	1,9	1,7	1,6	1,5	1,4	1,2	1,2	1,2	1,0	0,9	0,8	0,8	0,6	0,5	0,0
86-91	2,6	2,2	1,9	1,7	1,6	1,2	1,2	1,0	0,9	0,9	0,3	0,7	0,5	0,4	0,4	0,3	0,2	0,0	-0,5	-0,8

Renditen gleichgewichteter Renditeportefeuilles																			
	1	2	3	4	5	6	7	8	9	10	11	12	13	14	15	16	17	18	19	20
54-58	5,2	4,0	3,4	3,3	3,1	3,0	2,9	2,7	2,6	2,5	2,5	2,4	2,2	2,1	2,0	1,9	1,7	1,4	1,1	0,4
59-63	3,7	3,0	2,5	2,4	2,2	2,1	2,0	1,8	1,7	1,5	1,4	1,3	1,2	1,0	0,8	0,7	0,6	0,3	0,0	-0,6
64-68	2,0	1,5	1,4	1,2	1,1	1,0	1,0	0,9	0,8	0,7	0,7	0,6	0,5	0,5	0,4	0,3	0,0	-0,1	-0,5	-1,0
69-73	2,9	2,2	1,8	1,5	1,3	1,2	1,1	1,0	0,9	0,8	0,7	0,6	0,5	0,4	0,3	0,1	-0,0	-0,1	-0,3	-0,6
74-79	4,4	1,8	1,5	1,3	1,2	1,1	1,0	0,9	0,8	0,7	0,6	0,5	0,5	0,4	0,3	0,1	-0,0	-0,2	-0,5	-1,3
80-85	3,6	2,8	2,5	2,3	2,1	1,9	1,8	1,7	1,6	1,5	1,4	1,3	1,2	1,1	1,0	1,0	0,9	0,8	0,7	0,3
86-91	3,2	2,4	2,1	1,9	1,7	1,5	1,4	1,2	1,1	1,0	0,9	0,8	0,7	0,6	0,5	0,4	0,3	0,1	-0,2	-0,8

Tabelle 26: Mittelwerte der Renditen der Sharpe- und Renditeportefeuilles

Betaportefeuilles gg $R_i - R_f = \alpha_i + \beta_i (R_m - R_f)$													
	$\bar{\alpha}_{OLS}$	$\hat{\sigma}_{\bar{\alpha}}$	α_{min}	α_{max}	P_{α}^{OLS}	$\bar{\alpha}_{WLS}$	P_{α}^{WLS}	$\bar{\alpha}_{GLS}$	P_{α}^{GLS}	Test: $\alpha_i = 0$	β_{min}	β_{max}	$\hat{\sigma}_{\beta}$	$\bar{R}^2$
59-63	0,018	0,067	-0,636	0,622	0,397	-0,008	0,548	0,061	0,007	1,210	0,869	1,260	0,108	0,858
64-68	-0,011	0,064	-0,488	0,797	0,565	-0,016	0,624	0,015	0,289	1,110	0,605	1,290	0,181	0,699
69-73	-0,042	0,079	-0,641	0,543	0,698	-0,086	0,847	-0,026	0,889	1,210	0,664	1,304	0,187	0,750
74-79	0,011	0,097	-0,557	1,359	0,454	-0,091	0,954	0,025	0,223	0,110	0,579	2,125	0,324	0,629
80-85	0,054	0,067	-0,301	0,839	0,214	0,026	0,339	-0,003	0,528	2,010	0,616	1,410	0,194	0,658
86-91	0,055	0,075	-0,602	0,637	0,237	0,095	0,094	0,062	0,036	2,010	0,480	1,357	0,229	0,767

Sizeportefeuilles gg													
	$\bar{\alpha}_{OLS}$	$\hat{\sigma}_{\bar{\alpha}}$	α_{min}	α_{max}	P_{α}^{OLS}	$\bar{\alpha}_{WLS}$	P_{α}^{WLS}	$\bar{\alpha}_{GLS}$	P_{α}^{GLS}	Test: $\alpha_i = 0$	β_{min}	β_{max}	$\hat{\sigma}_{\beta}$	$\bar{R}^2$
54-58	0,076	0,109	-0,689	1,409	0,247	-0,013	0,559	0,014	0,412	2,110	0,666	1,377	0,182	0,701
59-63	0,016	0,080	-0,530	0,811	0,420	0,001	0,493	0,035	0,083	3,110	0,783	1,364	0,152	0,839
64-68	-0,010	0,048	-0,330	0,350	0,585	-0,022	0,670	-0,035	0,795	0,010	0,543	1,403	0,269	0,682
69-73	-0,054	0,137	-1,039	0,948	0,652	-0,122	0,837	-0,034	0,888	2,510	0,614	1,310	0,172	0,769
74-79	0,003	0,156	-0,544	2,709	0,494	-0,148	0,991	0,028	0,265	0,110	0,784	2,105	0,267	0,648
80-85	0,050	0,063	-0,426	0,428	0,216	0,043	0,238	0,005	0,439	0,010	0,688	1,358	0,191	0,624
86-91	0,047	0,111	-0,642	1,121	0,339	0,028	0,377	0,037	0,175	2,110	0,720	1,279	0,171	0,783

Sharpeportefeuilles gg													
	$\bar{\alpha}_{OLS}$	$\hat{\sigma}_{\bar{\alpha}}$	α_{min}	α_{max}	P_{α}^{OLS}	$\bar{\alpha}_{WLS}$	P_{α}^{WLS}	$\bar{\alpha}_{GLS}$	P_{α}^{GLS}	Test: $\alpha_i = 0$	β_{min}	β_{max}	$\hat{\sigma}_{\beta}$	$\bar{R}^2$
59-63	0,027	0,062	-0,749	0,396	0,331	0,054	0,165	0,013	0,315	0,110	0,592	1,286	0,179	0,832
64-68	-0,010	0,054	-0,339	0,418	0,571	-0,017	0,638	0,009	0,397	1,010	0,770	1,177	0,097	0,712
69-73	-0,038	0,059	-0,526	0,545	0,734	-0,067	0,873	-0,049	0,993	0,110	0,797	1,318	0,139	0,800
74-79	-0,003	0,094	-0,589	1,008	0,511	-0,110	0,948	-0,004	0,545	0,210	0,550	1,500	0,259	0,625
80-85	0,054	0,060	-0,313	0,545	0,186	0,039	0,267	0,078	0,036	1,010	0,698	1,240	0,164	0,645
86-91	0,055	0,076	-0,475	0,837	0,239	0,033	0,311	0,040	0,157	1,010	0,833	1,257	0,114	0,797

Renditeportefeuilles gg													
	$\bar{\alpha}_{OLS}$	$\hat{\sigma}_{\bar{\alpha}}$	α_{min}	α_{max}	P_{α}^{OLS}	$\bar{\alpha}_{WLS}$	P_{α}^{WLS}	$\bar{\alpha}_{GLS}$	P_{α}^{GLS}	Test: $\alpha_i = 0$	β_{min}	β_{max}	$\hat{\sigma}_{\beta}$	$\bar{R}^2$
54-58	0,084	0,218	-1,879	2,284	0,352	0,011	0,472	-0,048	0,705	6,410	0,814	1,240	0,110	0,697
59-63	0,050	0,188	-1,466	1,885	0,396	-0,080	0,701	0,012	0,370	6,610	0,528	1,381	0,215	0,839
64-68	0,017	0,159	-1,565	1,371	0,458	0,027	0,414	-0,003	0,521	6,510	0,711	1,315	0,135	0,712
69-73	-0,002	0,203	-1,511	2,127	0,504	-0,184	0,863	-0,029	0,771	5,710	0,636	1,231	0,134	0,771
74-79	0,035	0,246	-2,045	3,378	0,444	-0,095	0,747	-0,035	0,668	6,610	0,796	2,178	0,295	0,671
80-85	0,059	0,160	-1,089	1,806	0,358	-0,049	0,634	0,023	0,376	3,410	0,531	1,555	0,229	0,642
86-91	0,103	0,219	-1,824	2,353	0,322	-0,054	0,621	0,042	0,301	6,410	0,797	1,327	0,134	0,786

Tabelle 27: Univariate Tests des Sharpe-Lintner-CAPM (gleichgewichtet)

Betaportefeuilles mg $R_i - R_f = \alpha_i + \beta_i (R_m - R_f)$													
	$\bar{\alpha}_{OLS}$	$\hat{\sigma}_{\bar{\alpha}}$	α_{min}	α_{max}	$P_{\bar{\alpha}}^{OLS}$	$\bar{\alpha}_{WLS}$	$P_{\bar{\alpha}}^{WLS}$	$\bar{\alpha}_{GLS}$	$P_{\bar{\alpha}}^{GLS}$	Test: $\alpha_i=0$	β_{min}	β_{max}	$\hat{\sigma}_{\beta}$	$\check{R}^2$
59-63	0,112	0,077	-0,466	0,648	0,081	0,048	0,262	0,122	0,000	0,010	0,642	1,377	0,219	0,777
64-68	0,064	0,080	-0,589	1,038	0,218	0,007	0,454	0,002	0,447	0,110	0,603	1,210	0,187	0,645
69-73	0,149	0,074	-0,416	0,697	0,029	0,076	0,169	0,023	0,017	0,110	0,364	1,156	0,231	0,664
74-79	-0,058	0,063	-0,636	0,366	0,815	-0,031	0,714	0,033	0,000	0,010	0,291	1,256	0,281	0,598
80-85	0,091	0,129	-0,430	2,048	0,244	-0,029	0,637	0,064	0,015	2,010	0,316	1,250	0,288	0,547
86-91	0,231	0,111	-0,685	1,098	0,025	0,230	0,011	0,084	0,012	4,010	0,342	1,325	0,269	0,701

Sizeportefeuilles mg													
	$\bar{\alpha}_{OLS}$	$\hat{\sigma}_{\bar{\alpha}}$	α_{min}	α_{max}	$P_{\bar{\alpha}}^{OLS}$	$\bar{\alpha}_{WLS}$	$P_{\bar{\alpha}}^{WLS}$	$\bar{\alpha}_{GLS}$	$P_{\bar{\alpha}}^{GLS}$	Test: $\alpha_i=0$	β_{min}	β_{max}	$\hat{\sigma}_{\beta}$	$\check{R}^2$
54-58	0,291	0,099	-0,427	1,353	0,004	0,196	0,012	0,171	0,009	1,010	0,419	1,304	0,204	0,617
59-63	0,102	0,075	-0,406	0,687	0,095	0,083	0,137	0,119	0,000	2,010	0,664	1,348	0,179	0,768
64-68	0,065	0,045	-0,309	0,376	0,082	0,029	0,244	-0,020	0,796	0,010	0,330	1,130	0,250	0,614
69-73	0,477	0,102	-0,221	1,209	0,000	0,242	0,016	0,010	0,213	8,010	0,437	1,163	0,197	0,658
74-79	0,024	0,124	-0,590	2,119	0,423	-0,027	0,702	0,030	0,013	0,010	0,412	1,227	0,205	0,573
80-85	0,019	0,078	-0,472	0,699	0,404	-0,002	0,513	-0,008	0,632	1,010	0,434	1,238	0,206	0,541
86-91	0,426	0,092	-0,166	1,231	0,000	0,268	0,002	0,064	0,007	5,010	0,480	1,126	0,182	0,702

Sharpeportefeuilles mg													
	$\bar{\alpha}_{OLS}$	$\hat{\sigma}_{\bar{\alpha}}$	α_{min}	α_{max}	$P_{\bar{\alpha}}^{OLS}$	$\bar{\alpha}_{WLS}$	$P_{\bar{\alpha}}^{WLS}$	$\bar{\alpha}_{GLS}$	$P_{\bar{\alpha}}^{GLS}$	Test: $\alpha_i=0$	β_{min}	β_{max}	$\hat{\sigma}_{\beta}$	$\check{R}^2$
59-63	0,005	0,096	-0,714	0,900	0,480	0,016	0,415	0,139	0,000	0,010	0,532	1,434	0,211	0,753
64-68	-0,018	0,078	-0,474	0,771	0,589	-0,031	0,685	0,013	0,266	0,010	0,584	1,138	0,136	0,678
69-73	0,081	0,077	-0,423	0,668	0,154	0,071	0,169	0,032	0,004	1,010	0,693	1,188	0,131	0,748
74-79	-0,102	0,087	-1,151	0,401	0,873	-0,037	0,704	0,029	0,048	0,210	0,226	1,367	0,303	0,584
80-85	-0,077	0,087	-0,682	0,749	0,806	-0,071	0,793	0,063	0,026	1,110	0,395	1,189	0,219	0,562
86-91	0,207	0,087	-0,316	0,938	0,014	0,122	0,063	0,020	0,216	2,010	0,686	1,294	0,134	0,753

Renditeportefeuilles mg													
	$\bar{\alpha}_{OLS}$	$\hat{\sigma}_{\bar{\alpha}}$	α_{min}	α_{max}	$P_{\bar{\alpha}}^{OLS}$	$\bar{\alpha}_{WLS}$	$P_{\bar{\alpha}}^{WLS}$	$\bar{\alpha}_{GLS}$	$P_{\bar{\alpha}}^{GLS}$	Test: $\alpha_i=0$	β_{min}	β_{max}	$\hat{\sigma}_{\beta}$	$\check{R}^2$
54-58	0,461	0,239	-1,491	2,782	0,034	0,259	0,073	-0,038	0,624	7,210	0,583	1,236	0,150	0,582
59-63	0,006	0,157	-1,208	1,380	0,486	-0,067	0,704	0,230	0,000	0,210	0,386	1,828	0,302	0,751
64-68	-0,059	0,162	-1,627	1,366	0,641	-0,090	0,760	0,000	0,497	3,410	0,605	1,196	0,182	0,668
69-73	0,600	0,170	-0,723	2,082	0,001	0,270	0,045	0,044	0,025	9,210	0,475	1,258	0,173	0,688
74-79	-0,126	0,173	-1,983	1,145	0,763	-0,034	0,614	0,036	0,076	3,510	0,574	1,353	0,206	0,630
80-85	-0,238	0,135	-1,561	1,220	0,953	-0,194	0,946	0,117	0,009	2,610	0,388	1,248	0,275	0,575
86-91	0,375	0,197	-1,283	2,107	0,037	0,228	0,077	0,048	0,094	6,210	0,495	1,233	0,199	0,736

Tabelle 28: Univariate Tests des Sharpe-Lintner-CAPM (marktwertgewichtet)

Betaportefeuilles gg $R_i = \gamma_0 + \gamma_1 \beta_i$																	
	γ_0^{OLS}	P_0^{OLS}	γ_1^{OLS}	P_1^{OLS}	R^2	γ_0^{WLS}	P_0^{WLS}	γ_1^{WLS}	P_1^{WLS}	γ_0^{OLS}	P_0^{OLS}	γ_1^{OLS}	P_1^{OLS}	γ_{0k}^{OLS}	γ_{1k}^{OLS}	γ_{0k}^{WLS}	γ_{1k}^{WLS}
59-63	1,22	0,03	0,23	0,36	0,00	1,06	0,05	0,37	0,27	0,93	0,10	0,56	0,20	1,10	0,31	0,95	0,47
64-68	0,89	0,00	-0,26	0,78	0,03	0,92	0,00	-0,29	0,86	0,59	0,03	0,06	0,41	0,98	-0,34	1,01	-0,38
69-73	1,75	0,00	-0,96	1,00	0,34	1,74	0,00	-1,00	1,00	0,89	0,04	-0,09	0,58	1,97	-1,15	1,93	-1,19
74-79	-0,34	0,88	1,01	0,00	0,48	0,52	0,02	0,08	0,37	0,67	0,00	0,06	0,41	-0,50	1,20	0,51	0,10
80-85	1,04	0,00	0,52	0,07	0,12	0,82	0,02	0,70	0,03	0,97	0,01	0,53	0,09	0,83	0,67	0,62	0,91
86-91	1,52	0,00	-0,53	0,98	0,20	1,42	0,00	-0,44	0,96	0,82	0,01	0,16	0,32	1,50	-0,58	1,45	-0,48

Sizeportefeuilles gg																	
	γ_0^{OLS}	P_0^{OLS}	γ_1^{OLS}	P_1^{OLS}	R^2	γ_0^{WLS}	P_0^{WLS}	γ_1^{WLS}	P_1^{WLS}	γ_0^{OLS}	P_0^{OLS}	γ_1^{OLS}	P_1^{OLS}	γ_{0k}^{OLS}	γ_{1k}^{OLS}	γ_{0k}^{WLS}	γ_{1k}^{WLS}
54-58	1,53	0,00	0,96	0,05	0,14	1,32	0,00	1,07	0,02	0,55	0,18	1,87	0,00	1,08	1,33	0,98	1,41
59-63	1,14	0,02	0,31	0,27	0,02	1,23	0,02	0,21	0,34	1,50	0,00	-0,05	0,53	1,04	0,37	1,19	0,25
64-68	0,60	0,00	0,02	0,44	0,00	0,59	0,00	0,02	0,46	0,87	0,00	-0,27	0,82	0,60	0,03	0,59	0,02
69-73	2,50	0,00	-1,72	0,99	0,28	2,17	0,00	-1,43	0,98	0,99	0,03	-0,20	0,66	2,92	-2,10	2,47	-1,72
74-79	-1,93	1,00	2,54	0,00	0,83	-0,36	0,76	0,92	0,04	-0,08	0,55	0,80	0,10	-3,06	3,76	-1,52	2,10
80-85	1,36	0,00	0,20	0,25	0,03	1,22	0,00	0,32	0,15	1,32	0,00	0,20	0,29	1,23	0,27	1,12	0,42
86-91	2,42	0,00	-1,42	0,99	0,31	1,88	0,00	-0,92	0,95	0,79	0,08	0,17	0,38	2,61	-1,69	2,05	-1,09

Sharpeportefeuilles gg																	
	γ_0^{OLS}	P_0^{OLS}	γ_1^{OLS}	P_1^{OLS}	R^2	γ_0^{WLS}	P_0^{WLS}	γ_1^{WLS}	P_1^{WLS}	γ_0^{OLS}	P_0^{OLS}	γ_1^{OLS}	P_1^{OLS}	γ_{0k}^{OLS}	γ_{1k}^{OLS}	γ_{0k}^{WLS}	γ_{1k}^{WLS}
59-63	-0,04	0,55	1,47	0,00	0,50	0,36	0,19	1,11	0,00	0,64	0,10	0,79	0,05	-0,25	1,66	0,18	1,28
64-68	0,39	0,25	0,23	0,34	0,00	0,74	0,08	-0,12	0,60	0,52	0,13	0,12	0,39	-1,11	1,74	0,98	-0,36
69-73	1,01	0,01	-0,23	0,70	0,02	0,97	0,02	-0,22	0,69	0,53	0,13	0,24	0,31	1,12	-0,30	1,04	-0,29
74-79	-0,52	0,94	1,18	0,00	0,47	-0,13	0,66	0,73	0,01	0,27	0,18	0,43	0,07	-0,72	1,43	-0,29	0,89
80-85	0,75	0,03	0,80	0,02	0,21	0,69	0,04	0,85	0,02	0,60	0,06	0,98	0,00	0,33	1,17	0,36	1,18
86-91	1,69	0,00	-0,70	0,86	0,06	1,28	0,02	-0,33	0,72	0,72	0,09	0,24	0,32	1,95	-1,03	1,39	-0,44

Renditeportefeuilles gg																	
	γ_0^{OLS}	P_0^{OLS}	γ_1^{OLS}	P_1^{OLS}	R^2	γ_0^{WLS}	P_0^{WLS}	γ_1^{WLS}	P_1^{WLS}	γ_0^{OLS}	P_0^{OLS}	γ_1^{OLS}	P_1^{OLS}	γ_{0k}^{OLS}	γ_{1k}^{OLS}	γ_{0k}^{WLS}	γ_{1k}^{WLS}
54-58	-1,93	0,83	4,39	0,02	0,22	0,17	0,46	2,25	0,09	1,00	0,23	1,36	0,16	-23,4	25,8	-4,29	6,74
59-63	-3,06	1,00	4,42	0,00	0,85	-2,54	1,00	3,87	0,00	-1,52	0,99	2,91	0,00	-3,38	4,79	-2,85	4,18
64-68	0,51	0,34	0,14	0,45	0,00	1,71	0,04	-1,03	0,87	1,00	0,03	-0,35	0,77	0,36	0,27	2,31	-1,62
69-73	4,34	0,00	-3,50	1,00	0,32	2,97	0,03	-2,30	0,93	1,17	0,10	-0,38	0,66	5,94	-5,12	4,61	-3,93
74-79	-1,87	0,99	2,49	0,00	0,43	0,33	0,38	0,28	0,40	0,07	0,46	0,58	0,23	-2,81	3,51	0,19	0,43
80-85	-0,56	0,79	2,11	0,00	0,37	-0,43	0,75	1,92	0,00	0,25	0,33	1,27	0,02	-1,04	2,54	-0,81	2,32
86-91	3,47	0,02	-2,42	0,93	0,12	2,35	0,05	-1,45	0,86	0,87	0,21	0,10	0,46	4,17	-3,26	2,71	-1,80

Tabelle 29: Univariate Tests der Fama/MacBeth-Spezifikation (gleichgewichtet)

	Betaportefeuilles mg $R_i = \gamma_0 + \gamma_1 \beta_i$															
	γ_0^{OLS}	P_0^{OLS}	γ_1^{OLS}	P_1^{OLS}	R^2	γ_0^{WLS}	P_0^{WLS}	γ_1^{WLS}	P_1^{WLS}	γ_0^{OLS}	P_0^{OLS}	γ_1^{OLS}	P_1^{OLS}	γ_{0k}^{OLS}	γ_{1k}^{OLS}	γ_{0k}^{WLS}	γ_{1k}^{WLS}
59-63	-0,10	0,61	1,68	0,00	0,58	-0,16	0,67	1,69	0,00	0,20	0,29	1,37	0,00	-0,44	1,88	-0,32	1,85
64-68	1,35	0,00	-0,69	0,96	0,17	0,66	0,02	-0,04	0,55	1,13	0,00	-0,48	0,92	1,63	-1,00	0,67	-0,04
69-73	0,80	0,00	-0,62	0,97	0,17	0,69	0,03	-0,58	0,94	0,13	0,39	-0,07	0,56	0,75	-0,71	0,75	-0,64
74-79	0,30	0,09	0,33	0,08	0,11	0,20	0,21	0,46	0,04	0,40	0,03	0,31	0,07	0,31	0,37	0,13	0,53
80-85	0,81	0,03	1,19	0,00	0,28	0,71	0,01	1,18	0,00	0,93	0,00	1,06	0,00	0,61	1,32	0,62	1,28
86-91	1,41	0,00	-0,85	0,98	0,22	1,25	0,00	-0,70	0,99	1,19	0,00	-0,67	0,96	1,35	-0,90	1,28	-0,73

	Sizeportefeuilles mg															
	γ_0^{OLS}	P_0^{OLS}	γ_1^{OLS}	P_1^{OLS}	R^2	γ_0^{WLS}	P_0^{WLS}	γ_1^{WLS}	P_1^{WLS}	γ_0^{OLS}	P_0^{OLS}	γ_1^{OLS}	P_1^{OLS}	γ_{0k}^{OLS}	γ_{1k}^{OLS}	γ_{0k}^{WLS}	γ_{1k}^{WLS}
54-58	1,66	0,00	0,67	0,07	0,12	1,56	0,00	0,72	0,05	1,44	0,00	0,83	0,05	1,10	1,00	1,30	0,99
59-63	0,88	0,01	0,61	0,08	0,11	0,92	0,03	0,56	0,14	1,40	0,00	0,16	0,37	0,74	0,70	0,84	0,65
64-68	0,68	0,00	-0,10	0,72	0,02	0,59	0,00	0,02	0,45	0,72	0,00	-0,11	0,67	0,74	-0,10	0,59	0,02
69-73	1,96	0,00	-1,65	1,00	0,43	2,06	0,00	-1,91	1,00	0,72	0,11	-0,67	0,88	2,03	-1,99	2,26	-2,13
74-79	1,06	0,02	-0,50	0,80	0,04	0,06	0,40	0,64	0,00	0,06	0,44	0,65	0,06	1,51	-0,83	-0,03	0,73
80-85	0,94	0,00	0,90	0,01	0,25	0,74	0,00	1,17	0,00	0,73	0,04	1,20	0,00	0,85	1,08	0,67	1,26
86-91	2,02	0,00	-1,44	1,00	0,41	1,95	0,00	-1,40	1,00	1,25	0,01	-0,73	0,92	2,07	-1,61	2,04	-1,50

	Sharpeportefeuilles mg															
	γ_0^{OLS}	P_0^{OLS}	γ_1^{OLS}	P_1^{OLS}	R^2	γ_0^{WLS}	P_0^{WLS}	γ_1^{WLS}	P_1^{WLS}	γ_0^{OLS}	P_0^{OLS}	γ_1^{OLS}	P_1^{OLS}	γ_{0k}^{OLS}	γ_{1k}^{OLS}	γ_{0k}^{WLS}	γ_{1k}^{WLS}
59-63	-0,66	0,95	2,16	0,00	0,62	-0,73	0,98	2,25	0,00	-0,43	0,84	2,00	0,00	-1,03	2,48	-1,01	2,54
64-68	1,45	0,00	-0,89	0,95	0,15	0,99	0,03	-0,40	0,79	1,24	0,01	-0,57	0,86	2,40	-1,76	1,24	-0,66
69-73	0,59	0,15	-0,47	0,78	0,03	0,26	0,30	-0,13	0,60	-0,13	0,62	0,20	0,32	0,73	-0,69	0,29	-0,16
74-79	0,47	0,05	0,10	0,37	0,00	0,03	0,46	0,64	0,01	0,07	0,41	0,63	0,03	0,57	0,11	-0,03	0,71
80-85	0,01	0,49	1,94	0,00	0,60	-0,05	0,56	1,97	0,00	-0,42	0,82	2,40	0,00	-0,46	2,39	-0,30	2,25
86-91	1,84	0,00	-1,28	0,98	0,20	1,79	0,00	-1,29	0,99	1,18	0,07	-0,70	0,82	2,13	-1,68	2,01	-1,52

	Renditeportefeuilles mg															
	γ_0^{OLS}	P_0^{OLS}	γ_1^{OLS}	P_1^{OLS}	R^2	γ_0^{WLS}	P_0^{WLS}	γ_1^{WLS}	P_1^{WLS}	γ_0^{OLS}	P_0^{OLS}	γ_1^{OLS}	P_1^{OLS}	γ_{0k}^{OLS}	γ_{1k}^{OLS}	γ_{0k}^{WLS}	γ_{1k}^{WLS}
54-58	3,00	0,02	-0,71	0,68	0,01	2,48	0,01	-0,21	0,58	1,86	0,04	0,22	0,41	3,72	-1,62	2,56	-0,29
59-63	-1,55	1,00	3,13	0,00	0,89	-1,68	1,00	3,23	0,00	-0,72	0,96	2,35	0,00	-1,86	3,31	-1,92	3,50
64-68	1,33	0,06	-0,82	0,82	0,05	0,93	0,13	-0,39	0,68	0,68	0,23	-0,04	0,52	1,77	-1,14	1,07	-0,53
69-73	3,48	0,00	-2,96	1,00	0,43	3,63	0,00	-3,35	1,00	1,95	0,01	-1,85	0,99	4,25	-4,21	5,51	-5,26
74-79	-0,04	0,52	0,61	0,24	0,03	-0,66	0,85	1,34	0,02	0,07	0,46	0,64	0,18	-0,12	0,80	-0,98	1,66
80-85	-0,30	0,77	2,15	0,00	0,55	-0,18	0,71	2,06	0,00	0,06	0,43	1,96	0,00	-0,44	2,37	-0,31	2,22
86-91	2,88	0,00	-2,23	0,99	0,27	2,28	0,00	-1,71	0,99	1,10	0,03	-0,59	0,85	2,95	-2,50	2,43	-1,87

Tabelle 30: Univariate Tests der Fama/MacBeth-Spezifikation (marktwertgewichtet)

	Betaportefeuilles gg $\alpha_i = \gamma_0 \cdot (1-\beta_i)$											
	γ_0^{OLS}	$P_{\gamma=0}$	$P_{\gamma=Rf}$	R^2	γ_0^{WLS}	$P_{\gamma=0}$	$P_{\gamma=Rf}$	γ_0^{GLS}	$P_{\gamma=0}$	$P_{\gamma=Rf}$	γ_0^{MLE}	$\gamma_0^{GLS/MLE}$
59-63	1,105	0,035	0,086	0,162	1,008	0,042	0,105	-0,262	0,669	0,819	0,810	-0,324
64-68	0,891	0,006	0,052	0,288	0,931	0,000	0,017	0,539	0,030	0,242	0,590	0,915
69-73	1,787	0,000	0,000	0,636	1,836	0,000	0,001	0,940	0,035	0,252	0,892	1,053
74-79	-0,291	0,882	0,997	0,072	0,558	0,024	0,326	0,609	0,012	0,246	0,686	0,888
80-85	0,968	0,005	0,160	0,290	0,804	0,016	0,307	0,962	0,009	0,186	0,731	1,317
86-91	1,415	0,000	0,000	0,621	1,414	0,000	0,000	0,820	0,016	0,184	0,833	0,985
	Sizeportefeuilles gg											
	γ_0^{OLS}	$P_{\gamma=0}$	$P_{\gamma=Rf}$	R^2	γ_0^{WLS}	$P_{\gamma=0}$	$P_{\gamma=Rf}$	γ_0^{GLS}	$P_{\gamma=0}$	$P_{\gamma=Rf}$	γ_0^{MLE}	$\gamma_0^{GLS/MLE}$
54-58	1,419	0,009	0,032	0,245	1,331	0,007	0,029	0,516	0,180	0,376	-0,520	-0,992
59-63	1,055	0,022	0,067	0,197	1,141	0,017	0,053	1,348	0,014	0,038	1,537	0,877
64-68	0,609	0,000	0,063	0,418	0,616	0,001	0,074	0,893	0,003	0,034	0,910	0,981
69-73	2,547	0,000	0,003	0,460	2,325	0,000	0,007	1,097	0,019	0,164	1,033	1,062
74-79	-1,768	1,000	1,000	0,684	-0,388	0,752	0,922	-0,154	0,614	0,863	-1,602	0,096
80-85	1,288	0,000	0,018	0,497	1,192	0,000	0,035	1,242	0,000	0,041	1,280	0,970
86-91	2,287	0,000	0,000	0,530	1,821	0,001	0,009	0,739	0,094	0,328	0,782	0,945
	Sharpeportefeuilles gg											
	γ_0^{OLS}	$P_{\gamma=0}$	$P_{\gamma=Rf}$	R^2	γ_0^{WLS}	$P_{\gamma=0}$	$P_{\gamma=Rf}$	γ_0^{GLS}	$P_{\gamma=0}$	$P_{\gamma=Rf}$	γ_0^{MLE}	$\gamma_0^{GLS/MLE}$
59-63	-0,075	0,589	0,857	-0,003	0,202	0,289	0,596	0,498	0,133	0,318	0,524	0,950
64-68	0,415	0,229	0,451	0,026	0,769	0,059	0,189	0,451	0,137	0,399	0,422	1,067
69-73	1,060	0,009	0,140	0,246	1,030	0,015	0,174	0,447	0,208	0,615	0,397	1,126
74-79	-0,459	0,936	0,997	0,114	-0,057	0,570	0,931	0,297	0,126	0,707	0,170	1,742
80-85	0,685	0,037	0,436	0,132	0,664	0,042	0,458	0,485	0,112	0,640	0,358	1,356
86-91	1,538	0,011	0,054	0,231	1,255	0,017	0,091	0,567	0,130	0,442	0,711	0,797
	Renditeportefeuilles gg											
	γ_0^{OLS}	$P_{\gamma=0}$	$P_{\gamma=Rf}$	R^2	γ_0^{WLS}	$P_{\gamma=0}$	$P_{\gamma=Rf}$	γ_0^{GLS}	$P_{\gamma=0}$	$P_{\gamma=Rf}$	γ_0^{MLE}	$\gamma_0^{GLS/MLE}$
54-58	-2,044	0,856	0,891	0,052	0,169	0,458	0,543	1,034	0,217	0,299	-13,14	-0,079
59-63	-2,976	1,000	1,000	0,718	-2,456	1,000	1,000	-1,379	0,990	0,997	-2,066	0,667
64-68	0,475	0,344	0,457	0,008	1,600	0,041	0,083	0,952	0,021	0,091	1,533	0,621
69-73	4,315	0,000	0,003	0,413	3,303	0,020	0,043	1,197	0,096	0,256	3,030	0,395
74-79	-1,736	0,993	0,998	0,275	0,247	0,405	0,573	0,313	0,327	0,570	-6,691	-0,047
80-85	-0,616	0,828	0,967	0,041	-0,426	0,757	0,952	0,223	0,342	0,768	-0,871	-0,256
86-91	3,239	0,022	0,041	0,190	2,386	0,035	0,073	0,731	0,235	0,407	0,830	0,881

Tabelle 31: Univariate Tests der Black-Spezifikation (gleichgewichtet)

Betaportefeuilles mg $\alpha_i = \gamma_0 \cdot (1-\beta_i)$											
	γ_0^{OLS}	$P_{\gamma=0}$	$P_{\gamma=Rf}$	R^2	γ_0^{WLS}	$P_{\gamma=0}$	$P_{\gamma=Rf}$	γ_0^{GLS}	$P_{\gamma=0}$	$P_{\gamma=Rf}$	γ_0^{MLE}	$\gamma_0^{GLS/MLE}$
59-63	-0,121	0,633	0,871	-0,150	-0,122	0,632	0,868	0,000	0,500	0,701	0,163	0,000
64-68	1,351	0,000	0,005	0,420	0,662	0,016	0,143	1,018	0,002	0,023	1,229	0,828
69-73	0,924	0,002	0,143	0,068	0,716	0,024	0,374	-0,211	0,687	0,965	0,151	-1,397
74-79	0,291	0,090	0,752	0,092	0,209	0,190	0,830	0,095	0,342	0,923	0,393	0,241
80-85	0,857	0,016	0,269	0,119	0,687	0,010	0,410	0,882	0,011	0,237	0,829	1,065
86-91	1,479	0,000	0,003	0,370	1,320	0,000	0,001	1,323	0,000	0,018	1,238	1,068

Sizeportefeuilles mg											
	γ_0^{OLS}	$P_{\gamma=0}$	$P_{\gamma=Rf}$	R^2	γ_0^{WLS}	$P_{\gamma=0}$	$P_{\gamma=Rf}$	γ_0^{GLS}	$P_{\gamma=0}$	$P_{\gamma=Rf}$	γ_0^{MLE}	$\gamma_0^{GLS/MLE}$
54-58	1,720	0,000	0,005	0,141	1,469	0,003	0,012	1,364	0,011	0,039	1,390	0,981
59-63	0,947	0,006	0,034	0,178	0,981	0,014	0,056	1,445	0,028	0,061	1,439	1,005
64-68	0,630	0,000	0,005	0,522	0,568	0,000	0,030	0,709	0,005	0,078	0,727	0,974
69-73	2,369	0,000	0,000	0,298	2,183	0,000	0,000	0,546	0,153	0,546	0,967	0,564
74-79	0,875	0,022	0,146	0,164	0,069	0,372	0,954	-0,205	0,688	0,933	-0,113	1,818
80-85	0,826	0,000	0,182	0,283	0,724	0,001	0,317	0,762	0,027	0,359	0,492	1,549
86-91	2,242	0,000	0,000	0,517	2,092	0,000	0,000	1,260	0,021	0,100	1,366	0,923

Sharpeportefeuilles mg											
	γ_0^{OLS}	$P_{\gamma=0}$	$P_{\gamma=Rf}$	R^2	γ_0^{WLS}	$P_{\gamma=0}$	$P_{\gamma=Rf}$	γ_0^{GLS}	$P_{\gamma=0}$	$P_{\gamma=Rf}$	γ_0^{MLE}	$\gamma_0^{GLS/MLE}$
59-63	-0,660	0,948	0,988	0,131	-0,701	0,976	0,996	-1,360	0,982	0,993	-0,538	2,528
64-68	1,346	0,005	0,024	0,297	0,986	0,026	0,097	0,837	0,040	0,147	1,639	0,510
69-73	0,737	0,098	0,407	-0,017	0,305	0,265	0,732	-0,312	0,724	0,954	-0,147	2,121
74-79	0,448	0,058	0,483	0,111	0,029	0,454	0,945	-0,091	0,619	0,954	-0,026	3,479
80-85	0,031	0,459	0,969	-0,002	-0,053	0,568	0,980	-0,628	0,906	0,993	-0,857	0,733
86-91	2,097	0,000	0,003	0,263	1,872	0,000	0,002	1,013	0,095	0,248	1,457	0,695

Renditeportefeuilles mg											
	γ_0^{OLS}	$P_{\gamma=0}$	$P_{\gamma=Rf}$	R^2	γ_0^{WLS}	$P_{\gamma=0}$	$P_{\gamma=Rf}$	γ_0^{GLS}	$P_{\gamma=0}$	$P_{\gamma=Rf}$	γ_0^{MLE}	$\gamma_0^{GLS/MLE}$
54-58	3,429	0,005	0,009	0,140	2,601	0,007	0,015	1,891	0,033	0,062	-5,559	-0,340
59-63	-1,596	1,000	1,000	0,652	-1,609	1,000	1,000	-1,417	0,996	0,999	-0,827	1,713
64-68	1,241	0,070	0,140	0,109	1,000	0,115	0,214	0,570	0,207	0,373	27,50	0,021
69-73	3,749	0,000	0,002	0,101	3,613	0,003	0,010	1,472	0,048	0,158	3,147	0,468
74-79	0,003	0,499	0,694	-0,025	-0,662	0,859	0,959	-0,185	0,607	0,817	-1,017	0,182
80-85	-0,363	0,830	0,992	-0,004	-0,209	0,754	0,994	-0,225	0,765	0,994	-0,133	1,695
86-91	3,040	0,000	0,003	0,299	2,349	0,000	0,004	0,839	0,075	0,273	1,226	0,685

Tabelle 32: Univariate Tests der Black-Spezifikation (marktwertgewichtet)

	Univariate Auswertungen der α-Werte: $R_i - R_f = \alpha_i + \beta_i (R_m - R_f)$											
	$\bar{\alpha}_{OLS}$	$\hat{\sigma}_{\bar{\alpha}}$	α_{min}	α_{max}	$P_{\bar{\alpha}}^{OLS}$	$\bar{\alpha}_{WLS}$	$P_{\bar{\alpha}}^{WLS}$	Test: $\alpha_i = 0$	β_{min}	β_{max}	$\hat{\sigma}_{\beta}$	$\bar{R}^2$
54-58	0,067	0,088	-4,560	4,548	0,224	-0,009	0,553	12|21	-0,027	2,668	0,416	0,273
59-63	0,023	0,059	-2,603	2,507	0,346	-0,072	0,933	3|11	-0,158	2,685	0,419	0,403
64-68	-0,005	0,048	-2,586	2,029	0,544	0,017	0,321	7|10	-0,235	1,919	0,461	0,263
69-73	-0,033	0,061	-1,715	2,730	0,706	-0,233	1,000	9|20	-0,239	2,019	0,394	0,334
74-79	0,004	0,084	-2,536	7,666	0,480	-0,109	0,992	4|20	0,105	4,849	0,606	0,247
80-85	0,053	0,060	-2,565	2,956	0,193	0,028	0,278	11|5	-0,049	3,431	0,505	0,218
86-91	0,065	0,070	-2,550	4,660	0,178	-0,000	0,506	12|8	0,058	1,879	0,381	0,366

	Univariate Auswertungen der β-Werte: $\bar{R}_i = \gamma_0 + \gamma_1 \beta_i$											
	γ_0^{OLS}	P_0^{OLS}	γ_1^{OLS}	P_1^{OLS}	R^2	γ_0^{WLS}	P_0^{WLS}	γ_1^{WLS}	P_1^{WLS}	γ_{0k}^{OLS}	γ_{1k}^{OLS}	γ_{0k}^{WLS}	γ_{1k}^{WLS}
54-58	2,17	0,00	0,33	0,03	0,02	1,90	0,00	0,46	0,00	1,83	0,58	1,72	0,64
59-63	0,24	0,06	1,19	0,00	0,24	0,37	0,00	0,95	0,00	-0,07	1,48	0,26	1,07
64-68	0,61	0,00	0,02	0,42	0,00	0,57	0,00	0,06	0,22	0,60	0,03	0,56	0,07
69-73	1,17	0,00	-0,38	1,00	0,03	0,82	0,00	-0,24	0,96	1,38	-0,56	0,89	-0,31
74-79	-0,48	1,00	1,14	0,00	0,31	0,40	0,00	0,19	0,04	-0,95	1,65	0,36	0,23
80-85	1,18	0,00	0,38	0,00	0,06	0,85	0,00	0,66	0,00	0,97	0,53	0,63	0,90
86-91	1,21	0,00	-0,22	0,89	0,00	0,95	0,00	-0,07	0,68	1,21	-0,29	0,96	-0,08

	Univariate Auswertungen der α- und β-Werte: $\alpha_i = \gamma_0 \cdot (1 - \beta_i)$						
	γ_0^{OLS}	$P_{\gamma=0}$	$P_{\gamma=Rf}$	R^2	γ_0^{WLS}	$P_{\gamma=0}$	$P_{\gamma=Rf}$
54-58	2,077	0,000	0,000	0,431	1,941	0,000	0,000
59-63	0,220	0,058	0,690	0,010	0,420	0,000	0,125
64-68	0,612	0,000	0,004	0,149	0,573	0,000	0,000
69-73	1,201	0,000	0,000	0,250	1,049	0,000	0,000
74-79	-0,437	1,000	1,000	0,062	0,427	0,000	0,537
80-85	1,123	0,000	0,000	0,355	0,844	0,000	0,025
86-91	1,127	0,000	0,000	0,175	0,973	0,000	0,000

Tabelle 33: Univariate Auswertungen mit Einzelaktien und gleichgewichtetem Index

	Univariate Auswertungen der α-Werte: $R_i - R_f = \alpha_i + \beta_i (R_m - R_f)$											
	$\bar{\alpha}_{OLS}$	$\hat{\sigma}_{\bar{\alpha}}$	α_{min}	α_{max}	$P^{OLS}_{\bar{\alpha}}$	$\bar{\alpha}_{WLS}$	$P^{WLS}_{\bar{\alpha}}$	Test: $\alpha_i=0$	β_{min}	β_{max}	$\hat{\sigma}_{\beta}$	$\bar{R}^2$
54-58	0,888	0,083	-2,428	5,126	0,000	0,650	0,000	57|2	-0,113	2,509	0,372	0,241
59-63	0,208	0,058	-2,288	2,845	0,000	0,095	0,022	5|6	-0,181	2,180	0,367	0,381
64-68	0,082	0,048	-2,529	2,186	0,044	0,085	0,009	7|9	-0,102	1,493	0,371	0,255
69-73	0,644	0,056	-0,922	3,234	0,000	0,411	0,000	29|1	-0,395	1,764	0,363	0,317
74-79	0,082	0,090	-2,357	8,751	0,184	-0,038	0,810	5|17	-0,181	1,660	0,382	0,239
80-85	0,014	0,059	-2,418	2,664	0,406	-0,038	0,796	11|6	-0,394	2,191	0,384	0,205
86-91	0,527	0,067	-2,090	5,349	0,000	0,389	0,000	22|1	0,013	1,670	0,334	0,343

	Univariate Auswertungen der β-Werte: $R_i = \gamma_0 + \gamma_1 \beta_i$											
	γ_0^{OLS}	P_0^{OLS}	γ_1^{OLS}	P_1^{OLS}	R^2	γ_0^{WLS}	P_0^{WLS}	γ_1^{WLS}	P_1^{WLS}	γ_{0k}^{OLS}	γ_{1k}^{OLS}	γ_{0k}^{WLS}	γ_{1k}^{WLS}
54-58	2,37	0,00	0,18	0,17	0,00	2,12	0,00	0,26	0,04	1,81	0,29	2,07	0,33
59-63	0,30	0,02	1,39	0,00	0,25	0,40	0,00	1,14	0,00	-0,28	1,72	0,29	1,27
64-68	0,61	0,00	0,04	0,39	0,00	0,58	0,00	0,08	0,20	0,58	0,05	0,57	0,09
69-73	1,38	0,00	-0,73	1,00	0,10	1,02	0,00	-0,57	1,00	1,07	-1,03	1,13	-0,70
74-79	0,93	0,00	-0,26	0,87	0,00	0,29	0,00	0,39	0,00	1,42	-0,74	0,23	0,46
80-85	1,12	0,00	0,63	0,00	0,10	0,80	0,00	1,00	0,00	1,02	0,91	0,63	1,26
86-91	1,41	0,00	-0,54	1,00	0,04	1,09	0,00	-0,32	0,98	1,15	-0,70	1,12	-0,36

	Univariate Auswertungen der α- und β-Werte: $\alpha_i = \gamma_0 \cdot (1-\beta_i)$						
	γ_0^{OLS}	$P_{\gamma=0}$	$P_{\gamma=Rf}$	R^2	γ_0^{WLS}	$P_{\gamma=0}$	$P_{\gamma=Rf}$
54-58	2,496	0,000	0,000	0,251	2,211	0,000	0,000
59-63	0,313	0,018	0,438	-0,066	0,419	0,000	0,114
64-68	0,608	0,000	0,004	0,097	0,579	0,000	0,000
69-73	1,440	0,000	0,000	-0,288	1,027	0,000	0,002
74-79	0,931	0,000	0,009	0,078	0,289	0,001	0,943
80-85	1,071	0,000	0,000	0,283	0,747	0,000	0,102
86-91	1,573	0,000	0,000	-0,008	1,198	0,000	0,000

Tabelle 34: Univariate Auswertungen mit Einzelaktien und marktwertgewichtetem Index

	Betaportefeuilles gg									
	CSRT		LRTK		LRT		LMT		NULL	
Periode	T	P	T	P	T	P	T	P	T	P
1959-63	0,84	0,65	18,15	0,45	18,78	0,41	16,13	0,58	1,16	0,34
1964-68	0,59	0,89	13,38	0,77	13,73	0,75	12,28	0,83	0,53	0,94
1969-73	1,02	0,46	21,28	0,27	22,14	0,23	18,51	0,42	0,97	0,51
1974-79	0,62	0,87	13,51	0,76	13,75	0,75	12,52	0,82	0,58	0,92
1980-85	1,35	0,20	26,31	0,09	27,18	0,08	22,64	0,20	1,28	0,23
1986-91	0,63	0,86	13,70	0,75	13,95	0,73	12,68	0,81	0,66	0,85
	Sizeportefeuilles gg									
	CSRT		LRTK		LRT		LMT		NULL	
Periode	T	P	T	P	T	P	T	P	T	P
1954-58	1,74	0,07	32,16	0,02	34,10	0,01	25,90	>0,1	2,39	0,00
1959-63	0,71	0,78	15,74	0,61	16,23	0,58	14,22	0,71	0,74	0,77
1964-68	1,37	0,20	26,98	0,08	28,33	0,06	22,58	0,21	1,30	0,23
1969-73	1,48	0,15	28,58	0,05	30,08	0,04	23,66	0,17	1,41	0,17
1974-79	1,45	0,15	27,92	0,06	28,89	0,05	23,80	0,16	1,47	0,13
1980-85	0,69	0,80	14,90	0,67	15,19	0,65	13,69	0,75	0,64	0,87
1986-91	0,89	0,59	18,65	0,41	19,10	0,39	16,78	0,54	0,83	0,67
	Sharpeportefeuilles gg									
	CSRT		LRTK		LRT		LMT		NULL	
Periode	T	P	T	P	T	P	T	P	T	P
1959-63	0,86	0,63	18,52	0,42	19,18	0,38	16,41	0,56	0,83	0,67
1964-68	1,19	0,31	24,11	0,15	25,20	0,12	20,58	0,30	1,06	0,42
1969-73	0,76	0,73	16,73	0,54	17,27	0,50	15,01	0,66	0,95	0,53
1974-79	0,88	0,61	18,32	0,43	18,76	0,41	16,51	0,56	0,82	0,68
1980-85	1,17	0,31	23,47	0,17	24,17	0,15	20,53	0,30	1,54	?0,1
1986-91	0,76	0,73	16,27	0,57	16,62	0,55	14,84	0,67	0,73	0,78
	Renditeportefeuilles gg									
	CSRT		LRTK		LRT		LMT		NULL	
Periode	T	P	T	P	T	P	T	P	T	P
1954-58	4,45	0,00	59,09	0,00	64,90	0,00	39,36	0,00	4,75	0,00
1959-63	1,09	0,39	22,53	0,21	23,49	0,17	19,44	0,37	1,61	<0,1
1964-68	2,71	0,00	43,72	0,00	47,01	0,00	32,59	0,02	2,45	0,00
1969-73	2,89	0,00	45,56	0,00	49,10	0,00	33,53	0,01	2,65	0,00
1974-79	4,06	0,00	58,60	0,00	62,42	0,00	41,74	0,00	3,80	0,00
1980-85	3,04	0,00	48,35	0,00	51,06	0,00	36,57	0,00	3,44	0,00
1986-91	3,29	0,00	51,01	0,00	53,99	0,00	37,98	0,00	2,96	0,00

Tabelle 35: Multivariate Tests der Fama/MacBeth-Spezifikation (gleichgewichtet)

Betaportefeuilles mg										
	CSRT		LRTK		LRT		LMT		NULL	
Periode	T	P	T	P	T	P	T	P	T	P
1959-63	0,47	0,96	10,95	0,90	11,19	0,89	10,21	0,92	1,15	0,35
1964-68	0,69	0,80	15,40	0,63	15,87	0,60	13,94	0,73	0,66	0,85
1969-73	1,00	0,48	20,95	0,28	21,79	0,24	18,27	0,44	1,03	0,46
1974-79	0,64	0,85	13,94	0,73	14,20	0,72	12,88	0,80	1,00	0,48
1980-85	1,57	>0,1	29,60	0,04	30,69	0,03	24,99	0,13	2,07	0,02
1986-91	1,25	0,26	24,72	0,13	25,49	0,11	21,47	0,26	1,44	0,14
Sizeportefeuilles mg										
	CSRT		LRTK		LRT		LMT		NULL	
Periode	T	P	T	P	T	P	T	P	T	P
1954-58	0,62	0,86	14,13	0,72	14,54	0,69	12,89	0,80	0,83	0,67
1959-63	0,59	0,88	13,55	0,76	13,91	0,73	12,42	0,83	1,30	0,23
1964-68	1,07	0,41	22,21	0,22	23,14	0,19	19,20	0,38	1,01	0,48
1969-73	1,82	0,06	33,29	0,02	35,29	0,00	26,68	0,09	1,71	0,07
1974-79	1,20	0,29	23,89	0,16	24,61	0,14	20,85	0,29	1,48	0,13
1980-85	0,94	0,54	19,41	0,37	19,90	0,34	17,39	0,50	1,05	0,43
1986-91	0,80	0,69	16,92	0,53	17,30	0,50	15,38	0,64	1,05	0,42
Sharpeportefeuilles mg										
	CSRT		LRTK		LRT		LMT		NULL	
Periode	T	P	T	P	T	P	T	P	T	P
1959-63	0,40	0,98	9,45	0,95	9,63	0,94	8,89	0,96	1,27	0,25
1964-68	0,78	0,71	17,05	0,52	17,61	0,48	15,26	0,64	0,78	0,72
1969-73	0,71	0,78	15,80	0,61	16,29	0,57	14,27	0,71	0,95	0,54
1974-79	1,58	>0,1	29,82	0,04	30,92	0,03	25,14	0,12	1,69	0,06
1980-85	1,00	0,47	20,57	0,30	21,11	0,27	18,30	0,44	2,15	0,01
1986-91	0,89	0,60	18,51	0,42	18,95	0,39	16,66	0,55	0,84	0,66
Renditeportefeuilles mg										
	CSRT		LRTK		LRT		LMT		NULL	
Periode	T	P	T	P	T	P	T	P	T	P
1954-58	2,83	0,00	44,93	0,00	48,50	0,00	33,07	0,02	2,50	0,00
1959-63	0,54	0,92	12,52	0,82	12,83	0,80	11,55	0,87	1,39	0,18
1964-68	3,41	0,00	50,61	0,00	54,88	0,00	35,96	0,00	3,00	0,00
1969-73	1,33	0,22	26,32	0,09	27,61	0,07	22,13	0,23	1,96	0,03
1974-79	2,68	0,00	44,31	0,00	46,62	0,00	34,32	0,01	2,78	0,00
1980-85	1,06	0,41	21,55	0,25	22,14	0,23	19,06	0,39	2,06	0,02
1986-91	1,45	0,15	27,83	0,06	28,80	0,05	23,74	0,16	1,48	0,13

Tabelle 36: Multivariate Tests der Fama/MacBeth-Spezifikation (marktwertgewichtet)

Betaportefeuilles gg								
	CSRT		LRTK		LRT		LMT	
Periode	T	P	T	P	T	P	T	P
1959-63	1,10	0,38	23,93	0,20	24,95	0,16	20,41	0,37
1964-68	0,57	0,91	13,71	0,80	14,06	0,78	12,53	0,86
1969-73	1,04	0,44	22,80	0,25	23,73	0,21	19,60	0,42
1974-79	0,61	0,88	14,11	0,78	14,35	0,76	13,01	0,84
1980-85	1,31	0,22	26,92	0,11	27,79	0,09	23,05	0,23
1986-91	0,71	0,80	15,98	0,66	16,30	0,64	14,59	0,75
Sizeportefeuilles gg								
	CSRT		LRTK		LRT		LMT	
Periode	T	P	T	P	T	P	T	P
1954-58	2,08	0,03	38,20	0,00	40,72	0,00	29,41	0,06
1959-63	0,79	0,70	18,30	0,50	18,91	0,46	16,22	0,64
1964-68	1,37	0,20	28,30	0,08	29,70	0,06	23,42	0,22
1969-73	1,50	0,14	30,27	0,05	31,85	0,03	24,72	0,17
1974-79	1,45	0,14	29,33	0,06	30,34	0,05	24,76	0,17
1980-85	0,67	0,83	15,27	0,71	15,56	0,69	14,00	0,78
1986-91	0,89	0,60	19,52	0,42	19,99	0,40	17,46	0,56
Sharpeportefeuilles gg								
	CSRT		LRTK		LRT		LMT	
Periode	T	P	T	P	T	P	T	P
1959-63	0,84	0,65	19,28	0,44	19,95	0,40	16,97	0,59
1964-68	1,13	0,36	24,34	0,18	25,39	0,15	20,70	0,35
1969-73	1,01	0,47	22,28	0,27	23,17	0,23	19,22	0,44
1974-79	0,84	0,65	18,68	0,48	19,11	0,45	16,78	0,60
1980-85	1,44	0,15	29,08	0,06	30,08	0,05	24,59	0,17
1986-91	0,77	0,73	17,25	0,57	17,61	0,55	15,62	0,68
Renditeportefeuilles gg								
	CSRT		LRTK		LRT		LMT	
Periode	T	P	T	P	T	P	T	P
1954-58	4,86	0,00	64,56	0,00	70,96	0,00	41,28	0,00
1959-63	1,31	0,23	27,35	<0,1	28,66	0,07	22,79	0,25
1964-68	2,60	0,00	44,44	0,00	47,65	0,00	32,88	0,02
1969-73	2,83	0,00	46,95	0,00	50,49	0,00	34,14	0,02
1974-79	4,03	0,00	60,67	0,00	64,53	0,00	42,62	0,00
1980-85	3,30	0,00	53,31	0,00	56,38	0,00	39,09	0,00
1986-91	3,16	0,00	51,78	0,00	54,69	0,00	38,31	0,00

Tabelle 37: Multivariate Tests der Black-Spezifikation (gleichgewichtet)

Betaportefeuilles mg								
	CSRT		LRTK		LRT		LMT	
Periode	T	P	T	P	T	P	T	P
1959-63	1,15	0,35	24,63	0,17	25,70	0,14	20,91	0,34
1964-68	0,69	0,81	16,22	0,64	16,70	0,61	14,58	0,75
1969-73	1,09	0,39	23,76	0,21	24,77	0,17	20,29	0,38
1974-79	1,00	0,48	21,54	0,31	22,11	0,28	19,03	0,45
1980-85	2,05	0,02	38,15	0,00	39,81	0,00	30,58	0,04
1986-91	1,49	0,13	29,94	0,05	31,00	0,04	25,19	0,15
Sizeportefeuilles mg								
	CSRT		LRTK		LRT		LMT	
Periode	T	P	T	P	T	P	T	P
1954-58	0,86	0,63	19,56	0,42	20,28	0,38	17,16	0,58
1959-63	1,39	0,19	28,60	0,07	30,03	0,05	23,63	0,21
1964-68	1,08	0,41	23,46	0,22	24,44	0,18	20,07	0,39
1969-73	1,82	0,06	34,78	0,01	36,83	0,00	27,52	0,09
1974-79	1,45	0,15	29,24	0,06	30,25	0,05	24,70	0,17
1980-85	0,96	0,52	20,86	0,34	21,39	0,32	18,51	0,49
1986-91	1,09	0,38	23,25	0,23	23,91	0,20	20,34	0,37
Sharpeportefeuilles mg								
	CSRT		LRTK		LRT		LMT	
Periode	T	P	T	P	T	P	T	P
1959-63	1,07	0,41	23,41	0,22	24,39	0,18	20,04	0,39
1964-68	0,83	0,66	19,07	0,45	19,73	0,41	16,82	0,60
1969-73	1,01	0,47	22,25	0,27	23,14	0,23	19,20	0,44
1974-79	1,68	0,07	32,85	0,03	34,11	0,02	27,17	0,10
1980-85	1,50	0,13	30,01	0,05	31,08	0,04	25,24	0,15
1986-91	0,89	0,60	19,56	0,42	20,02	0,39	17,48	0,56
Renditeportefeuilles mg								
	CSRT		LRTK		LRT		LMT	
Periode	T	P	T	P	T	P	T	P
1954-58	2,67	0,00	45,19	0,00	48,62	0,00	33,12	0,02
1959-63	1,15	0,34	24,79	0,17	25,88	0,13	21,02	0,34
1964-68	3,21	0,00	50,88	0,00	54,96	0,00	35,99	0,01
1969-73	1,97	0,03	36,91	0,00	39,20	0,00	28,78	0,07
1974-79	2,85	0,00	48,34	0,00	50,91	0,00	36,50	0,00
1980-85	1,52	0,12	30,41	0,05	31,50	0,04	25,51	0,14
1986-91	1,57	<0,1	31,17	0,04	32,31	0,03	26,04	0,13

Tabelle 38: Multivariate Tests der Black-Spezifikation (marktwertgewichtet)

Sharpe-Lintner-CAPM: $R_i - R_f = \alpha_i + \beta_i (R_m - R_f)$													
$\bar{\alpha}_{OLS}$	$\hat{\sigma}_{\bar{\alpha}}$	α_{min}	α_{max}	$P^{OLS}_{\bar{\alpha}}$	$\bar{\alpha}_{WLS}$	$P^{WLS}_{\bar{\alpha}}$	$\bar{\alpha}_{GLS}$	$P^{GLS}_{\bar{\alpha}}$	Test $\alpha_i=0$	β_{min}	β_{max}	$\hat{\sigma}_{\beta}$	$\bar{R}^2$
gg	0,033	0,037	-0,95	1,499	0,189	0,004	0,451	0,015	0,312	3|41	0,547	1,894	0,263	0,323
mg	0,327	0,040	-0,58	2,321	0,000	0,267	0,000	0,236	0,000	19|1	0,353	1,396	0,239	0,309

Fama/MacBeth-Spezifikation: $R_i = \gamma_0 + \gamma_1 \beta_i$															
γ_0^{OLS}	P_0^{OLS}	γ_1^{OLS}	P_1^{OLS}	R^2	γ_0^{WLS}	P_0^{WLS}	γ_1^{WLS}	P_1^{WLS}	γ_0^{GLS}	P_0^{GLS}	γ_1^{GLS}	P_1^{GLS}	γ_{0k}^{OLS}	γ_{1k}^{OLS}	γ_{0k}^{WLS}	γ_{1k}^{WLS}
gg	0,71	0,00	0,52	0,00	0,14	1,04	0,00	0,18	0,06	0,96	0,00	0,26	0,02	0,60	0,58	1,02	0,19
mg	1,00	0,00	0,32	0,03	0,04	1,09	0,00	0,16	0,09	0,98	0,00	0,29	0,01	0,69	0,35	1,08	0,17

Black-Spezifikation: $\alpha_i = \gamma_0 \cdot (1-\beta_i)$											
γ_0^{OLS}	$P_{\gamma=0}$	$P_{\gamma=Rf}$	R^2	γ_0^{WLS}	$P_{\gamma=0}$	$P_{\gamma=Rf}$	γ_0^{GLS}	$P_{\gamma=0}$	$P_{\gamma=Rf}$	γ_0^{MLE}	$\gamma_0^{OLS/MLE}$
gg	0,618	0,000	0,113	0,197	0,976	0,000	0,000	0,894	0,000	0,000	0,939	0,952
mg	1,268	0,000	0,000	-0,167	1,289	0,000	0,000	0,743	0,000	0,045	1,069	0,695

Tabelle 39: Univariate Tests für die Gesamtperiode (1954-1991)

Tests der Fama/MacBeth-Spezifikation								
	CSRT		LRT		LRTK		LMT	
	T	P	T	P	T	P	T	P
gg	0,652	0,9908	63,662	0,9596	63,194	0,9632	59,409	0,9843
mg	0,652	0,9908	63,711	0,9592	63,243	0,9629	59,452	0,9841
Tests der Black-Spezifikation								
	CSRT		LRT		LRTK		LMT	
	T	P	T	P	T	P	T	P
gg	0,658	0,9900	64,941	0,9561	64,460	0,9601	60,519	0,9832
mg	1,1177	0,1553	110,38	0,0394	109,04	0,0474	98,012	0,1770
	CSRT der Sharpe-Lintner-Spezifikation				Test auf Gleichheit der Mittelwerte der Renditen mit der Marktrendite			
	T		P		T		P	
gg	0,717		0,9684		0,6631		0,9895	
mg	0,8084		0,8832		1,1724		0,1595	

Tabelle 40: Multivariate Tests für die Gesamtperiode (1954-1991)

Literaturverzeichnis

Affleck-Graves, John / McDonald, Bill (1989)
Nonnormalities and Tests of the Asset Pricing Theories, Journal of Finance, Vol. 44, No. 4, S. 889-908.

Affleck-Graves, John / McDonald, Bill (1990)
Multivariate Tests of Asset Pricing: The Comparative Power of Alternative Statistics, Journal of Financial and Quantitative Analysis, Vol. 25, No. 2, S. 163-185.

Alexander, Gordon J. / Francis, Jack Clark (1986)
Portfolio Analysis, Third Edition, Prentice-Hall, Englewood Cliffs, New Jersey.

Amsler, Christine E. / Schmidt, Peter (1985)
A Monte Carlo Investigation of the Accuracy of Multivariate CAPM Tests, Journal of Financial Economics, Vol. 14, No. 3, S. 359-375.

Bamberg, Günter / Schittko, Ulrich K. (1979)
Einführung in die Ökonometrie, Stuttgart.

Banz, Rolf W. (1981)
The Relationship between Return and Market Value of Common Stocks, Journal of Financial Economics, Vol. 9, No. 1, S. 3-18.

Bartlett, M. S. (1938)
Further Aspects of the Theory of Multiple Regression, Proceedings of the Cambridge Philosophical Society, Vol. 34, S. 33-47.

Basu, Sanjoy (1977)
Investment Performance of Common Stocks in Relation to their Price-Earnings Ratios: A Test of the Efficient Market Hypothesis, Journal of Finance, Vol. 32, No. 3, S. 663-682.

Basu, Sanjoy (1983)
The Relationship between Earnings' Yields, Market Value and Return for NYSE Common Stocks: Further Evidence, Journal of Financial Economics, Vol. 12, No. 1, S. 129-156.

Best, Michael J. / Grauer, Robert R. (1991)
On the Sensitivity of Mean-Variance-Efficient Portfolios to Changes in Asset Means: Some Analytical and Computational Results, Review of Financial Studies, Vol. 4, No. 2, S. 315-342.

Black, Fischer (1972)
Capital Market Equilibrium with Restricted Borrowing, Journal of Business, Vol. 45, No. 3, S. 444-455.

Black, Fischer / Jensen, Michael C. / Scholes, Myron (1972)
The Capital Asset Pricing Model: Some Empirical Test, Studies in the Theory of Capital Markets, Editor: Jensen Michael C., S. 79-121.

Black, Fischer / Scholes, Myron (1974)
The Effect of Dividend Yield and Dividend Policy on Common Stock Prices and Returns, Journal of Financial Economics, Vol. 1, No. 1, S. 1-22.

Bleymüller, Josef (1956)
Theorie und Technik der Aktienkursindizes, Wiesbaden.

Blume, Marshall E. / Friend, Irwin (1973)
A New Look at the Capital Asset Pricing Model, Journal of Finance, Vol. 28, No. 1, S. 19-33.

Blume, Marshall E. (1975)
Betas and their Regression Tendencies, Journal of Finance, Vol. 30, No. 3, S. 785-795.

Bodurtha, James N. Jr. / Mark, Nelson C. (1991)
Testing the CAPM with Time-Varying Risks and Returns, Journal of Finance, Vol. 46, No. 4, S. 1485-1505.

Bollerslev, Tim P. (1987)
A Conditional Heteroskedastic Time Series Model for Speculative Prices and Rates of Return, Review of Economics and Statistics, Vol. 69, No. 3, S. 542-547.

Bollerslev, Tim P. / Engle, Robert F. / Wooldridge, Jeffrey M. (1988)
A Capital Asset Pricing Model with Time-Varying Covariances, Journal of Political Economy, Vol. 96, No. 1, S. 116-131.

Brealey, Richard A. / Myers, Stewart C. (1991)
Principles of Corporate Finance, Fourth Edition, MacGraw-Hill, New York.

Büning, Herbert / Trenkler, Götz (1978)
Nichtparametrische statistische Methoden, Berlin.

Butler, Kirt C. / Cox, Samuel L. / Osborne, Richard M. (1992)
Stock Return Volatility in Thinly Traded Markets, Working Paper, Michigan State University.

Campbeel, John Y. (1987)
Stock Returns and the Term Structure, Journal of Financial Economics, Vol. 18, No. 2, S. 373-399.

Common, Michael S. (1980)
Ökonometrie: Ein Grundriß für Studenten, aus dem Englischen übersetzt von Sigrid und Ulrich Schittko, Stuttgart.

Copeland, Thomas E. / Weston, J. Fred (1988)
Financial Theory and Corporate Policy, Third Edition, Addison-Wesley, Reading, Massachusetts.

Döhrmann, Andreas (1990)
Underpricing oder Fair Value: Das Kursverhalten deutscher Erstemissionen, Wiesbaden.

Dumas, Bernard / Solnik, Bruno (1991)
The World Price of Exchange Rate Risk, Working Paper, The Wharton School, University of Pennsylvania.

Dybvig, Philip H. / Ross, Stephen A. (1985)
The Analytics of Performance Measurement Using a Security Market Line, Journal of Finance, Vol. 40, No. 2, S. 401-416.

Ellinger, Theodor (1990)
Operations Research: Eine Einführung, Berlin.

Engel, Robert, F. / Lilien, David M. / Robins, Russel P. (1987)
Estimating Time Varying Risk Premia in the Term Structure: The ARCH-M Model, Econometrica, Vol. 55, No. 2, S. 391-407.

Fama, Eugene F. / MacBeth, James D. (1973)
Risk, Return and Equilibrium: Empirical Tests, Journal of Political Economy, Vol. 81, No. 3, S. 607-636.

Fama, Eugene F. (1976)
Foundations of Finance: Portfolio Decisions and Securities Prices, Basic Books, New York.

Fama, Eugene F. (1991)
Efficient Capital Markets: II, The Journal of Finance, Vol. 46, No. 5, S. 1575-1617.

Fama, Eugene F. / French, Kenneth R. (1992)
The Cross-Section of Expected Stock Returns, Journal of Finance, Vol. 47, No. 2, S. 427-465.

Ferson, Wayne E. / Kandel, Shmuel / Stambaugh, Robert, F. (1987)
Tests of Asset Pricing with Time-Varying Expected Risk Premiums and Market Betas, Journal of Finance, Vol. 42, No. 2, S. 201-220.

Ferson, Wayne E. (1989)
Changes in Expected Security Returns, Risk, and the Level of Interest Rates, Journal of Finance, Vol. 44, No. 5, S. 1191-1217.

Ferson, Wayne E. / Foerster, Stephen R. / Keim, Donald B. (1991)
Tests of Asset Pricing Models with Changing Expectations, Working Paper 1-91, The Wharton School, University of Pennsylvania.

Fisher, Irving (1930)
The Theory of Interest: As Determined by Impatience to Spend Income and Opportunity to Invest it, MacMillan, New York, zitiert nach dem Reprint: Porcupine Press, Pennsylvania 1977.

Foster, Georg (1978)
Asset Pricing Models: Further Tests, Journal of Financial and Quantitative Analysis, Vol. 13, No. 1, S. 39-53.

Frantzmann, Hans-Jörg (1989)
Saisonalitäten und Bewertung am deutschen Aktien- und Rentenmarkt, Frankfurt am Main.

Frantzmann, Hans-Jörg (1990)
Zur Messung des Marktrisikos deutscher Aktien, Schmalenbachs Zeitschrift für betriebswirtschaftliche Forschung, Jg. 42, Nr. 1, S. 67-83.

French, Kenneth R. / Schwert, G. William / Stambaugh, Robert F. (1987)
Expected Stock Returns and Volatility, Journal of Financial Economics, Vol. 19, No. 1, S. 3-29.

French, Kenneth R. (1980)
Stock Returns and the Weekend Effect, Journal of Financial Economics, Vol. 8, No. 1, S. 55-69.

Friend, Irwin / Westerfield, Randolph / Granito, Michael (1978)
New Evidence on the Capital Asset Pricing Model, Journal of Finance, Vol. 33, No. 3, S. 903-920.

Froot, Kenneth A. (1989)
Consistent Covariance Matrix Estimation with Cross-Sectional Dependence and Heteroskedasticity in Financial Data, Journal of Financial and Quantitative Analysis, Vol. 24, No. 3, S. 333-356.

Gibbons, Michael R. (1980)
Econometric Methods for Testing a Class of Financial Models: An Application of the Nonlinear Multivariate Regression Model, Unpublished Doctoral Dissertation, University of Chicago, Chicago.

Gibbons, Michael R. (1982)
Multivariate Tests of Financial Models: A New Approach, Journal of Financial Economics, Vol. 10, No. 1, S. 3-27.

Gibbons, Michael R. / Ferson, Wayne (1985)
Testing Asset Pricing Models with Changing Expectations and an Unobservable Market Portfolio, Journal of Financial Economics, Vol. 14, No. 2, S. 217-236.

Gibbons, Michael R. / Shanken, Jay (1987)
Subperiod Aggregation and the Power of Multivariate Tests of Portfolio Efficiency, Journal of Financial Economics, Vol. 19, No. 2, S. 389-394.

Gibbons, Michael R. / Ross, Stephen A. / Shanken, Jay (1989)
A Test of the Efficiency of a given Portfolio, Econometrica, Vol. 57, No. 5, S. 1121-1152.

Grauer, Frederick L. A. / Litzenberger, Robert H. / Stehle, Richard E. (1976)
Sharing Rules and Equilibrium in an International Capital Market under Uncertainty, Journal of Financial Economics, Vol. 3, No. 3, S. 233-256.

Göppl, Hermann / Schütz, Heinrich (1992)
Die Konzeption eines Deutschen Aktienindex für Forschungszwecke (DAFOX), Diskussionspapier Nr. 162, Dezember 1992, Universität Karlsruhe (TH).

Greene, William H. (1990)
Econometric Analysis, MacMillan, New York.

Gujarati, Damodar N. (1988)
Basic Econometrics, Second Edition, McGraw-Hill, New York.

Hansen, Lars Peter (1982)
Large Sample Properties of Generalized Method of Moments Estimators, Econometrica, Vol. 50, No. 4, S. 1029-1054.

Hansen, Lars Peter / Singleton Kenneth J. (1982)
Generalized Instrumental Variables Estimation of Nonlinear Rational Expectations Models, Econometrica, Vol. 50, No. 5, S. 1269-1285.

Hansen, Lars Peter / Richard, Scott F. (1987)
The Role of Conditioning Information in Deducing Testable Restrictions Implied by Dynamic Asset Pricing Models, Econometrica, Vol. 55, No. 3, S. 587-613.

Hartung, Joachim / Elpelt, Bärbel / Klösener, Karl-Heinz (1985)
Statistik, 4. Aufl., München.

Harvey, Campbell R. (1989)
Time-Varying Conditional Covariances in Tests of Asset Pricing Models, Journal of Financial Economics, Vol. 24, No. 2, S. 289-317.

Harvey, Campbell R. (1991)
The World Price of Covariance Risk, Journal of Finance, Vol. 46, No. 1, S. 111-157.

Haugen, Robert A. (1986)
Modern Investment Theory, Prentice Hall, Englewood Cliffs, New Jersey.

Hodrick, Robert J. (1987)
The Empirical Evidence on the Efficiency of Forward and Futures Foreign Exchange Markets, Harwood Academic Publishers, Chur.

Huang, Chi-fu / Litzenberger, Robert H. (1988)
Foundations for Financial Economics, North-Holland, New York.

Huberman, Gur / Kandel, Shmuel (1987)
Mean-Variance Spanning, Journal of Finance, Vol. 42, No. 4, S. 873-888.

Jarque, Carlos M. / Bera, Anil K. (1987)
A Test for Normality of Observations and Regression Residuals, International Statistical Review, Vol. 55, No. 2, S. 163-172.

Jobson J. D. / Korkie Bob (1980)
Estimation for Markowitz Efficient Portfolios, Journal of the American Statistical Association, Vol. 75, No. 371, S. 544-554.

Jobson, J. D. / Korkie, Bob M. (1981)
Performance Hypothesis Testing with the Sharpe and Treynor Measures, Journal of Finance, Vol. 36, No. 4, S. 889-908.

Jobson, J. D. / Korkie, Bob (1982)
Potential Performance and Tests of Portfolio Efficiency, Journal of Financial Economics, Vol. 10, No. 4, S. 433-466.

Jobson, J. D. / Korkie, B. (1985)
Some Tests with Multivariate Normality, Canadian Journal of Administrative Science, Vol. 2, S. 114-138.

Jobson, J. D. / Korkie, Bob (1989)
A Performance Interpretation of Multivariate Tests of Asset Set Intersection, Spanning, and Mean-Variance Efficiency, Journal of Financial and Quantitative Analysis, Vol. 24, No. 2, S. 185-204.

Jobson, J. D. (1991)
Confidence Regions for the Mean-Variance Efficient Set: An Alternative Approach to Estimation Risk, Review of Quantitative Finance and Accounting, Vol. 1, No. 3, S. 235-257.

Johnston, John (1984)
Econometric Methods, Third Edition, MacGraw-Hill, New York.

Kandel, Shmuel (1984)
The Likelihood Ratio Test Statistic of Mean-Variance Efficiency without a Riskless Asset, Journal of Financial Economics, Vol. 13, No. 4, S. 575-592.

Kandel, Shmuel (1986)
The Geometry of the Maximum Likelihood Estimator of the Zero-Beta Return, Journal of Finance, Vol. 41, No. 2, S. 339- 346.

Kandel, Shmuel / Stambaugh, Robert F. (1987)
On Correlations and Inferences about Mean-Variance Efficiency, Journal of Financial Economics, Vol. 18, No. 1, S. 61-90.

Kandel, Shmuel / Stambaugh, Robert F. (1989)
A Mean-Variance Framework for Tests of Asset Pricing Models, Review of Financial Studies, Vol. 2, No. 2, S. 125-156.

Keim, Donald B. (1983)
Size-Related Anomalies and Stock Return Seasonality: Further Empirical Evidence, Journal of Financial Economics, Vol. 12, No. 1, S. 13-32.

König, Rolf Jürgen (1990)
Ausschüttungsverhalten von Aktiengesellschaften, Besteuerung und Kapitalmarktgleichgewicht, Schriften zum Steuer-, Rechnungs- und Prüfungswesen, Band 8, Hrsg.: Haberstock L. u.a., Hamburg.

Kruse, Hermann / Berg, Erik / Weber, Martin (1993)
Erklären unternehmensspezifische Faktoren den Kursunterschied von Stamm- und Vorzugsaktien?, Zeitschrift für Bankrecht und Bankwirtschaft, Jg. 5, Nr. 1, S. 23-31.

Lakonishok, Josef / Shapiro, Alan C. (1984)
Stock Returns, Beta, Variance and Size: An Empirical Analysis, Financial Analysts Journal, Vol. 40, No. 4, S. 36-41.

Lerbinger, Paul (1984)
Beta-Faktoren und Beta-Fonds in der Aktienanalyse, Die Aktiengesellschaft, Jg. 29, Nr. 11, S. 287-294.

Levy, Haim (1991)
Possible Explanations of No-Synergy Mergers and Small Firm Effect by the Generalized Capital Asset Pricing Model, Review of Quantitative Finance and Accounting, Vol. 1, No. 1, S. 101-127.

Lintner, John (1965)
The Valuation of Risk Assets and the Selection of Risky Investments in Stock Portfolios and Capital Budgets, Review of Economics and Statistics, Vol. 47, No. 1, S. 13-37.

Lintner, John (1969)
The Aggregation of Investor's Diverse Judgements and Preferences in Purely Competitive Security Markets, Journal of Financial and Quantitative Analysis, Vol. 4, No. 4, S. 347-400.

Litzenberger, Robert H. / Ramaswamy, Krishna (1979)
The Effect of Personal Taxes and Dividends on Capital Asset Prices: Theory and Empirical Evidence, Journal of Financial Economics, Vol. 7, No. 2, S. 163-195.

Lo, Andrew W. / MacKinlay, Craig A. (1990)
Data-Snooping Biases in Tests of Financial Asset Pricing Models, Review of Financial Studies, Vol. 3, No. 3, S. 431-467.

MacKinlay, Craig A. (1987)
On Multivariate Tests of the CAPM, Journal of Financial Economics, Vol. 18, No. 2, S. 341-371.

MacKinlay, Craig A. / Richardson, Matthew P. (1991)
Using Generalized Method of Moments to Test Mean-Variance Efficiency, Journal of Finance, Vol. 46, No. 2, S. 511-527.

Mark, Nelson C. (1988)
Time-Varying Betas and Risk Premia in the Pricing of Forward Foreign Exchange Contracts, Journal of Financial Economics, Vol. 22, No. 2, S. 335-354.

Markowitz, Harry M. (1952)
Portfolio Selection, Journal of Finance, Vol. 7, No. 1, S. 77-91.

Markowitz, Harry M. (1956)
The Optimization of a Quadratic Function Subject to Linear Constraints, Naval Research Logistics Quarterly, Vol. 3, No. 1, S. 111-133.

Markowitz, Harry M. (1959)
Portfolio Selection: Efficient Diversification of Investments, John Wiley & Sons, New York.

Markowitz, Harry M. (1991)
Portfolio Selection: Efficient Diversification of Investments, Second Edition, Basil Blackwell, Cambridge, Massachusetts.

Martin, John D. / Cox, Samuel H. Jr. / MacMinn, Richard D. (1988)
The Theory of Finance: Evidence and Applications, Dryden Press, Chicago.

Möller, Hans Peter (1988)
Die Bewertung risikobehafteter Anlagen an deutschen Wertpapierbörsen, Schmalenbachs Zeitschrift für betriebswirtschaftliche Forschung, Jg. 40, Nr. 9, S. 779-797.

Morgan, I. G. (1977)
Grouping Procedures for Portfolio Formation, Journal of Finance, Vol. 32, No. 5, S. 1759-1765.

Morrison, Donald F. (1976)
Multivariate Statistical Methods, Second Edition, MacGraw-Hill, New York.

Mossin, Jan (1966)
Equilibrium in a Capital Asset Market, Econometrica, Vol. 34, No. 4, S. 768-783.

Newey, Whithey K. (1985)
Generalized Method of Moments Specification Testing, Journal of Econometrics, Vol. 29, No. 2, S. 229-256.

Ng, Lilian (1991)
Test of the CAPM with Time-Varying Covariances: A Multivariate GARCH Approach, Journal of Finance, Vol. 46, No. 4, S. 1507-1521.

Nielsen, Lars Tyge (1991)
Empirical Implications of the Static CAPM, Working Paper presented at the Second Symposium of the European Science Foundation Network in Financial Markets.

Reiß, Winfried / Mühlbradt, Frank W. (1979)
Eine empirische Überprüfung der Validität des "market"- und des "capital asset pricing"-Modells für den deutschen Aktienmarkt, Zeitschrift für die gesamte Staatswissenschaft, Jg. 135, Nr. 1, S. 41- 68.

Richard, Hermann-Josef (1990)
DAX, The Concept Behind the DAX Performance Index, Deutsche Bank Quantitative Research, July 1990.

Richardson, Matthew / Smith, Tom (1991)
Tests of Financial Models in the Presence of Overlapping Observations, Review of Financial Studies, Vol. 4, No. 2, S. 227-254.

Roll, Richard (1977)
A Critique of the Asset Pricing Theory's Tests; Part I: On Past and Potential Testability of the Theory, Journal of Financial Economics, Vol. 4, No. 2, S. 129-176.

Roll, Richard (1978)
Ambiguity when Performance is Measured by the Securities Market Line, Journal of Finance, Vol. 33, No. 4, S. 1051-1069.

Roll, Richard (1979 a)
A Reply to Mayers and Rice (1979), Journal of Financial Economics, Vol. 7, No. 4, S. 391-400.

Roll, Richard (1979 b)
Testing a Portfolio for Ex Ante Mean/Variance Efficiency, TIMS Studies in the Management Sciences, Editors: Elton, E. J. and Gruber, M. J., Vol. 11, S. 135-149.

Roll, Richard (1980)
Orthogonal Portfolios, Journal of Financial and Quantitative Analysis, Vol. 15, No. 5, S. 1005-1023.

Roll, Richard (1984)
A Simple Implicit Measure of the Effective Bid-Ask Spread in an Efficient Market, Journal of Finance, Vol. 39, No. 4, S. 1127-1139.

Roll, Richard (1985)
A Note on the Geometric of Shanken's CSR T^2-Test for Mean/Variance Efficiency, Journal of Financial Economics, Vol. 14, No. 3, S. 349-357.

Ronnig, Gerd (1992)
Probleme bei der regressionsanalytischen Überprüfung des CAP-Modells, Überarbeitete Fassung des auf dem 3. Kolloquium des Forschungsschwerpunkts "Empirische Kapitalmarktforschung" präsentierten Vortrags, Osnabrück, 11. und 12. Oktober 1991.

Ross, Stephen A. (1976)
The Arbitrage Theory of Capital Asset Pricing, Journal of Economic Theory, Vol. 13, No. 3, S. 341-360.

Ross, Stephen A. (1983)
A Test of the Efficiency of a Given Portfolio, Working Paper, Yale University (im wesentlichen durch Gibbons/Ross/Shanken (1989) ersetzt).

Ross, Stephen A. / Westerfield, Randolph W. / Jaffe, Jeffrey F. (1990)
Corporate Finance, Second Edition, Irwin, Boston.

Sargan, Denis (1988)
Lectures in Advanced Econometric Theory, Basil Blackwell, Oxford.

Sauer, Andreas / Murphy, Austin (1992)
An Empirical Comparison of Alternative Models of Capital Asset Pricing in Germany, Journal of Banking and Finance, Vol. 16, No. 1, S. 183-196.

Scheeweiß, Hans / Mittag, Hans-Joachim (1986)
Lineare Modelle mit fehlerbehafteten Daten, Heidelberg.

Schwert, William G. / Seguin, Paul J. (1990)
Heteroskedasticity in Stock Returns, Journal of Finance, Vol. 45, No. 4, S. 1129-1155.

Shanken, Jay (1983)
Maximum Likelihood Methods and the Traditional Asset Pricing Empirical Paradigm, Unpublished Manuscript, University of California, Berkeley.

Shanken, Jay (1985)
Multivariate Tests of the Zero-Beta CAPM, Journal of Financial Economics, Vol. 14, No. 3, S. 327-348.

Shanken, Jay (1986)
Testing Portfolio Efficiency when the Zero-Beta Rate is Unknown: A Note, Journal of Finance, Vol. 41, No. 1, S. 269-276.

Shanken, Jay (1987 a)
A Bayesian Approach to Testing Portfolio Efficiency, Journal of Financial Economics, Vol. 19, No. 2, S. 195-215.

Shanken, Jay (1987 b)
Multivariate Proxies and Asset Pricing Relations: Living with the Roll Critique, Journal of Financial Economics, Vol. 18, No. 1, S. 91-110.

Shanken, Jay (1990)
Intertemporal Asset Pricing: An Empirical Investigation, Journal of Econometrics, Vol. 45, 1990-3, S. 99-120.

Shanken, Jay (1992)
On the Estimation of Beta-Pricing Models, Review of Financial Studies, Vol. 5, No. 1, S. 1-33.

Sharpe, William F. (1963)
A Simplified Model for Portfolio Analysis, Management Science, Vol. 9, No. 2, S. 277-293.

Sharpe, William F. (1964)
Capital Asset Prices: A Theory of Market Equilibrium under Conditions of Risk, Journal of Finance, Vol. 19, No. 3, S. 425-442.

Sharpe, William F. / Alexander Gordon J. (1990)
Investments, Fourth Edition, Prentice Hall, Englewood Cliffs, New Jersey.

Sharpe, William F. (1991)
Capital Asset Prices with and without Negative Holdings, Journal of Finance, Vol. 46, No. 2, S. 489-509.

Stambaugh, Robert F. (1981)
Missing Assets, Measuring the Market, and Testing the Capital Asset Pricing Model, Unpublished Doctoral Dissertation, University of Chicago, Chicago.

Stambaugh, Robert F. (1982)
On the Exclusion of Assets from Tests of the Two-Parameter Model: A Sensitivity Analysis, Journal of Financial Economics, Vol. 10, No. 3, S. 237-268.

Stambaugh, Robert F. (1983)
Testing the CAPM with Broader Market Indexes: A Problem of Mean-Deficiency, Journal of Banking and Finance, Vol. 7, No. 1, S. 5-16.

Stehle, Richard E. (1976)
The Valuation of Risk Assets in an International Capital Market: Theory and Tests, Unpublished Ph.D. Dissertation, Graduate School of Business, Stanford.

Stehle, Richard (1991)
Der "Size"-Effekt am deutschen Aktienmarkt, unveröffentlichtes Arbeitspapier, Universität Augsburg.

Stehle, Richard / Hartmond, Anette (1991)
Durchschnittsrenditen deutscher Aktien 1954 - 1988, Kredit und Kapital, Jg. 24, Nr. 3, S. 371-411.

Tauchen, George (1986)
Statistical Properties of Generalized Method-of-Moments Estimators of Structural Parameters obtained from Financial Market Data, Journal of Business and Economic Statistics, Vol. 4, No. 4, S. 397-416.

Tobin, J. (1958)
Liquidity Preference as Behaviour towards Risk, Review of Economic Studies 25, No. 67 (February 1958), S. 65-86.

Van Horne, James C. (1992)
Financial Management and Policy, 9. Edition, Prentice Hall, Englewood Cliffs, New Jersey.

Weber, Martin / Berg, Erik / Kruse, Hermann (1992)
Kurs- und Renditevergleich von Stamm- und Vorzugsaktien, Schmalenbachs Zeitschrift für betriebswirtschaftliche Forschung, Jg. 44, Heft 6, S. 548-565.

Wheathley, Simon M. (1989)
A Critique of Latent Variable Tests of Asset Pricing Models, Journal of Financial Economics, Vol. 23, No. 2, S. 325-338.

White, Halbert (1980)
A Heteroskedasticity-Consistent Covariance Matrix Estimator and a Direct Test for Heterokcedasticity, Econometrica, Vol. 48, No. 4, S. 817-838.

Winkelmann, Michael (1981)
Indexwahl und Performance-Messung; Geld, Bank und Versicherungen, Hrsg.: Hermann Göppl und Rudolf Henn, Band 1, Königstein.

Winkelmann, Michael (1984)
Aktienbewertung in Deutschland; Quantitative Methoden der Unternehmensplanung, Band 19, Hrsg.: Hermann Göppl und Otto Opitz, Königstein.

Wolfe, Philip (1959)
The Simplex Method for Quadratic Programming, Econometrica, Vol. 27, No. 3, S. 382-398.

Zellner, Arnold (1962)
An Efficient Method of Estimating Seemingly Unrelated Regressions and Tests for Aggregation Bias, Journal of the American Statistical Association Vol. 57, No. 298, S. 348-368.

 Deutscher Universitäts Verlag
GABLER · VIEWEG · WESTDEUTSCHER VERLAG

Aus unserem Programm

Heinrich Brakmann
Aktienemissionen und Kurseffekte
Deutsche Bezugsrechtsemissionen für die Jahre 1978 bis 1988
1993. XXV, 373 Seiten, 29 Abb., 53 Tab.,
Broschur DM 118,-/ ÖS 921,-/ SFr 119,-
ISBN 3-8244-0144-4
Für Bezugsrechtsemissionen deutscher Industrieunternehmen ermittelt der Autor signifikant positive Überrenditen zum Ankündigungszeitpunkt. Anscheinend gelingt es Unternehmen, mit Bezugsrechtsemissionen die Qualität des zu finanzierenden Investitionsprogramms zu signalisieren.

Jürgen Cramer
Financial Engineering durch Finanzinnovationen
Ertrags- und Risikooptimierung bei Banken und Unternehmen
1993. XXIV, 388 Seiten, 25 Abb., 62 Tab.,
Broschur DM 118,-/ ÖS 921,-/ SFr 119,-
ISBN 3-8244-0162-2
In diesem Buch werden Ansätze der Unternehmensforschung zur Ertragsoptimierung und Risikosteuerung von Finanzinnovationen genutzt. Praxisbeispiele verdeutlichen die Überlegungen.

Carl Heinz Daube
Marketmaker in Aktienoptionen an der Deutschen Terminbörse
1993. XXVII, 356 Seiten, 36 Abb., 8 Tab.,
Broschur DM 118,-/ ÖS 921,-/ SFr 119,-
ISBN 3-8244-0149-5
Wer als Marketmaker erfolgreich tätig sein will, muß potentielle Wertänderungen seiner Positionen ermitteln, beurteilen und beherrschen können. Ausgehend von der Optionsbewertungstheorie wird herausgearbeitet, wie sich ein Marketmaker Risikoprofile seiner Positionen erstellen kann.

Anette Hartmond
Bewertung junger Aktien
1993. XIX, 200 Seiten, 14 Abb., 23 Tab.,
Broschur DM 89,-/ ÖS 694,-/ SFr 91,-
ISBN 3-8244-0187-8
Das Wertpapier "junge Aktie" wird in dieser Arbeit aus ökonomischer Sicht bewertet. Hierbei kommt den institutionellen Rahmenbedingungen und ihren Veränderungen im Zeitablauf ein besonderer Stellenwert zu.

Deutscher Universitäts Verlag
GABLER · VIEWEG · WESTDEUTSCHER VERLAG

Torsten Schrader
Geregelter Markt und geregelter Freiverkehr
Auswirkungen gesetzgeberischer Eingriffe
1993. XXV, 337 Seiten, 33 Abb., 26 Tab.,
Broschur DM 118,-/ ÖS 921,-/ SFr 119,-
ISBN 3-8244-0178-9
Der Gesetzgeber schuf 1986 den geregelten Markt, um die Bedingungen für die Emission von Aktien durch kleine und mittlere Unternehmen gegenüber dem bisherigen geregelten Freiverkehr zu verbessern. Die Arbeit untersucht die tatsächlichen Auswirkungen.

Axel Tamm
Joint Ventures in der CSFR
Chancen und Risiken
1993. XX, 346 Seiten, 31 Abb., 47 Tab.,
Broschur DM 118,-/ ÖS 921,-/ SFr 119,-
ISBN 3-8244-0179-7
Das Buch vermittelt eine Chronik der Tschechoslowakei seit 1945, eine Darstellung der gängigen Kooperationsformen, eine Beschreibung der Rahmen- und Förderbedingungen für Joint-Ventures-Unternehmen sowie empirische Ergebnisse einer Umfrage.

Heinrich Uekermann
Risikopolitik bei Projektfinanzierungen
Maßnahmen und ihre Ausgestaltung
1993. XXII, 313 Seiten, 33 Abb., 22 Tab.,
Broschur DM 98,-/ ÖS 765,-/ SFr 100,10
ISBN 3-8244-0174-6
Da die zukünftige Leistungsfähigkeit eines Projektes durch zahlreiche Risiken beeinträchtigt werden kann, kommt der Risikopolitik bei Projektfinanzierungen eine zentrale Bedeutung zu. Hier setzt das vorliegende Buch an.

Die Bücher erhalten Sie in Ihrer Buchhandlung!
Unser Verlagsverzeichnis können Sie anfordern bei:

Deutscher Universitäts-Verlag
Postfach 30 09 44
51338 Leverkusen

MIX
Papier aus verantwortungsvollen Quellen
Paper from responsible sources
FSC® C105338

If you have any concerns about our products,
you can contact us on
ProductSafety@springernature.com

In case Publisher is established outside the EU,
the EU authorized representative is:
**Springer Nature Customer Service Center GmbH
Europaplatz 3, 69115 Heidelberg, Germany**

Printed by Libri Plureos GmbH
in Hamburg, Germany